elefante

elefante

Paulo César Ramos

Gramática negra contra a violência de Estado

Da discriminação racial ao genocídio negro (1978-2018)

Dedico este trabalho aos
"negos velhos" e "negas velhas",
como prova de meu respeito e carinho.

Pior que eu já morri tantas antes
de você me encher de bala.
— Emicida, "Mandume"

Não é só a morte que nivela; a loucura, o crime
e a moléstia passam também a sua rasoura
pelas distinções que inventamos.
— Lima Barreto, *Triste fim de Policarpo Quaresma*

PARTE II

Reconstrução da gramática racial contra a violência de Estado

Agradecimentos

Iniciei a tese que originou este livro no Programa de Pós-Graduação em Sociologia (PPGS) da Faculdade de Filosofia, Letras e Ciências Humanas da Universidade de São Paulo (FFLCH-USP), junto a outros doze colegas em 2016, no ocaso do mais recente processo de democratização do Brasil. Tenho plena lembrança do que ocorreu na semana em que Dilma Rousseff foi afastada, em maio de 2016, para logo sofrer o impeachment em agosto. Ninguém entre nós supunha o que isso faria com o país ou com nossas agendas de pesquisa. Mais ainda, nunca imaginaríamos que, no meio disso tudo, surgiria a covid-19, uma nova doença que avassalaria a vida social e econômica no mundo todo. Este trabalho, portanto, começou com um golpe e terminou com uma pandemia.

Em relação ao meu tema de pesquisa, as questões ficaram cada vez mais nítidas, dispensando grande parte do meu trabalho argumentativo e demonstrando na prática como se deu a ascensão do poder de polícia no Brasil. O trabalho da pesquisa colaborou sobremaneira para que eu pudesse elaborar, em entrevistas, debates, buscas em acervos etc., as respostas para o turbulento momento que vivíamos e ainda vivemos.

Os meus interlocutores e interlocutoras de pesquisa foram generosos até nisso. Com a postura de alguns deles, décadas mais velhos que eu, pude aprender a lidar com a crise. Sou muito grato a essas pessoas pela confiança dedicada a mim e ao meu trabalho de pesquisador. A Douglas Belchior, Deise

Benedito, Rafael Pinto, Ivair dos Santos, Roberta Estrela D'Alva, Edson França e Ângela Guimarães, sou grato pelas entrevistas. Flávio Jorge, Milton Barbosa e Reginaldo Bispo me concederam acesso a seus acervos pessoais. Lembrar dessa confiança, meus amigos, sempre me traz satisfação renovada.

Foram anos intensos, em que desenvolvi, ao lado de outros pesquisadores e pesquisadoras, um conjunto de atividades. Destaco o projeto Reconexão Periferias, junto à Fundação Perseu Abramo, sob direção de Artur Henrique dos Santos, em parceria com Jaqueline Lima Santos, Juliana Borges, Matheus Toledo, Claudio Silva, Danilo Cardoso, Lea Marques, Vilma Bokany, Sofia Toledo, Victoria Braga. Creio que construímos muitas pontes necessárias para a formação de conexões inarredáveis entre a política brasileira e os movimentos sociais.

Aos meus colegas de pós-graduação, em especial José Roberto de Andrade, Endyra Russo e Veridiana Cordeiro, sou grato pelas reflexões conjuntas no início da jornada do doutorado. Agradeço aos professores Marcos Alvarez, Sergio Miceli e Maria Arminda do Nascimento Arruda pelas leituras compartilhadas de nossos projetos, e ao professor Gustavo Venturi pelo diálogo que travamos quando fui bolsista do Programa de Aperfeiçoamento de Ensino (PAE). Aos colegas da turma do doutorado, sou grato pelas críticas ao projeto que ainda buscava a senda exata por onde eu trilharia minha caminhada. A disciplina "Protestos sociais do século XXI", ministrada pela professora Rosana Pinheiro-Machado, foi fundamental para que eu encontrasse a pergunta necessária para compreender onde a luta contra a violência policial se encaixa na história dos movimentos sociais.

A caminhada da pesquisa de doutorado não precisa ser solitária; meus colegas e amizades do Grupo Raça, Desigualdade e Política me mostraram isso. Sou grato pelo diálogo constante, sob a batuta da professora Márcia Lima, com Manoela

Cruz, Gabriel Milanez, Karina Fasson, Laura Bing, Siri Völker e Bruno Hayashi. Vários deles leram mais de uma versão deste trabalho, assim como o professor Rúrion Melo e a professora Flávia Rios, que contribuíram com a minha qualificação. Além disso, Estevão Bosco me esclareceu sobre a relação entre Axel Honneth e a Escola de Frankfurt.

Agradeço a Carlos Eduardo Costa pela leitura do primeiro rascunho completo da tese; a João Carlos Nogueira, cujas questões me foram fundamentais para a escrita de um capítulo; ao meu amigo Danilo Souza Pinto, o Braga, que me trouxe suas impressões, em detalhes, sobre cada frase da tese; a Marcio Macedo, o Kibe, que me fez pensar muito sobre os anos 1990; a Uvanderson Silva, com quem desenvolvi reflexões que permeiam toda a tese. Marcelo Perilo foi quem me ajudou no trabalho com os documentos no Nvivo, além de Amanda Oliveira, Amanda Teixeira e Ligiane Alves. Sou grato também a Mariana Moura, que fez um belo trabalho de revisão e formatação da tese.

Contra a corrente das más notícias, algo de grandioso que emergiu em tempos tão duros foi a criação do Afro — Núcleo de Pesquisa e Formação em Raça, Gênero e Justiça Racial no Centro Brasileiro de Análise e Planejamento (Cebrap), dirigido pela professora Márcia Lima. Esse espaço também contribuiu para minha formação como pesquisador, bem como deu suporte ao desenvolvimento da pesquisa em sua etapa final e à escrita da tese.

Em 2018, no ano de minha qualificação, conheci pessoalmente o professor Michael Hanchard, cuja obra acadêmica eu já admirava. A partir de sua arguição, pudemos construir uma ótima relação de trabalho, com a idealização e a implementação do projeto Memória e Identidade do Ativismo Afro-Brasileiro, no Center for African Studies e no Cebrap, com financiamento da Universidade da Pensilvânia (UPenn). Foi o professor Hanchard quem me recebeu na Filadélfia, primeiro quando fui estudar inglês na cidade, depois quando ele foi meu supervisor no Programa de Estudos de Populações Marginalizadas da UPenn, do qual fui pesquisador visitante (*visiting scholar*). Foram tempos de muitos aprendizados com Hanchard e a equipe do projeto: os professores Roquinaldo Ferreira e Melissa Teixeira e outros estudantes, como Giovanni Rocha. Foi um momento de reflexão motivada pelas conversas com Mike, nas quais debatemos minha pesquisa e refletimos sobre minha carreira. Mike recebe seus estudantes com verdadeiro sentido de comunidade.

Desde que este projeto se desenvolveu, minha pesquisa ganhou uma acolhida institucional no Afro Cebrap, onde foi fundamental o auxílio da jovem Maria Julia Ananias, que me ajudou a trabalhar com os documentos recolhidos pelo acervo. Juntamo-nos posteriormente ao Arquivo Edgard Leuenroth (AEL) da Universidade Estadual de Campinas (Unicamp), onde conheci os professores Mário Medeiros e Aldair Rodrigues; lá, um novo intercâmbio fez avançar a tese, com o empático apoio da equipe do AEL.

Quando sou perguntado sobre como é ser orientado pela professora Márcia Lima, não minto. Digo que é ótimo. Há compromisso, confiança, provocações, diálogos, estímulos, acolhimento, honestidade e verdade. Dia após dia confirmo a boa decisão que tomei em fazer as viagens semanais à USP, durante os anos de 2014 e 2015, para participar do grupo coordenado por ela, o que preparou o terreno para que eu me tornasse seu orientando. Registro aqui o quanto sou grato por isso, e que não perderei as próximas ocasiões de voltar a fazê-lo.

Na pós-graduação, é sempre um drama conciliar a vida acadêmica e a familiar. Pensando nisso, decidi dobrar a aposta, me casar e ter minha filha Ceci durante o mestrado e meu filho Tomás durante o doutorado. Cecília, Tomás e Ana, minha esposa, que também fazia doutorado quando chegou nosso filho mais novo, me fizeram ter disciplina em tudo o que realizei nesse período, pois os limites impostos pela vida familiar não me tiraram o tempo nem a disponibilidade. Pelo contrário, o amor que me levava à busca pela companhia dos três criou os limites duros e bem estabelecidos dentro dos quais me desenvolvi como pesquisador. Ainda assim, a necessidade de certa dedicação mais extrema em determinados períodos trazia do noroeste paulista para perto de nós minha mãe, para que ela pudesse se esbaldar com os netos enquanto eu me trancava no escritório. O que não deu para fazer de fato foi ver meus sobrinhos e irmãs tanto quanto gostaria. Mas sei que eles e elas se fazem presentes ao constatar que eu estou cumprindo meu dever com nossos valores compartilhados.

Quero agradecer ainda à Coordenação de Aperfeiçoamento de Pessoal de Nível Superior (Capes) pela bolsa concedida entre 2017 e 2019 e ao Programa de Pós-Graduação em Sociologia da Universidade de São Paulo.

Introdução

Brasília, setembro de 2009. O Conselho Nacional de Juventude (Conjuve), instância do governo federal que reúne ativistas e gestores de vários estados brasileiros engajados na defesa de políticas públicas para esse setor da população, realizava um seminário sobre juventude negra e violência. O evento fazia parte de uma agenda de debates impulsionada pelos resultados da 1ª Conferência Nacional de Juventude, que escolhera o tema "Contra o genocídio da juventude negra" como prioridade de ação. Em um dos debates do seminário, foi apresentado um compêndio de dados sobre homicídios e dados socioeconômicos de pessoas de 15 a 29 anos; esses dados sustentavam a criação de uma inovação técnica para monitorar a condição da juventude brasileira, o *Índice de vulnerabilidade juvenil à violência*.

A apresentação foi feita por um membro do Conjuve que também era um dos responsáveis por sua elaboração e que ocupava um cargo comissionado, de indicação política, no Ministério da Justiça. Branco, recém-chegado aos trinta anos, brioso de seu feito, o homem expôs todos os detalhes do projeto e os bastidores de sua realização para uma audiência de militantes negros engajados na luta contra o genocídio da juventude negra. Além disso, deu ênfase ao ineditismo da empreitada e dos dados oferecidos ali em primeira mão, explicitando o quão lisonjeiro isso era.

Finda a exposição e facultadas as palavras aos presentes, o clima de muita tensão que fora gestado ao longo da exibição do representante ministerial transbordou em vozes críticas, alternando acusações de incompetência ou má intenção na composição do índice, que, embora elencasse dezenas de indicadores, não considerava a informação cor/raça dos jovens cujas vidas eram contadas e medidas. Falas como "jovens são assassinados, e eles não morrem porque são jovens, eles morrem porque são negros" traziam ao debate a importância de considerar a centralidade da questão racial quando o assunto fosse violência.

O orgulho e a empolgação do apresentador do Ministério da Justiça rapidamente se converteram em constrangimento e, depois, em resignação. Sua estratégia de reação, então, não foi ater-se ao mérito das críticas, mas à sua forma, apelando para a empatia de seus interlocutores, pedindo que refletissem sobre a natureza do debate. Frases como "eu já militei em movimentos sociais", "já fui diretor da UNE [União Nacional dos Estudantes]" e "já estive do outro lado do balcão" podem ser facilmente traduzidas como: "Tenham paciência comigo, não falem como se eu fosse o inimigo". Mas não era disso que se tratava. Do ponto de vista do mérito, o que estava latente nas falas dos militantes era que, para se ter um retrato fiel da condição de vulnerabilidade à violência juvenil, um dos fatores a ser considerado era justamente o racismo.

Esse momento conflituoso expressa bem o encontro — ou o desencontro — de dois campos de reflexão e conhecimento que não tinham tradição de diálogo no Brasil daquela época: violência e racismo. Para aqueles militantes jovens que estavam levantando a bandeira do combate ao genocídio negro, era lugar-comum pensar a violência, uma vez que compartilhavam o entendimento de que toda forma de discriminação era também uma forma de violência. Assim, falar sobre violência e agir contra ela com base em experiências de violação de direitos de natureza racial era sempre falar de violência; naquele momento, um repertório de vivências estava cristalizado na expressão "genocídio da juventude negra". A fala do expositor, portanto, atacou uma dimensão do senso comum daqueles militantes: falou de violência sem falar de racismo.

O ânimo contemporizador que conduziu a réplica do expositor impediu que se abordasse exatamente quais violências estavam sendo tratadas (interpessoal, homicídios, violações de direitos) e também que ficasse nítido que a reação dos militantes igualmente estremecera suas certezas. Cada grupo ali representado reconhecia a importância do tema que o outro trazia, sem, no entanto, compreender nada dele.

Eu acompanhava tudo na condição de relator da reunião e conhecia algumas das pessoas ali presentes. Uma delas era Ivair Augusto Alves dos Santos, militante negro que fora filiado ao Partido do Movimento Democrático Brasileiro (PMDB) durante o período da democratização, depois ao Partido da Social Democracia Brasileira (PSDB), do ex-presidente Fernando Henrique Cardoso (1995-2002). Tinha sido ainda presidente do Conselho Estadual da Comunidade Negra de São Paulo (1984-1986) e, na ocasião, ocupava um cargo no Ministério dos Direitos Humanos do governo Lula (2003-2010). Ivair me chamou de canto e disse meio ao pé do ouvido: "Isso aí está muito louco, alguém precisa contar essa história".

Partindo desse contexto, este livro foi construído primeiro como tese, mas, sobretudo, a partir da preocupação em compreender de que maneira a violência policial é politizada e racialmente ordenada, segundo o protesto negro. Para tanto, este estudo foca o que o movimento negro produziu acerca da violência de Estado, da brutalidade policial, da opressão racializada sobre pessoas negras ao longo de quarenta anos de atividades. A agenda do movimento em relação à atuação policial é um espaço privilegiado para compreender como violência e racismo se relacionam, entrelaçam e retroalimentam. Trata-se de um assunto recorrente na agenda dos movimentos negros no Brasil, cujas expressões públicas, isto é, as palavras de ordem e as bandeiras de luta, revelam toda uma sorte de problemas vividos pela população negra, que estão conectados com a própria violência de Estado. Desde a reorganização do movimento negro após o período da ditadura (1964-1985), a violência se apresenta repetidamente para as organizações negras.

Sigo neste caminho desenvolvendo uma aplicação empírica da gramática das lutas por reconhecimento de Axel Honneth, teoria já amplamente utilizada para subsidiar políticas públicas de reconhecimento, a fim de encontrar um espaço analítico para a luta contra a violência de Estado nas teorias dos movimentos sociais. Com base em Honneth (2003), defini três momentos dessa gramática — as experiências de violação, a elaboração coletiva de uma semântica compartilhada e a construção de uma agenda de lutas. Aqui, é preciso não confundir gramática e semântica: a primeira é o conjunto de regras que regulam o desenvolvimento dos conflitos, do qual a segunda é parte.

Em outras palavras, trata-se da apreensão do problema social — a violência policial —, da definição das expressões públicas/pontes semânticas[1] — as palavras de ordem — e da construção de campanhas e intervenções políticas. Por conseguinte, temos que a expressão "genocídio da juventude negra" é fruto de uma elaboração coletiva capaz de, ao mesmo tempo, (a) falar da violência; (b) agregar atores e atrizes, organizações e instituições; e (c) engendrar uma série de atividades articuladas, como reuniões, seminários, protestos de rua etc. Mas tal formulação coletiva de *pontes semânticas* ocorre por meio de conflitos e consensos.

1 Em Honneth (2003), o conceito de "ponte semântica" se refere àquilo que liga as finalidades impessoais de um movimento social e as experiências privadas de seus membros em relação às violações sofridas, permitindo constituir uma identidade coletiva. [N.E.]

Consensos e conflitos no movimento negro

É curioso que por tanto tempo se tenha afirmado que o Brasil é uma democracia racial, mesmo que o país nem tenha se tornado uma democracia estável de fato. Prova disso são suas várias constituições e golpes de Estado, os períodos de fechamento e abertura de regimes. Tais inconstâncias precisam ser consideradas ao analisarmos a presença da violência policial no protesto negro, pois há fatores externos e estruturantes que conformam os limites para a organização política de qualquer ação coletiva, e com o movimento negro não foi diferente.

Observando o período entre 1978 e 2018, é possível verificar que o tom de denúncia contra a violência policial foi crescente, e que a crítica se tornou mais profunda e radical. Se no início da década de 1980 a ênfase estava no que se chama de *discriminação racial*, isto é, os mecanismos de exclusão social e condutas orientadas pelo preconceito racial — dentre os quais se destaca a violência policial —, nos anos 1990 a ideia de *violência* é que ganha prioridade na agenda, sob a expressão *violência racial*, que deu nome a várias campanhas. Na passagem da década de 2000 para a de 2010, outra expressão emerge, agora em tons mais fortes: *genocídio da juventude negra*. Apesar do contrassenso — genocídio se refere a um povo, e não a uma faixa etária —, a mensagem é bem direta: existe uma ação que parte do Estado contra todo um povo a fim de promover sua morte.

Desde 1978, quando o movimento negro se organizou com uma rede de relações, trocas, conflitos, consensos e apoio mútuo em nível nacional, alguns eventos intervieram na agenda, como a campanha das Diretas Já, a Constituinte, as eleições de 1982, 1989, 1994 etc. e os dois processos de impeachment contra dois presidentes da República (1992 e 2016). Esses eventos invariavelmente interagiram com as pautas dos movimentos negros, levando os atores negros a se incorporarem à agenda geral/externa das políticas nacionais e a eleger para seu protesto questões que tratavam de direitos e, ao mesmo tempo, tinham aderência com a agenda como um todo. Basta ver o histórico de denúncias realizadas no período. Assim, embora houvesse questões consensualmente prioritárias para o conjunto das organizações negras, passava a ser necessário um esforço de diálogo, debates e construção de consensos com outros atores não negros, como sindicalistas, movimentos de mulheres etc.

O efeito das condições estruturais sobre a ação do movimento negro já foi abordado por outros autores (Hanchard, 2001; Andrews, 1991), mas não nesses termos. Tais autores demonstraram que a dita democracia racial, como elemento que estrutura a hegemonia cultural no Brasil, limita e trava o avanço do movimento negro no que diz respeito ao convencimento e à construção de uma nova mentalidade, assentada em outros paradigmas. Contudo, hoje em dia, avançando para a terceira década do século XXI, depois de mais de quarenta anos da fundação do que se chamou de movimento negro contemporâneo, o mito da democracia racial já passa a ser visto como um dado do passado. Muitas autoridades de importância nacional e oficial, como ex-presidentes da República, já reconheceram que o Brasil não é uma democracia racial — trata-se, aliás, muito precariamente de uma democracia. Pode-se discutir o quão deletérios são os efeitos do racismo, as formas de combatê-los e até mesmo reivindicar o direito a praticar o ódio e a discriminação racial, mas não se pode negar a existência de racismo no Brasil.

Isso posto, não significa que não haja mais obstáculos estruturais à agenda do movimento negro. Significa apenas que é possível ver quais são os outros desafios estruturais. Tal questão foi evidenciada pela defesa da pauta do genocídio da juventude negra feita pelo Fórum Nacional de Juventude Negra em 2008, quando os militantes utilizaram o espaço da Conjuve para legitimar uma pauta específica ligada a jovens negros. Fazendo a discussão em um espaço governamental que elegeria as prioridades da agenda das políticas públicas do governo federal, junto a representantes de segmentos de várias juventudes do Brasil — estudantes, juventude rural, sindicatos, movimentos culturais, em sua maioria não negros —, foi possível eleger a bandeira do genocídio da juventude negra como a prioridade do evento. A construção dessa interlocução fez com que a pauta circulasse por variados setores da juventude brasileira: assim, onde quer que se falasse de juventude e políticas públicas, tal questão também estaria levando consigo o peso de uma agenda estatal e legitimando o investimento de recursos (não só financeiros).

Em que pese o contrassenso do termo *genocídio da juventude negra* na agenda do Estado, o fato é que a expressão reuniu diversos significados que estavam presentes na cena do movimento negro e do movimento de direitos humanos. Resgatou a denúncia feita por Abdias do Nascimento em 1976, demonstrou a preocupação com um segmento etário específico com apelo na sociedade — os jovens — e apontou um problema que estava em ascensão — o dos homicídios —, trazendo para o centro a ação do Estado ao falar em genocídio. Assim, o que antes era apenas um problema cultural e de representatividade, como em Abdias, passou a ser tratado também como um problema de violência policial.

Esses momentos de conflito e consenso são selados por determinadas pontes semânticas, que agregam em si toda a experiência de um determinado grupo por meio da nomeação de suas várias experiências de violação. O que chamarei mais adiante de "convergência" e "dispersão" retrata momentos em que novas bandeiras surgem, mediante novas conjunturas, e reorganizam a mobilização negra.

A realidade e as agendas de pesquisa

Podemos afirmar, sem qualquer tipo de anacronismo ou escorregadela para o que se chama em inglês de *wishful thinking*, que esta investigação atravessou dois períodos opostos. Iniciou-se em um momento de pujante e vivo processo de democratização, passou por uma crise que levou à deslegitimação dos nossos processos democráticos e culminou no instante em que adentramos os corredores mais obscuros da cidadania, quando lembranças de calabouços e porões passaram a ser comemoradas oficialmente, e com gracejo, como períodos de vitória. Assim, deixamos para trás um período em que se saudavam a mobilidade social, o fim da miséria, o crescimento econômico e a emergência de novos atores políticos coletivos: os idos de 2009 e 2010, quando a discussão política girava em torno dos desafios para a ampliação dos programas sociais para evitar sua degradação material e moral, ou seja, o culto à austeridade. Em vez de novos atores chegarem à cena, velhos fantasmas assaltaram o palco.

No entanto, este livro vai se dedicar a responder como a violência policial persistiu sob tantas barreiras, ao longo de anos, sob diferentes presidentes, regimes políticos, políticas econômicas e arranjos institucionais; como a violência policial ascendeu em frequência e em potência; como saiu dos porões da ditadura, repercutiu nas páginas dos jornais e nos programas televisivos, arrebanhou cabos eleitorais, fez vereadores, deputados, governadores — à direita e à esquerda — e elegeu um presidente da República. De Robson Silveira da Luz a Marielle Franco, como podemos explicar que a violência policial tenha migrado das práticas escondidas nos porões da ditadura para se oficializar como prática pública e aberta na democracia formal?

De todos os atores políticos coletivos em atividade no Brasil cuja existência atravessou o processo de democratização, certamente o que denominamos de movimento negro foi o que com mais frequência se dedicou a reagir aos abusos cometidos pelos agentes do Estado — no caso, a violência policial. Não por acaso, os alvos mais frequentes da violência policial são sujeitos negros. Ao longo das quatro décadas que aqui chamamos de democratização, pode-se encontrar um caso emblemático de protesto contra a violência policial para cada ano, no mínimo. Em outras palavras, em todos os anos é possível achar registros de que militantes e ativistas negros se levantaram contra a morte de inocentes. Eles também se levantaram contra as estatísticas da violência racial, que demonstram que a violência policial tem como característica principal fazer vítimas negras de modo sistemático.

O que há de tão duvidoso a se investigar em algo tão explícito?

Como descrito, e a despeito da vasta bibliografia sobre negros no Brasil, sempre houve certa disposição em tomar negros por pobres em diversos campos do conhecimento. Ainda assim, essa literatura não restringiu esforços para entender os mecanismos de produção das mortes, em especial aquelas que resultaram diretamente da ação do Estado. Esse campo compartilhava do senso comum de que a inclusão social e a democracia trariam consigo naturalmente o livramento da repressão e da violência. No entanto, foi justamente quando o país gozava de maior vigor na busca e na conquista de direitos que os homicídios e o encarceramento cresceram, assim como a violência e a repressão recaíram sobretudo sobre pessoas negras e periféricas.

A confusão que impressionou o experiente militante presente no evento do Conjuve talvez seja fruto desse estado de coisas que combinou, por um lado, democratização e diminuição das desigualdades e, por outro, mais violência e hiperencarceramento; em decorrência disso, emerge a necessidade de conceitos que relacionem racismo e violência. Tal confusão pode ser produto da profícua relação que o movimento negro manteve com dados de pesquisa sobre violência, como os trabalhos do Núcleo de Estudos da Violência (NEV) da Universidade de São Paulo (USP) na década de 1990 ou os dados das edições de 2000 e 2010 do *Mapa da violência*; talvez aquela apresentação do representante ministerial tenha mostrado que a recíproca não era verdadeira. A frequente e precoce morte por assassinato, muitas vezes praticada pela polícia, tornou-se de tal modo conhecida entre jovens negros das periferias de grandes cidades a ponto de se transformar em um dos grandes motes do movimento hip-hop no Brasil e ganhar até mesmo uma expressão popular com sinais ligados à produção técnico-científica sobre violência — "contrariar a *estatística*" —, que se espraiou por todo o movimento negro. Embora nele a relação de apropriação com as pesquisas fosse tão estreita que se cunhou tal expressão como sinônimo de sobrevivência, a questão racial não era tão presente assim para os estudiosos da violência.

A violência, o Estado e a raça

Os dados sobre mortes no Brasil indicam que mais de 60 mil pessoas foram vítimas de homicídios no país na terceira década do século XXI. De acordo com dados do Sistema de Informação sobre Mortalidade do Ministério da Saúde, para cada pessoa não negra assassinada em 2018, 2,7 negros foram mortos; estes últimos representam 75,7% do total de vítimas. Enquanto a taxa de homicídios foi de 13,9 casos a cada 100 mil habitantes entre não negros, entre negros ela chegou a 37,8.[2] As mortes decorrentes de ação policial representam aproximadamente 6% desse total, e a diferença entre brancos e negros segue o mesmo padrão de sobrerrepresentação de negros entre as vítimas da intervenção estatal operada por policiais.

É consolidada e corrente a definição de que o exercício do uso legítimo da violência define o Estado em sua função basilar de mantenedor da ordem social. Uma vez que aceitemos esse pressuposto, como é o caso, estamos assumindo que a violência de Estado não seria um conflito, pois o uso da força letal por parte da polícia é o exercício pleno de sua atividade precípua. Teríamos, assim, a impossibilidade de apontar violações cometidas pelo Estado, pois este estaria apenas cumprindo as expectativas. Outros impeditivos para falar de violência estatal seriam a ausência de um protocolo que explicite as intenções de uso da força contra grupos raciais específicos e iniciativas de promoção da correção de desigualdades raciais presentes nas chamadas políticas públicas de igualdade racial, como, por exemplo, medidas de incentivo a

2 Segundo levantamento do Instituto de Pesquisa Econômica Aplicada (Ipea) e do Fórum Brasileiro de Segurança Pública, o *Atlas da violência 2020*. Ver "Atlas da Violência: assassinatos de negros crescem 11,5% em 10 anos", *Agência EBC*, 27 ago. 2010.

jovens negros para que cursem o ensino superior ou a inclusão de história africana no currículo escolar.

Contudo, minha abordagem é outra: o foco aqui é compreender o significado do uso do termo "violência" e seus correlatos associados (como extermínio, genocídio etc.) por parte dos sujeitos políticos ora analisados a partir da luta por reconhecimento, colocando em questão a legitimidade do Estado e da violência. Esse discurso emerge de episódios em que indivíduos e grupos sociais se sentiram *lesados* por agentes de segurança pública, notadamente policiais que matam ou agridem pessoas negras que não representam nenhuma ameaça à ordem social, não possuem nenhum envolvimento com o crime nem cometeram nenhum ato para o qual esteja reservado o exercício da força — a violência *legítima*. Mais do que o uso da força física sobre o corpo, tais categorias, quando politizadas, assumem uma circulação de significado aberto, agregando outros fenômenos das experiências de desrespeito, associando a violência letal a direitos sociais e políticos.

Partindo do pressuposto de que o Estado, por meio de sua instituição policial, pode agir com violência, durante anos as organizações negras aqui estudadas questionaram o sentido da legitimidade do uso da força letal por parte do Estado, argumentando que ela se dava contra pessoas negras em situações nas quais o uso da força não era autorizado pela lei, e que o que explicava sua violação era apenas o fato de serem negras. Isto é: as instituições policiais usavam a violência contra pessoas negras porque elas eram negras. Essa agenda de denúncias ocorreu sempre por meio da utilização de palavras de ordem que tratavam esses episódios de violação como "violência", "discriminação", "extermínio", "genocídio", entre outras, sempre tentando utilizar termos que fossem capazes de expressar as experiências individuais com conteúdo político, a fim de apresentar um problema e mobilizar pessoas, coletivos e instituições para sua resolução.

As organizações negras não o fizeram sozinhas, mas sim ladeadas por outros movimentos sociais e instituições de comunicação, como jornais do movimento negro, os meios de comunicação de massa e instituições ligadas à produção de conhecimento científico, como institutos de pesquisa e universidades. Assim, trata-se de observar a violência contra pessoas negras quando expressada politicamente pelo movimento negro, em meio a negociações tanto internas, entre os militantes negros, quanto externas, com outros espaços de debate.

Além de ser uma expressão acusatória, ela manifesta as experiências sociais baseadas numa forma de assujeitamento própria de sociedades racialmente estruturadas, que toma os indivíduos e os subjuga por meio da racialização e da hierarquização. Esse assujeitamento racial é que cria brancos e negros, manipula corpos e cores, conforma interações sociais, instituições e lugares sociais nos quais se posicionam bons e maus, melhores e piores, o certo e o errado, o legal e o ilegal, o policial e o bandido, o trabalhador e o criminoso. A autorização do discricionário uso da força sobre pessoas consideradas criminosas passa a ser vista como prática da ordem por uns e, por outros, como violência racial, discriminação racial ou mesmo genocídio negro.

E assim surge uma forma de compreender a violência como uma categoria aberta de significantes — a violência sobre o corpo, a brutalidade policial, a letalidade, a tortura e a morte são associadas à prisão, ao hiperencarceramento, à exclusão social e até às formas simbólicas e históricas de agressão.

Ascendente de radicalização: contestação e ruptura

Há uma nítida elevação no tom da violência policial denunciada pelo movimento negro ao longo das últimas décadas, e uma progressiva atenção dada ao par vida/morte no conteúdo dessa denúncia. Se, inicialmente, tal violência policial era equiparada à proibição da entrada de atletas negros em seu próprio clube esportivo, em um segundo momento a violência contra o corpo físico se tornou o drama central da população negra. Na sequência, o Estado apareceu como o protagonista geral de um ato que intentava a morte da população negra no Brasil, sob o nome de "genocídio". Isso sem contar os outros problemas sociais que sempre apareceram associados à violência policial, como a própria discriminação, a exclusão social, a falta de acesso à educação, a diferença de rendimentos no mercado de trabalho, a menor presença em cargos políticos.

A violência é um desafio para as interpretações mais cristalizadas do mundo social, as quais tendem a se acomodar entre as abordagens subjetivas e culturais e as abordagens materiais e distributivas. As primeiras, concentradas na ideia de cultura da violência, apostaram na institucionalidade democrática e na educação para o fim do problema; as últimas, compreendendo a violência como resultado da desigualdade, apostaram na redução das desigualdades para que a violência diminuísse com elas. Nas entrelinhas, o movimento negro dizia que a violência policial poderia ser agregada a um certo conjunto de coisas, e que a pobreza e o desemprego de pretos e pardos estavam intrinsecamente ligados a ela, mas que o fim da desigualdade, aliado a uma boa educação formal, não resolveria, por si só, o problema da violência policial. De fato, esses elementos estavam associados, mas o ponto mais forte da questão era justamente o vínculo que os unia.

Segundo a teoria das relações raciais, existe um ciclo de acúmulo de desvantagens entre negros; assim, mesmo vencidas determinadas etapas de mobilidade, como a formação de nível superior, novas formas de discriminação seriam encontradas nos desafios seguintes para a ascensão social (Hasenbalg, 2005). A escalada do tom do léxico negro indica o sentido último dessas formas de exclusão: o fim ou extermínio da população negra no Brasil, promovido por ação ou inação do Estado, seja pela ação de fazer morrer, deixar morrer ou *não deixar viver*. As frequentes barreiras sociais do racismo promovem um cerceamento das oportunidades do exercício de direitos e do exercício da vida em si, impondo limites e/ou encerrando as possibilidades de vida e de viver. Decorre disso a ideia de encerramento de corpos, em seu duplo sentido de impor limites e dar fim: de cerceamento da vida, nas periferias, nas favelas, nas prisões, nas oportunidades sociais, nos estratos de renda, na expectativa de vida, nas estatísticas; e de finalização da vida, por meio do assassinato, da tortura ou do desaparecimento.

Por fim, há gravidade no fato de o protesto negro adotar um conceito relativo à política internacional para se dirigir ao Estado brasileiro. Ao usar o termo "genocídio", o movimento negro não se dirige ao Estado brasileiro como interlocutor que faz parte de um mesmo círculo de comunidade política; pelo contrário, se coloca fora do Estado ao fazer essa denúncia. Existe um pacto político que foi rompido, não no momento da denúncia, mas no momento em que o Estado deixou de zelar pela vida e pela segurança daqueles que o constituem, permitindo que as pessoas negras morram sem a mínima previdência social ou fazendo com que essas pessoas morram por meio da ação de sua própria força policial. Tudo sob o regime democrático da Nova República.

Os casos explorados neste livro mobilizam, cada um deles, diferentes dimensões de raça, classe, gênero e território. Essas categorias articulam a radicalidade do problema social explorado aqui. São majoritariamente homens (e eventualmente também mulheres) que se depararam com a força bruta do Estado na interrupção de sua vida. É o desfecho trágico de determinados conflitos situados em um pacto racial que estabelece o chamado "lugar de negro" (Gonzalez, 1982) e preconiza que a saída desses sujeitos de tais lugares seja vista como uma violação desse pacto. A violência racial, que no vocabulário do movimento social denuncia a atuação letal da polícia, pode ser vista, pela perspectiva dos policiais, como a pacificação de um conflito: os policiais estariam agindo para corrigir uma desordem, recolocando os negros em seu lugar. Em outras palavras, a morte de pessoas negras seria a própria produção da ordem — o que se espera, em determinadas circunstâncias, dos agentes estatais: matar. Por outro lado, deixar viver e fazer viver — no caso, as pessoas negras — seria uma ameaça à ordem.

Como o ponto de partida foram alguns casos emblemáticos, a pesquisa que originou este livro se restringiu a algumas cidades do estado de São Paulo, o que apresenta limites e potenciais. Assim é em razão de a capital paulista ser o centro econômico e político brasileiro, concentrando empresas de comunicação capazes de ressoar com mais extensão o que ocorre na cidade e nas suas imediações; e de o estado de São Paulo reunir parte significativa das importantes figuras nacionais da política institucional, além de ser o palco da própria mobilização negra desde a fundação do Movimento Unificado contra a Discriminação Racial (MUCDR), passando pela formação do movimento hip-hop nos anos 1980 e 1990, até a articulação de organizações não governamentais. Além disso, sobretudo para a questão da violência policial, São Paulo (assim como o Rio de Janeiro) se destaca na medida em que suas polícias são conhecidas por matarem muito.

A teoria do reconhecimento de Axel Honneth, que acompanha o trabalho feito aqui, é utilizada em duas direções: para examinar as experiências de desrespeito e conflitos éticos, de um lado, e, de outro, para compreender o sentido do protesto negro, como sua gramática de resistência é formada e o que deve ser visto como um processo cíclico. Trata-se, assim, do que os problemas sociais expressam e das respostas políticas que as lutas propõem. Contudo, houve a necessidade de lançar mão dessa teoria com algumas adequações. Honneth foi, ao longo dos anos, fazendo adendos à sua proposta para dar conta de problemas ligados a imigrantes não documentados que residiam em países ditos centrais (Honneth, 2014a) e mesmo de questões associadas ao genocídio (Honneth, 2018), dando abertura para ir além da morte simbólica e passar a falar de processos de não reconhecimento mais brutais.

Cerzido pela teoria do reconhecimento de Axel Honneth, este livro compreende que os conteúdos das lutas sociais têm significados enunciados em expressões coletivas e que elas possuem lastro na experiência social coletiva, que, por sua vez, dá vazão à elaboração de pontes semânticas. A primeira parte possui caráter teórico: nela, abordo a teoria do reconhecimento e as teorias sobre o racismo que tratam da violência sistemática; a sociologia das relações raciais e da violência; e as teorias dos movimentos sociais. Sabendo da condição singular do Brasil quando se trata de violência policial (e de homicídios, encarceramento e desigualdade, conjugados com a participação negra na demografia nacional), no primeiro capítulo me aprofundo no debate sobre a relação entre o poder de gestão da vida e a questão racial, levando em conta a escala do fenômeno da violência local, em diálogo com teóricos que dão centralidade à violência e também exploram a condição periférica do Brasil no mundo. Uma vez situado o Brasil nesse cenário mais amplo, no segundo capítulo busco compreender como tal violência sistemática é racializada segundo os padrões locais de racialização e violência. Traço o cruzamento entre relações raciais e a sociologia da violência para substanciar sociologicamente a relação entre raça e violência no Brasil, no encontro de dois temas fundamentais para a compreensão da realidade brasileira. O terceiro capítulo é dedicado a compreender como esse encontro é construído politicamente pelo protesto negro a partir do enfrentamento da violência policial, e de que modo a gramática moral dos movimentos sociais se aplica a esse processo.

Na segunda parte, explico como procedi com as escolhas metodológicas para a reconstrução dessa gramática a partir dos materiais analisados: documentos escritos de acervos pessoais, entrevistas com militantes e ativistas do movimento negro e notícias de jornal relacionadas aos casos abordados aqui. Assim, reconstruo o protesto negro e sua gramática moral em três capítulos, organizados historicamente a partir das pontes semânticas, procurando responder como o movimento negro denunciou a violência racial no Brasil e como reagiu e respondeu a ela. A análise me conduziu a uma periodização baseada nas pontes semânticas, em três períodos, e dedico um capítulo para cada: o quinto capítulo cobre de 1978 a 1988; o sexto, de 1989 a 2006; e o sétimo, de 2007 a 2018. Neles me dedico a apresentar as pontes semânticas, os casos de violência policial, as campanhas contra a violência policial e a repercussão institucional do protesto negro.

PARTE I

Reconhecimento, violência racial e movimento negro brasileiro

1

Expressões do não reconhecimento sistemático

A verdade do indivíduo designado a uma raça está simultaneamente alhures e nas aparências que lhe são designadas. Está por trás da aparência, por baixo daquilo que percebemos. Mas ela também é constituída no próprio ato de designação — o meio pelo qual certas formas de subvida são produzidas e institucionalizadas, a indiferença e o abandono justificados, a parte humana no outro violada, velada ou ocultada e certas formas de encarceramento e até mesmo de abate toleradas.
— Achille Mbembe, *Crítica da razão negra*

A polícia sempre foi um braço armado auxiliar na política do governo junto à maioria da população oprimida. Cumpre o papel de controlar, desorganizar e quebrar psicologicamente o indivíduo, reduzindo-o a ser submisso e impotente através da pressão e perseguição constantes.
— Frente Negra para a Ação Política de Oposição e Movimento Negro Unificado, "Campanha Nacional contra a Violência Policial: o segundo passo"

> Preenchem a condição dessas semânticas as doutrinas ou ideias morais capazes de enriquecer normativamente nossas representações da comunidade social; pois, junto com a perspectiva de relações ampliadas de reconhecimento, elas abrem ao mesmo tempo uma perspectiva exegética sob a qual se tornam transparentes as causas sociais responsáveis pelos sentimentos individuais de lesão. Portanto, ideias dessa espécie obtêm influência no interior de uma sociedade, elas geram o horizonte subcultural de interpretação dentro do qual as experiências de desrespeito até então desagregadas e privadamente elaboradas podem tornar-se os motivos morais de uma "luta por reconhecimento".
>
> — Axel Honneth, *Luta por reconhecimento*

As experiências de violação racial no Brasil são sistemáticas, estruturais e não episódicas. Elas não são as únicas no mundo e serão mais bem compreendidas diante da contextualização de um cenário transnacional em que a violência homicida alcança as cifras de guerras declaradas, ou mesmo em contextos em que os assassinatos — cometidos ou não pelo Estado — ocorrem em níveis considerados aceitáveis, e as menções à morte na linguagem dos movimentos sociais são apenas metáforas. Para isso, acompanhando o desenvolvimento da teoria do reconhecimento de Axel Honneth, discutimos a importância do conflito social para bem compreender as relações de reconhecimento e não reconhecimento. Apresentamos de que modo a teoria foi sendo repensada para, enfim, descrever contextos nos quais os conflitos éticos são sistemáticos, e não episódicos. Nesse fim, aproximamos Honneth do debate entre autores e autoras que veem a violação das expectativas como a própria estrutura de determinadas sociedades. Isso nos permite a associação com outros autores, como Frantz Fanon (2005; 2008), e com os processos de não reconhecimento sistemáticos característicos de contextos coloniais.

Pouco lembrado nas resenhas sobre necropolítica, Fanon é o principal autor que influenciou Achille Mbembe em sua formulação conceitual. Fanon procura demonstrar como a chamada "biopolítica", proposta por Michel Foucault, deveria ser repensada à luz dos países que estão fora do tratado da modernidade ocidental — em outras palavras, fora dos limites tomados por "civilização", onde, em vez de (ou além de) manejar a vida, a morte não seria efeito natural da vida nem efeito de um processo industrial, mas sim provocada para produzir um sentido político. A partir desse contexto, situamos o protesto negro no Brasil por meio da teoria do reconhecimento de Axel Honneth, mediada pela visão de não reconhecimento de Fanon — teorias que dão conta da estrutura da sociedade colonial.

Violações raciais e a violência homicida no Brasil

A escala dos homicídios no Brasil é semelhante à de países em guerra declarada. Dados da Fundação Sistema Estadual de Análise de Dados (Seade) informam que, em 1980, o Brasil registrou aproximadamente 15 mil homicídios e, em 1990, ultrapassou os 30 mil, chegando à virada do século com mais de 50 mil homicídios ao ano (Mendes, 2010). Nos anos 2000 e 2010, o estado de São Paulo, que contribuía para o aumento da taxa nacional, passou por uma redução no número de homicídios,[3] mas a taxa geral nacional continuou a subir, fazendo com que o país chegasse a 2016 com um crescimento médio de 1.125 homicídios por ano.

No levantamento de 2018 sobre homicídios no Brasil apresentado pelo *Atlas da violência* do Instituto de Pesquisa Econômica Aplicada (Ipea), o princípio foucaultiano da biopolítica parece ser facilmente visualizado no contexto brasileiro. Em dez anos, o número de homicídios cresceu 25,8% ao ano: foram 49.704 assassinatos em 2006 e 62.517 em 2016. Isso implica que, nesse período, 602.960 pessoas foram assassinadas. Trata-se de um número superior ao observado em muitos conflitos deflagrados entre países. Quando se observa a desagregação dos dados de homicídios entre negros e não negros, o caráter racializado do fenômeno é flagrante:

> Em 2016, por exemplo, a taxa de homicídios de negros foi duas vezes e meia superior à de não negros (16% contra 40,2%). Em um período de uma década, entre 2006 e 2016, a taxa de homicídios de negros cresceu 23,1%. No mesmo período, a taxa entre os não negros teve uma redução de 6,8%.[4]

O aumento no número geral de homicídios é acompanhado do aumento da desigualdade entre as mortes de negros e brancos. Em um cenário que suporta cifras de guerra conflagrada, as mortes cometidas por policiais não representam uma proporção muito grande do total. Contudo, a letalidade policial

3 Entre 2001 e 2016, o estado de São Paulo apresentou redução de 65% no número de vítimas de homicídio doloso, passando de 12.475 para 4.377 mortes ao ano. Essa redução notável, embora mereça ser comemorada, não se traduziu na diminuição das mortes em decorrência de intervenções das polícias Civil e Militar, que em 2001 fizeram 605 vítimas, número que em 2016 passou para 856, um incremento de 42% (Nunes, 2018, p. 72).

4 "No Brasil, dois países: para negros, assassinatos crescem 23%. Para brancos, caem 6,8%", *El País*, 17 jun. 2018.

no Brasil sempre atuou preferencialmente sobre jovens negros (Sinhoretto *et al.*, 2014; Gestoso, 2014). Em 2018, foram 6.220 mortes cometidas por policiais, em serviço ou não, o triplo do que foi registrado em 2007, quando policiais mataram 2.212 pessoas. Segundo o Anuário Brasileiro de Segurança Pública do Fórum Brasileiro de Segurança Pública (2019), entre 2017 e 2018, 88,2% dos indivíduos mortos tinham entre 15 e 34 anos; 75,4% do total de assassinados eram negros, e os brancos se limitaram a 24,4%. Esses dados parecem indicar uma atuação diferenciada sobre populações diferentes, fazendo/deixando viver determinado grupo e fazendo/deixando morrer outro grupo determinado, seguindo o princípio do racismo de Estado, que separa a espécie humana em categorias e as hierarquiza.

Há que se mencionar o tratamento dado a esses conflitos pelo Poder Judiciário, que deveria atuar para julgar os assassinatos e os assassinos. Pesquisa do Instituto Sou da Paz[5] revela que, das 27 unidades federativas do Brasil, apenas seis conseguiram fornecer esses dados; em nenhuma delas, porém, a taxa de resolução de casos é satisfatória. O Pará solucionou 4% dos casos; o Espírito Santo, 20%; Rondônia, 24%; São Paulo, 38%; Rio de Janeiro, 12%; e Mato Grosso do Sul, 55,2%. Isso não é um problema para as instituições judiciais, mas, para o protesto negro, sim, pois leva a crer que há duas lógicas concorrentes: uma que acomoda as mortes em virtude da brutalidade policial e outra, a do movimento de organizações negras, que se levanta contra esse fato. O Poder Judiciário se comporta da mesma maneira quando se trata de investigar e julgar os homicídios cometidos por policiais, os chamados "autos de resistência", com índices de resolução próximos de 10% (Misse, 2010a).

5 "O processamento de homicídios no Brasil e a estratégia nacional de justiça e segurança pública em três estados: Alagoas, Santa Catarina e São Paulo", Instituto Sou da Paz, out. 2016.

Todos esses dados são mobilizados pelos movimentos negros para denunciar a violência policial sempre que algum caso "emblemático" se transforma em um problema público.[6] É assim que o protesto negro se torna o mediador entre o mundo da vida e o mundo da política. Por meio de uma gramática desenhada a partir de pontes semânticas, as ações de coletivos negros, associações negras, organizações negras etc. sintetizam os conflitos éticos vividos pela população negra, com a finalidade de expor possibilidades de restituição do que seria uma verdadeira relação de reconhecimento, conformando assim o protesto negro como uma luta por reconhecimento (Honneth, 2003).

Essas violências — tanto a violência policial letal sobre sujeitos negros quanto os homicídios em massa ocorridos entre a população negra — estão na pauta de mobilização do protesto negro no Brasil desde pelo menos 1978, quando o movimento negro pôde se reorganizar, em resistência à ditadura. A forma como essa denúncia era feita sempre ressaltou um conjunto de outros fenômenos em conexão, associando violência do Estado, exclusão do mercado de trabalho e da escola, preconceito e insultos raciais, falta de representatividade etc. Todos esses problemas eram agrupados no que Axel Honneth chama de *ponte semântica*, relacionando experiências individuais ao conjunto de uma coletividade para nortear a luta política.

6 Gusfield (1984) chama de "problema público" aqueles assuntos que são repercutidos em três âmbitos institucionais capazes de mobilizar a atenção geral da sociedade: a ciência, a mídia e a política.

Teoria do reconhecimento: um debate sobre o conflito

Um elemento central do debate a que nos propomos aqui é o potencial sociológico aberto pela elaboração de Axel Honneth, cujo entendimento das dinâmicas sociais e políticas sobre o reconhecimento foca a dimensão das experiências dos sujeitos. Das experiências dos sujeitos é que se depreendem questões ligadas à dimensão cultural, à dimensão subjetiva ou à dimensão institucional, legal ou econômica. A partir disso emergem questões de cunho econômico, étnico, jurídico etc. Isso quer dizer que o reconhecimento não seria uma dimensão simbólica da vida social separada da vida econômica, como fazem parecer alguns outros argumentos que exploraremos aqui.

Mas, para alcançar a adequada compreensão sobre reconhecimento, é necessário inicialmente bem localizar o conceito como caudatário da relação dialética senhor/escravo oriunda da obra de George W. Hegel, na qual encontramos uma formulação da experiência fundadora da luta política na sociedade ocidental. Tal experiência dialética poderia ser traçada a partir da relação indivíduo/sociedade, chegando à relação de classes sociais; é a própria formulação do conflito social. Como ideia de uma ciência da experiência da consciência, trata-se de um projeto epistemológico que explora a formação do sujeito do conhecimento e propõe um caminho para chegar ao saber. Esse caminho é traçado por meio de oposições sucessivas e articuladas entre a certeza do sujeito e a verdade do objeto (Lima Vaz, 1981, p. 11). Emergem daí as bases primeiras para a compreensão do conflito social com foco nas experiências dos sujeitos do saber, assim como emerge a possibilidade de compreensão da relação entre liberdade e servidão.

O potencial sociológico da proposta das lutas por reconhecimento está em seu foco na formação de uma gramática moral, qual seja, o potencial de sujeitos coletivos colocarem em movimento uma resistência baseada em parâmetros de exigência moral, que fornecerá condições de reagir às formas de reconhecimento não implementadas. Não há dicotomias entre ação e estrutura, matéria e símbolo, ou indivíduo e sociedade, mas há, sim, a premência da experiência — em se tratando de um debate analítico e sociológico. No Brasil, o debate sobre a teoria do reconhecimento foi profundamente realizado, levando em consideração o que havia de melhor em seu conteúdo normativo (Neves, 2011; Morais, 2016). As políticas de ação afirmativa foram muito beneficiadas pelas ideias derivadas de teóricos como Charles Taylor e Nancy Fraser, que deram fundamentação filosófica a políticas de redistribuição e reconhecimento.

Taylor (2000) demonstrou que políticas voltadas a comunidades específicas em Estados-nação poderiam assegurar a dignidade de comunidades que tivessem sua autêntica dignidade abalada. Seu ensaio "Política de reconhecimento" põe o conflito social em função da dignidade humana e do respeito, e fundamenta as bases ético-filosóficas do multiculturalismo. Isso é um pouco diferente do que propõe Axel Honneth, para quem a origem do reconhecimento e/ou do conflito social é dada pelas condições sociais, culturais e de época. Além disso, para o autor alemão, não existiria uma identidade "autêntica"; esta seria dada muito mais em função da experiência de desrespeito, e não anteriormente a ela.

Certamente mais longo foi o embate entre as noções de reconhecimento e de redistribuição mobilizadas por Nancy Fraser para sua reflexão acerca do papel das lutas políticas no final do século XX. Já no primeiro parágrafo de seu famoso texto "Da redistribuição ao reconhecimento: dilemas da justiça numa era pós-socialista", ela apresenta toda a razão de sua argumentação, cuja base é o reclame da luta de classes em oposição à luta por reconhecimento:

> A "luta por reconhecimento" está rapidamente se tornando a forma paradigmática de conflito político no final do século XX. Demandas por "reconhecimento da diferença" dão combustível às lutas de grupos mobilizados sob as bandeiras da nacionalidade, etnicidade, "raça", gênero e sexualidade. Nestes conflitos "pós-socialistas", a identidade de grupo suplanta o interesse de classe como o meio principal da mobilização política. A dominação cultural suplanta a exploração como a injustiça fundamental. E o reconhecimento cultural toma o lugar da redistribuição socioeconômica como remédio para a injustiça e objetivo da luta política. (Fraser, 2006, p. 231)

Abusando do caráter normativo do conceito de reconhecimento, a autora dá um encaminhamento político-ideológico com base em conceitos que possuem também um caráter analítico. A ideia de reconhecimento utilizada para pensar conflitos éticos, mobilização social e formação de uma gramática passa a ser o tropo para as reivindicações de determinados agrupamentos organizados por nacionalidade, etnicidade, "raça", gênero e sexualidade. Para ela, todos esses agrupamentos seriam mobilizados por reivindicações de "reconhecimento".

Não acredito que seja necessário me aprofundar na natureza histórica, cultural e política de cada uma das categorias que a autora alocou entre os lutadores por reconhecimento. Contudo, é importante demarcar que Fraser opôs esses grupos às lutas de "identidade de classe", que representariam os interesses redistributivos. Para a autora, existiriam duas pautas: uma ligada às "injustiças culturais" e outra ligada às "injustiças econômicas". De um lado haveria os interesses "culturais"; de outro, os problemas de classe. Essa dicotomia entre a classe, de um lado, e todas as outras lutas, de outro, na verdade, nada mais é do que a atualização de outra dicotomia presente nos estudos sobre movimentos sociais que animaram os anos 1960.

As proposições de Fraser tangenciam questões sobre a premência material da origem da sociedade e se deixam levar pela abertura regulamentadora da teoria do reconhecimento para avançar no ditado de uma agenda que busca conciliar o que seriam pautas culturais por reconhecimento e pautas econômicas por redistribuição. Sua argumentação considera que existe um imbricamento entre as duas agendas políticas, em que lutas que demandam "remédios" de reconhecimento estariam prenhes de soluções redistributivas, e vice-versa.

Para nosso caso, caberia perguntar: a luta de negros contra a violência policial seria uma luta por reconhecimento, pois a luta racial, uma luta redistributiva, está em defesa do maior recurso econômico, qual seja, a vida? Como adiantamos, esse par de oposição não ajuda a compreender a mobilização negra, nem mesmo sua agenda de reivindicações.

Diante da formulação de Honneth, essa divisão perde completamente o sentido, uma vez que as injustiças econômicas só entrariam em uma agenda de mobilização após ganhar uma formulação coletiva na figura de uma ponte semântica capaz de dar lastro cognitivo a um conjunto de experiências compartilhadas por determinados sujeitos. Ou seja, a luta por redistribuição estaria englobada na luta por reconhecimento, uma vez que foram frustradas as expectativas de reconhecimento de um conjunto de indivíduos. Como elaborado por Fraser, as injustiças redistributivas seriam por si só injustiças, talvez por decisão da autora, desconsiderando as experiências sociais dos sujeitos e também todo o processo de formação de uma gramática moral e de sujeitos políticos da luta.

Esse atalho para a retomada da centralidade do aspecto econômico na análise social deixa de lado importantes construções teóricas sobre a luta de classes, como a de E. P. Thompson, a de Antonio Gramsci ou mesmo a de Karl Marx, quando este elabora os conceitos de consciência de classe em si e consciência de classe para si. No desenvolvimento de Fraser, a luta por redistribuição não passa pela formação de identidade nem pela formação de sujeitos da luta.

A mesma dicotomia é reclamada por James Tully, evocando uma pergunta feita por Seyla Benhabib em uma conferência: haveria de se ter uma transição de reconhecimento para a redistribuição? Segundo o autor canadense, a resposta é não, e sua justificativa é bem próxima do que apresenta Nancy Fraser: reconhecimento e redistribuição estariam inter-relacionados.

> Não existe uma transição da distribuição ao reconhecimento ou vice-versa porque ambos se relacionam internamente. Cidadãos engajados em lutas políticas podem dar mais ênfase a um aspecto do que ao outro em momentos específicos, e cientistas políticos e teóricos podem fazer o mesmo, mas ambos os aspectos estão presentes. (Tully, 2000, p. 470)

Contudo, mais do que essa aproximação, a grande força da luta por reconhecimento é que ela, assim como a luta por redistribuição, não pode ser encarada como um processo teleológico e como se tivesse um final. Sua grande força está no conteúdo moral dos processos de negociação disparados pelo engajamento.

> O reconhecimento, na teoria e na prática, não deveria ser visto como um fim em si ou um estado final, mas como uma etapa parcial, provisória, mútua e humana-demasiado-humana de um processo contínuo de atividade democrática no qual cidadãos lutam para alterar suas regras de reconhecimento mútuo à medida que eles mesmos também mudam. (Tully, 2000, p. 258)

A defesa de Tully está nos processos de participação e discussão, que são para ele o cerne das sociedades democráticas, expondo seus problemas, suas experiências, suas demandas, isto é, um ganho civilizatório.

> Quando um grupo propõe uma demanda por reconhecimento, ele busca expor o reconhecimento equivocado ou o não reconhecimento presentes na regra atual de reconhecimento mútuo entre eles próprios e outros, para persuadir outros de que esta é injusta e intolerável, e para expor publicamente uma alternativa preferível. Os outros implicados, cujas identidades recíprocas são colocadas em questão, reconhecem esse ato ilocutório respondendo e entrando em negociações agônicas dos vários tipos que já discutimos. Esses jogos recíprocos de exposição e de tomar conhecimento em geral ficam a um passo do reconhecimento e da afirmação completos e, mesmo quando algum tipo de reconhecimento formal é alcançado, ele gera disputas e o processo de reformulação recomeça, pelas razões expostas anteriormente. Se a atividade de exposição e de tomar conhecimento for examinada em seus próprios termos, em vez de enquanto fracasso do reconhecimento, ela pode ser vista como algo que representa as características democráticas.
>
> O jogo recíproco de exposição e de tomar conhecimento é um modo de dissipar ressentimentos gerados pela percepção de reconhecimento equivocado ou de não reconhecimento, os quais, de outro modo, poderiam ser extravasados em formas de protesto mais violentas ou antidemocráticas. (Tully, 2000, p. 479)

É como se os mecanismos de participação política tivessem a função de restituir ou prover determinados valores de convivência pública por um tipo de sentimento que, na verdade, já teria um local em apenas uma forma de reconhecimento, conforme Axel Honneth, se considerarmos que o sistema democrático representativo possui lastro legal e institucional. Isso não torna a contribuição de James Tully menor; na verdade, qualifica-a na medida em que aprofunda a reflexão sobre uma das dimensões de reconhecimento prescritas por Honneth.

Opor o reconhecimento à redistribuição não é apenas uma forma de entender mal a proposta de Axel Honneth; é também uma maneira de maltratar a discussão que se intenta privilegiar. As questões redistributivas da sociedade — isto é, a luta pela partilha da riqueza produzida pela humanidade — estão fundamentadas na própria teoria do reconhecimento de Hegel, na teoria da formação do sujeito do conhecimento encontrada na relação entre senhor e escravo. Pensar em conflitos redistributivos hoje é inexoravelmente pensar a luta de classes, assim como é pensar a classe trabalhadora, a consciência de classe e a classe como sujeito histórico. Da mesma forma, quando há a luta por redistribuição, há o sujeito dessa luta.

Mas a luta está em função de um sujeito determinado que formulou coletivamente uma semântica moral por reconhecimento. É a expressão pública de um conflito ético experienciado por determinados sujeitos. Com efeito, a premência da experiência sobre a estrutura social pode ser mal entendida de duas formas: como se uma ação fosse imperiosa sobre a realidade social, conforme destacou a crítica de Patchen Markell (2003); e, de acordo com o próprio Honneth (2006), como se o reconhecimento pudesse ser interpretado à maneira de uma forma de assujeitamento e submissão social. Para além de um polo ou outro das balizas da teoria social, se há um império ou uma força com verdadeiro arbítrio sobre a análise de Honneth, certamente é o conceito da experiência coletiva, pois é ele que dispara toda a engrenagem analítica da sua teoria por reconhecimento, por onde se detêm as relações primárias de afeto, as relações jurídicas ou as relações de solidariedade.

O protesto negro é edificado na experiência coletiva da racialização e busca projetar, em suas palavras de ordem/pontes semânticas, as variadas dimensões do reconhecimento. Nosso exemplo, focado na violência policial, espelha com detalhes essa condição, uma vez que existem reivindicações ligadas à esfera individual — a exemplo dos movimentos de familiares e amigos das vítimas da violência policial (como o movimento Mães de Maio) — que requerem mudanças jurídicas, como a demanda por aprovação do Projeto de Lei nº 4.471, cujo texto altera o modo como os policiais registram os confrontos seguidos de morte, e as denúncias contra a seletividade penal e a filtragem racial na seleção de suspeitos, as quais demonstram o desrespeito à população negra.

A cada evento em que quaisquer das formas de reconhecimento são impedidas de se concretizarem, Honneth indica os conflitos éticos. Por efeito dos conflitos éticos é que se disparam as resistências e mobilizações sociais. As experiências de reconhecimento não concretizado dão impulso às diversas formas de resistência visando restituir a esperada forma de reconhecimento. O conflito ocorrerá entre o que se espera que aconteça e o que de fato aconteceu. Numa sociedade racista, há a expectativa de que negros ocupem os lugares de negros, e brancos, os lugares de brancos; assim, a luta social é necessária para readequar expectativas e realidades por meio da busca de novos arranjos sociais livres dessas violações. A discussão colocada em vista da gramática do protesto negro é: por qual horizonte moral tal movimento está pressionando? Por meio de uma análise que empreende sua reconstrução, uma realidade conflituosa se revela.

Contudo, existem duas dimensões implícitas a considerar em vista das denúncias dos movimentos negros. Para Axel Honneth, em sua primeira formulação mais conhecida, as experiências de desrespeito parecem ser ocasionalmente suscitadas como parte de um cenário em que elas são a exceção à regra. No entanto, o que enfatizamos aqui, com base na pesquisa e nos desenvolvimentos ulteriores do próprio autor, é que, nas denúncias do movimento negro, os conflitos éticos e desrespeitosos se repetem continuamente ao longo da história. Há mudanças na forma como são tematizados esses conflitos, mas a ausência de reconhecimento e a experiência da lesão são sistemáticas, e sua recorrência se estende por, pelo menos, meio século.

Outra dimensão é o caráter da intensidade das experiências de desrespeito vivenciadas em contextos chamados de coloniais, ou naqueles da periferia do capitalismo. Considerado esse quesito, os conflitos éticos dessas sociedades não seriam contemplados nos esquemas de desrespeito de Axel Honneth, ao menos em sua formulação inicial. A morte metafórica enunciada por Honneth não é uma figura de linguagem para o movimento negro, mas é um quadro real.

> É típico dos três grupos de experiências de desrespeito, que se distinguem analiticamente dessa maneira, o fato de suas consequências individuais serem sempre descritas com metáforas que remetem a estados de abatimento do corpo humano: nos estudos psicológicos que investigam as sequelas pessoais da experiência de tortura e violação, é frequente falar de "morte psíquica"; nesse meio-tempo, no campo de pesquisa que se ocupa, no caso da escravidão, com a elaboração coletiva da privação de direitos e da exclusão social, ganhou cidadania o conceito de "morte social"; e, em relação ao tipo de desrespeito que se encontra na degradação cultural de uma forma de vida, é a categoria de "vexação". (Honneth, 2003, p. 208)

Por outro lado, na formulação das lutas por reconhecimento, Honneth mantém integralmente um entendimento construtivo sobre o papel da violência física sobre o corpo do indivíduo e os impactos na sua subjetividade. Trata-se de algo que definitivamente se aplica ao caso da violência policial contra pessoas negras, uma vez que estamos falando de situações experimentadas de modo coletivo.

Violência policial nos termos da teoria do reconhecimento

Em 1989, em uma noite de sexta-feira do mês de novembro, um policial militar atirou na testa de Marcelo de Jesus. Marcelo era negro, tinha dezenove anos, era do grupo Rap Magic e estava voltando para casa num vagão do metrô da linha vermelha, rumo à zona leste de São Paulo. Ele estava com amigos, saindo de um show de rap, batucando e rimando no metrô. Um policial militar que estava no vagão se sentiu ofendido, foi ter com os rapazes e assassinou Marcelo. Dentro de padrões estabelecidos em uma sociedade racista, o policial cumpriu com suas expectativas; Marcelo foi morto porque, dentro do padrão racializado da sociedade brasileira, suas expectativas estavam em conflito com o padrão de reconhecimento do Estado.

São muitos os fatores envolvidos nesse episódio: era um jovem negro na mira da arma do policial; o policial atirou na testa dele, isto é, atirou para matar; eles estavam em um espaço público, usufruindo de um direito; o motivo da abordagem foi a manifestação cultural de um grupo de cultura negra. É o tipo de conflito ético que envolve múltiplas dimensões do que Honneth chamou de "negação de reconhecimento". Para o autor, trata-se de um "rebaixamento pessoal" (Honneth, 2003, p. 215), seja para quem foi morto ao levar um tiro na testa, para quem acompanhava o jovem e testemunhou a cena, para quem simplesmente estava no vagão ou para qualquer jovem que é abordado pela polícia sob o risco de receber o mesmo tiro.

Nesse tipo de ação empreendida pelo Estado nas mãos de um membro da força policial, "o que é [...] subtraído da pessoa pelo desrespeito em termos de reconhecimento é o respeito natural por aquela disposição autônoma sobre o corpo, que [...] foi adquirida na primeira socialização mediante a experiência da dedicação emotiva" (Honneth, 2003, p. 215). No entanto, uma vez que é um agente da lei a perpetrar a ação desrespeitosa, trata-se também do cruzamento de uma fronteira importante, da exclusão de um status de parceiro de igual valor moral na interação. Há, ainda, o fato de que estão ali os sinais da degradação da condição de um grupo de indivíduos, a inviabilização de uma tradição cultural, de uma linguagem.

A luta por reconhecimento ocorre quando há quebra de algum preceito ou norma que destitua os indivíduos de reconhecimento, levando ao conflito ético. Tais conflitos são permeados por sentimentos morais de injustiça e são a ignição para as lutas sociais por reconhecimento, que, por sua vez, têm seus objetivos generalizados para além das intenções ou experiências individuais, "chegando a um ponto em que eles são a base de um movimento coletivo" (Honneth, 2003, p. 256).

O que Honneth estabelece como desrespeito, contudo, pode ser visto como algo tangencial quando estamos tratando da violência policial que pode levar à morte ou à prisão em massa: "Na autodescrição dos que se veem maltratados por outros, desempenham até hoje um papel dominante categorias morais que, como as de 'ofensa' ou de 'rebaixamento', se referem a formas de desrespeito, ou seja, às formas de reconhecimento recusado" (Honneth, 2003, p. 213).

Incolumidade e integridade marcam a noção de pessoa implícita nos escritos do autor sobre o entrelaçamento entre individualização e reconhecimento. Quando essas insígnias estão ausentes pelo perigo ou pela concretização de uma lesão, o que ocorre é o desmoronamento da "identidade da pessoa inteira" (Honneth, 2003, p. 214). O que dizer dos relatos diários de assassinatos cometidos pelas polícias sob o argumento da suspeita? Como interpretar o testemunho do assassinato de um namorado, de um amigo ou de um pai?

Adiante em seu argumento, Honneth fala da integridade corporal de uma pessoa e parece aproximar-se de nossa questão: "Aquelas formas de *maus-tratos práticos,* em que são tiradas violentamente de um ser humano todas as possibilidades da livre disposição sobre seu corpo, representam a espécie mais elementar de rebaixamento pessoal" (Honneth, 2003, p. 215, grifo nosso). Poderíamos aqui entender como tipos de abordagens violentas os chamados "enquadros", "baculejos", a suspeição policial racialmente orientada ou simplesmente a brutalidade policial, aquele ato de força desferido com uma intensidade desnecessária, ou até mesmo os números de aprisionamento de sujeitos negros, muito superiores aos números envolvendo sujeitos brancos, e com forjamento de flagrantes. Essas são experiências em que os *maus-tratos práticos* alcançaram o limite *prático* da morte de muitos indivíduos. Outra forma de desrespeito é aquela que lesa a pessoa em sua possibilidade de autorrespeito, imposta a um indivíduo pelo fato de ele "permanecer estruturalmente excluído da posse de determinados direitos no interior de uma sociedade" (Honneth, 2003, p. 216). Aqui, estamos nos referindo àquilo que tanto os movimentos sociais quanto a teoria social chamam de desigualdades.

A formulação de Honneth não foge ao que falamos; pelo contrário, o autor discorre sobre um problema social que, no entendimento expresso pela gramática do movimento negro, dá sustentação ao problema mais tópico: a violência letal praticada pelo Estado por meio da instituição policial. Ela preenche e demonstra o contexto do que o movimento social negro denuncia desde a fundação do Movimento Negro Unificado (MNU), sendo até hoje uma pauta pertinente.

A desvalorização de um indivíduo ou grupo social é uma última forma de desrespeito, também conhecida como "ofensa" à dignidade ou à honra. Trata-se do modo como a

> medida de estima social [...] é concedida à sua maneira de autorrealização no horizonte da tradição cultural; se agora essa hierarquia social de valores se constitui de modo que ela degrada algumas formas de vida ou modos de crença, considerando-as de menor valor ou deficientes, ela tira dos sujeitos atingidos toda a possibilidade de atribuir um valor social às suas próprias capacidades. (Honneth, 2003, p. 217)

Nessa forma de rebaixamento, é subtraído o assentimento social de uma forma de autorrealização baseada em solidariedades de grupo. Possivelmente, o autor está se referindo às práticas culturais marginalizadas, vistas como representatividade simbólica da autoimagem do indivíduo, bem como à criminalização de determinada religião.

O movimento negro, ao longo da sua história, aparece investindo em palavras de ordem que agregam sentido cognitivo e unificam a ação coletiva. Em um primeiro momento, utilizou-se "discriminação racial" (1978-1988); nos anos 2000, foi a vez do "genocídio da juventude negra", ao passo que, nos anos 1990, a ideia de "violência racial" foi a ponte semântica dos movimentos negros para referir-se às formas de rebaixamento descritas por Axel Honneth. O autor adverte, contudo, que é corrente a categorização dessas experiências com referência à morte não apenas física (Honneth, 2003, p. 218-9).

A associação que o próprio protesto negro faz a estados de abatimento do corpo humano — tal como nas palavras "genocídio", "extermínio", "holocausto" etc. —, com lastro social real, indica também a busca por representar a intensidade do sofrimento vivenciado por toda uma coletividade. Assim, as três etapas da formação da luta por reconhecimento, da designação do conflito ético, gerador da experiência de desrespeito, à formação de um movimento por uma identidade coletiva, são materializadas na *ponte semântica* para notar o desenrolar da resistência e as pressões pela ampliação do horizonte moral.

Com efeito, as mobilizações se valem do contexto sociocultural e político em que são produzidas as respectivas experiências de desrespeito, como um húmus das ações desencadeadas pelos movimentos sociais. As mobilizações se utilizam dos referenciais desse contexto para construir sua própria gramática:

> o húmus destas formas coletivas de resistência é preparado por semânticas subculturais em que se encontra para os sentimentos de injustiça uma linguagem comum, remetendo, por mais indiretamente que seja, às possibilidades de uma ampliação das relações de reconhecimento. (Honneth, 2003, p. 267)

Vê-se que o sentido (ou a direção) da mobilização é a pressão pela ampliação do horizonte moral, que deve estender-se em conexões com tempos diferentes de modo a alcançar um espectro estrutural, e não apenas meramente episódico. Assim, visualizamos "um nexo objetivo-intencional, no qual os processos históricos já não aparecem como meros eventos, mas como etapas em um processo de formação conflituoso, conduzindo a uma ampliação progressiva das relações de reconhecimento" (Honneth, 2003, p. 267-8).

O desenvolvimento da mobilização está ancorado em uma gramática coletiva, elaborada por meio de consensos e conflitos que traduzem as experiências dos conflitos éticos em linguagem socialmente lastreada, isto é, a ponte semântica deve ser elaborada em termos que correspondam às experiências individuais dos membros dos protestos. Por isso é que o surgimento dos movimentos sociais está ligado à disposição do léxico coletivo, que permite "interpretar as experiências de desapontamento pessoal como algo que afeta não só o individual, mas também um círculo de muitos outros sujeitos" (Honneth, 2003, p. 258).

A semântica coletiva das lutas sociais nos conduz ao esforço de analisar o conteúdo das elaborações presentes na gramática das mobilizações que estudamos neste trabalho. O contexto da violência policial contra negros, como revelam os dados sobre violência no Brasil, e as características da gramática negra — sempre associando a violência policial a outros temas — mostram que o não reconhecimento alcança camadas mais profundas da formação social e é estruturado por diversas instituições, o que exige um tensionamento da teoria do reconhecimento, realizado pelo próprio Axel Honneth.

Demandas de reconhecimento ante a barbarização do conflito

O protesto negro articula de diferentes formas a luta por reconhecimento, seja por meio das pontes semânticas usadas para expressar suas lutas, seja pelos conflitos éticos denunciados. O conteúdo da denúncia contra a violência policial no Brasil, as estatísticas oficiais e as notícias de jornais nos informam que a violência policial contra pessoas negras é recorrente no cotidiano da experiência negra nas periferias das cidades brasileiras. Estamos falando de sujeitos e contextos constituídos estruturalmente pela violência, ou seja, eles são um produto da brutalidade do Estado.

Algo próximo a isso foi elaborado por Axel Honneth (2014a), indicando que o conflito social foi "barbarizado" não só no sentido de que a luta por reconhecimento está buscando suas restituições fora das esferas institucionalizadas da sociedade, mas também no sentido de que existe (para ele, apenas no século XXI) uma subclasse sem condições de participar das esferas de reconhecimento, composta por subempregados, estrangeiros ilegais, entre outros, à qual é negado o acesso ao sistema de direito. Além disso, há pessoas com subocupações e famílias monoparentais que, mesmo tendo acesso formal ao sistema de direito, "dificilmente podem obter desta participação uma forma estável de autorrespeito, porque as relações de trabalho são excessivamente inconstantes e fragmentadas, as situações familiares arruinadas ou pobres em suas relações" (Honneth, 2014a, p. 172).

O autor parece mesmo descrever a coexistência de duas ordens dinâmicas do conflito social: uma que é oficial, outra que é a dos *sans-papiers*, dos imigrantes ilegais "sem documentos", dos condenados da terra que vivem na metrópole. Honneth certamente se refere ao contexto da Europa Ocidental e de países do Atlântico Norte, territórios onde vivem pessoas que estão apartadas dos pactos legais de convivência e cujo cotidiano se aproxima do contexto brasileiro em termos de denúncias de violência policial. Os problemas sociais se articulam entre si em uma trama que se estende ao longo de décadas, de tal modo que o conflito ético se confunde com a própria estrutura social. Assim, o racismo e a violência se convertem na própria estrutura.

Há a necessidade de uma formulação que leve em conta a ausência de reconhecimento, os conflitos éticos e as experiências de desrespeito de forma consoante com a sistematicidade com a qual o protesto negro denuncia a violência no Brasil. Em diálogo com Lukács, Axel Honneth busca essa profundidade do conflito quando discute a possibilidade de a reificação ser tratada como o "esquecimento do reconhecimento" (Honneth, 2018). Problemas como o genocídio podem ser abordados por essa perspectiva (Melo, 2018). Essa atualização do conceito implica uma releitura profunda de seu entendimento como proposto por Lukács, isto é, implica o afastamento da ideia de reificação como racionalização. Para o filósofo húngaro, importava compreender o fenômeno da reificação como a ampliação da fetichização da mercadoria e da racionalização da modernidade para outras esferas sociais, de maneira que modos de comportamento egoístas e indiferentes fossem padronizados. Nos modos de comportamento em que as interações sociais são voltadas unicamente ao lucro, em que o mundo externo é uma coisa, as pessoas se tornam objetos de transação e suas capacidades, meros recursos.

Entendemos que o trajeto da reconstrução da gramática dos protestos negros deve percorrer o fio lógico que foi tecido na elaboração das *pontes semânticas* por entre conflitos e consensos (Honneth, 2003). Ao longo do período analisado, é possível rever momentos de confluência e dispersão da pauta negra diante da variação das pautas defendidas, do lugar que elas ocuparam e de sua posição na estrutura dos documentos. Assim, é possível afirmar que houve momentos de consenso — ou confluência — em torno de categorias agregadoras das experiências de desrespeito vivenciadas pela população negra e designadas pela gramática negra.

Reificação e esquecimento do reconhecimento

Existem duas dimensões implícitas que devemos considerar em vista das denúncias dos movimentos negros. Para Axel Honneth, as experiências de desrespeito parecem ser ocasionalmente suscitadas como parte de um cenário em que elas são a exceção à regra. Segundo o autor, quando a exceção se torna a regra, o fenômeno que se tem é o da *reificação*, isto é, o *esquecimento do reconhecimento*. O que enfatizamos aqui é que, nas denúncias do movimento negro, os conflitos éticos e desrespeitos se repetem continuamente ao longo da história, formando o que Honneth chamaria de *reificação* como *esquecimento do reconhecimento*. Essa questão diz muito sobre o caráter da intensidade das experiências de desrespeito vivenciadas nos contextos chamados de colônias ou naqueles da periferia do capitalismo.

O passo seguinte no debate sobre reconhecimento proposto por Honneth é uma releitura do conceito de reificação — não mais marxista, nem lukacsiano —, que será tomado como um fenômeno próprio das sociedades modernas, nas quais o sentido mais profundo de humanização será perdido. Nessa atualização, a vida, os riscos de morte e a morte propriamente dita ganham maior centralidade. Assim, a tentativa de Honneth se insere no debate sobre reificação a partir do diálogo com Lukács, em perspectiva com a teoria do reconhecimento, estendendo o conceito a outras esferas da vida social que não se restringem apenas à troca de mercadorias, como em Marx, ou ao comportamento individual, como em Lukács.

Para o filósofo húngaro, a reificação seria a característica da sociedade capitalista na expansão da sua própria forma de racionalidade econômica, impondo aos indivíduos uma forma de consciência que transforma as faculdades e capacidades em recurso, faz das pessoas objetos rentáveis e converte o mundo exterior em coisas, de modo a conformar um comportamento de tipo passivo e indulgente. Honneth, por sua vez, buscou refletir sobre qual seria o tipo de comportamento ideal, aquele em que as características reificadoras não estariam presentes.

Nesse formato, estão opostos dois tipos de práxis: uma práxis deficitária e uma práxis genuína, esta última não definida pela obra de Lukács, mas necessária para que se alcance o patamar analítico consonante com a teoria crítica, isto é, uma teoria voltada para a emancipação. Em face da teoria do reconhecimento, Honneth passa a compreender que a reificação seria a práxis deficitária, chamada de *esquecimento do reconhecimento*.

Assim, ao mesmo tempo que critica o conceito de reificação e práxis na obra de Lukács, que ele define como "segunda grandeza da reificação", Honneth traz para a sua obra uma inovação que nos permite estabelecer uma nova camada do reconhecimento, associando o conceito a outro conjunto de relações sociais. No nível do esquecimento, indo além do que se tomava apenas pela produção alienada do objeto, a reificação agrega agora outro conjunto de conflitos éticos e alcança questões mais radicais.

Do ponto de vista do comportamento humano, a reificação seria a participação alheia à realidade, à empatia, a presença neutra e impenetrável do sujeito perante as relações pessoais ou políticas, às pessoas humanas e ao mundo: "O sujeito que adota o papel de um parceiro de troca passa a se comportar como um espectador meramente contemplativo e indiferente" (Melo, 2018, p. 12). No seu oposto, a práxis positiva, teríamos uma participação engajada dos indivíduos e a prática do reconhecimento, um comportamento movido pela busca emancipadora e reconhecedora da existência de interesses, sentidos e conflitos. Trata-se de um processo em que as práticas e técnicas ganham uma autonomia de sentido, justificando-se por si só. O sentido moral maior das interações sociais perde seu valor e, em detrimento dos ideais emancipatórios, as justificativas dos meios são os próprios meios.

Contudo, quando essa oposição é levada para além da conduta individual, Honneth advoga que o esquecimento do reconhecimento toma outras esferas da vida social, com incidência sobre as instituições, a ciência, os governos e a segurança:

> Talvez aqui as ações de guerra, tal como nos são apresentadas em filmes e romances, formem um exemplo melhor: nesses contextos, é frequente ver ou ler como no curso dos acontecimentos a busca pelo aniquilamento do componente se autonomiza até o ponto em que mesmo a percepção das pessoas não diretamente envolvidas (crianças, mulheres) vai perdendo paulatinamente aquela atenção para

> seus traços qualitativamente humanos. Ao final todos os membros dos grupos presumivelmente considerados inimigos são tratados meramente como objetos inanimados e materiais, diante dos quais a morte ou a violação são justificadas sem dificuldades. Penso que seria enganoso considerar este tipo de reação como uma forma de tomada de posição em relação à humanidade do outro. Pelo contrário, aqui cada vestígio de ressonância existencial parece se apagar tão completamente que não devemos falar de indiferença emocional, mas sim de "reificação". (Honneth, 2018, p. 209)

Assim, o reconhecimento é pensado como ferramenta de análise para problemas reportados pelo protesto negro em sociedades em que o conflito é "barbarizado", as cenas de abuso de autoridade e de violação de direitos são corriqueiras e a morte se torna parte do cotidiano de uma realidade barbarizada, a exemplo dos estudos ligados ao contexto chamado "colonial". Queremos com isso dizer que são essas noções da teoria do reconhecimento que devem ser cotejadas com uma reflexão afeita ao contexto em que o nosso material de pesquisa está fincado.

Reificação, biopolítica e necropolítica

É nos termos da reificação, portanto, que a teoria do reconhecimento se aproxima do não reconhecimento sistemático e que a manipulação da vida e da morte passa a integrar um processo institucional que envolve as instituições de governo, a ciência, as instituições de segurança etc. Trata-se, com efeito, de mecanismos de gestão da vida e da morte, da forma como as instituições incumbidas de poder administram o viver e o morrer. Um dos debates mais importantes nesse sentido é aquele feito por Achille Mbembe em diálogo com Michel Foucault, mediado pelas considerações de Frantz Fanon (2005; 2008), ao descrever a passagem da biopolítica para a necropolítica.

A biopolítica é, para Foucault, uma forma de o Estado exercer o poder sobre a vida e a morte, isto é, a capacidade e a habilidade das instituições estatais de decidir, induzir e operar sobre os modos de morrer e viver. Baseado em diversos princípios de sua análise histórica, Foucault descreve dois regimes de exercício do biopoder, definidos por dois pares de orações: fazer morrer e deixar viver; e fazer viver e deixar morrer. Eles são nomeados, respectivamente, de regime de soberania e regime disciplinar. Para cada um há tecnologias e procedimentos próprios sobre a vida e sobre a morte, produzindo-as deliberadamente ou deixando-as sistematicamente acontecer. Embora possa chocar alguns leitores, nesse modelo havia a vigência de uma regulamentação, regras, pactos, acordos, convenções, entendimentos e consensos que legitimavam tais regimes.

Em grande parte, o conceito de biopoder de Foucault foi concebido para descrever a atuação do poder estatal sobre a vida, ou seja, "a assunção da vida pelo poder", durante o século XIX. Por meio dessa narrativa, o autor descreve o que seria o racismo de Estado por meio da estatização do universo biológico humano. Uma vez retiradas do domínio natural e levadas ao mundo da política, a morte e a vida deixam de ser fenômenos da escala da natureza e passam a existir em função das relações de poder. Estão presentes na teoria clássica da soberania, segundo a qual o poder soberano atua por dois princípios, *deixar viver* e *fazer morrer*. Assim, o soberano pode exercer o direito sobre a vida, pois é pela necessidade de assegurar a vida que seu poder é constituído. Mesmo que esse direito seja exercido pela possibilidade de produzir a morte, ou seja, de *fazer morrer*, trata-se de um direito sobre a vida também (Foucault, 2016, p. 202).

Ocorre que, a partir dos séculos XVII e XVIII, por meio de uma tecnologia disciplinar do trabalho, teve início a aplicação de técnicas de poder centradas no corpo individual, aumentando sua vitalidade, potência e força. Com o passar do tempo, ainda que mobilizadas sobre o corpo individual, tais tecnologias passaram a ser aplicadas ao conjunto de uma população, almejando — e criando — o controle da natalidade, da mortalidade, da fecundidade e da longevidade. Introduz-se uma medicina de aumento da higienização, de coordenação dos tratamentos médicos e de medicalização da população. Ao lado da morte antes vinculada às assombrosas epidemias e da morte que se abate violentamente sobre a vida, começa a existir aquela que se entranha sorrateiramente na vida como um efeito colateral das políticas de fazer viver. É o momento em que a fórmula *fazer morrer/deixar viver* é invertida para se transformar em *deixar morrer/fazer viver* — o que não significa, contudo, que uma substitua a outra; na verdade, elas não apenas coexistem como também operam em conjunto, uma dentro da outra (Foucault, 2016, p. 204-5).

Mas, como será possível que esse poder atue aumentando a vida e multiplicando suas possibilidades, ao mesmo tempo que pratica o assassinato de uma população? Para Michel Foucault, isso se explica por meio do surgimento do racismo de Estado. O racismo se incumbe de operar a divisão e a hierarquização da espécie humana em grupos chamados "raças". Essa diferenciação estabelece uma relação entre a minha vida e a morte do outro — para viver é preciso matar, de modo que o racismo e a raça são a condição que torna aceitável ceifar a vida numa sociedade de *normalização*.[7]

7 "Sociedade de normalização" é a sociedade em que operam ambas as lógicas: fazer morrer/deixar viver e deixar morrer/fazer viver.

Toda elaboração sobre a modernidade não pode prescindir de considerar o longo período de escravidão e a utilização do terror como prática do exercício de poder nas colônias. A humanidade do escravizado aparece como uma sombra cujo sujeito está fora de lugar, desalojado politicamente, sem direitos sobre o próprio corpo. Essa tríplice submissão equivale a uma dominação absoluta, ou à morte social, à expulsão da área da humanidade. Do ponto de vista europeu, a colônia representa o lugar onde a soberania consiste fundamentalmente no exercício de um poder à margem da lei, ao passo que a paz tem o rosto de uma guerra sem fim (Foucault, 2016, p. 37). Foi por isso que, durante a Segunda Guerra Mundial, viu-se a extensão, aos povos "civilizados" da Europa, dos métodos anteriormente reservados aos "selvagens" (Foucault, 2016, p. 36).

Na lógica da biopolítica, haverá Estados que a operam com maior ou menor intensidade, que são mais ou menos racistas (Foucault, 2016, p. 215), seja pelo assassínio direto, seja pelo fato de expor à morte ou à morte política. Assim, para Foucault, o Estado nazista seria um exemplo de como essa lógica se converte em prática quando levada ao paroxismo. De alguma forma, o que o filósofo diz é muito parecido com o que Fanon afirma sobre o maniqueísmo do mundo colonial: "Esse maniqueísmo vai até o fim da sua lógica e desumaniza o colonizado. Na verdade, ele o animaliza. E, de fato, a linguagem do colono, quando fala do colonizado, é uma linguagem zoológica" (Fanon, 2005, p. 59).

Isso posto, o que Mbembe contesta em tal modelo é que, embora essa regulamentação seja verdadeira, ela valeria apenas para os limites do que é considerado o mundo civilizado. Com o auxílio das reflexões de Fanon sobre o colonialismo, Mbembe afirma que a gestão de vidas no Ocidente se converte em produção de mortes em massa nas colônias; e, se lá haveria uma biopolítica, cá haveria uma política de mortes e, portanto, uma *necropolítica*. A leitura de Mbembe é uma adequação do conceito de biopoder de Michel Foucault aplicada ao contexto das periferias do capitalismo.

Sobre o caráter sistemático das condições de não reconhecimento no contexto colonial, o que importa é que Fanon (2008) debate a dialética hegeliana na formação do sujeito negro antilhano. Para o autor, o negro antilhano é produto de uma forma de estruturar as interações sociais em que o sujeito negro é sempre pensado em comparação ao sujeito branco, detentor da universalidade existencial. Como é da natureza de todo existir, o negro antilhano busca reconhecimento e o encontro com sua própria humanidade. Mas essa expectativa é frustrada pela hierarquização das diferenças existentes entre a colônia e a metrópole. E tal diferença está inscrita não só nos corpos mas também nos modos de ser.

A disposição hierárquica dos sujeitos impede o justo reconhecimento a todo momento, pois "o homem só é homem na medida em que ele quer se impor a um outro homem [...]; enquanto isso não ocorre, é este outro que permanece o tema de sua ação" (Fanon, 2008, p. 180). Para o sujeito colonizado, há duas possibilidades: acondicionar-se na condição de inferior ou lutar contra essa condição, assumindo os riscos.

Trata-se de um sujeito construído sobre relações não concretizadas de reconhecimento, isto é, um sujeito formado por meio do esquecimento do reconhecimento, da reificação. Esse sujeito seria carente de atributos morais que lhe são autênticos, e sobre ele recaem alcunhas estigmatizantes que inspiram medo e repulsa, violação e desordem.

A busca existencial por reconhecimento é também uma busca pela própria reprodução material: "Cada consciência de si tem a sua experiência do *Desejo* [...]. Ela aceita arriscar a própria vida e consequentemente ameaça o outro na sua presença corporal" (Fanon, 2008, p. 181). Segundo Fanon, a violência no contexto colonial se generaliza pela vida social como uma violência atmosférica e pode, em variados momentos, transformar-se em conflitos abertos, em "guerras tribais" e em "conflitos com a polícia". Nas áreas coloniais, o policial e o soldado frequentemente

> aconselham [o colonizado], com coronhadas ou napalm, que fique quieto. Como vemos, o intermediário do poder usa a linguagem de pura violência. O intermediário não alivia a opressão, não disfarça a dominação. Ele as expõe, ele as manifesta com a consciência tranquila das forças da ordem. O intermediário leva a violência para as casas e para os cérebros dos colonizados. (Fanon, 2005, p. 54-5)

Trata-se de situação na qual o exercício da violação do corpo não está sob o controle de regimentos estatais específicos e mensurados, mas, sim, à moda da "barbarização do conflito", conduzindo a situação para uma dinâmica social e institucional alheia aos regulamentos da Justiça, em que nem mesmo a morte se constitui como matéria que exige uma legislação aprofundada. Nesse contexto, se a violência não é residual, ela é, portanto, totalizante, "pois cada um se faz um elo violento da grande corrente, do grande organismo violento surgido da violência primeira do colonialista" (Fanon, 2005, p. 111). Sendo ela própria parte da ordem, sua ocorrência não demanda restituições nos processos sociais que a produziram — prescindindo, portanto, de judicializações.

Ato contínuo, a observação de Mbembe sobre esse esquema foucaultiano se soma às considerações de Fanon — sobretudo em seu livro *Os condenados da terra*. Se o que é descrito como biopolítica consiste em um determinado conjunto de regras e normas, isso só é válido para o berço da chamada modernidade. A biopolítica seria uma regulamentação da vida e da morte nos marcos do mundo ocidental, não sendo válida para os territórios das colônias. Segundo Fanon, é essa mesma sociedade cindida que caracteriza o mundo colonial: "O mundo colonial é um mundo compartimentado [...] [Com a] existência de cidades indígenas e de cidades europeias [...]. Um mundo cortado em dois. A linha de corte, a fronteira, é indicada pelas casernas e pelos postos policiais" (Fanon, 2005, p. 54).

Para que essa análise seja válida, dois princípios devem ser questionados. O primeiro é a postulação da igualdade jurídica de todos os Estados nacionais, diante da qual se funda o direito de matar ou de selar a paz, direito aliás condicionado aos limites de suas fronteiras e ao modo de civilizar as formas de fazer morrer. Outro princípio é que o Estado seria o modelo de normalidade, em uma ordem globalizante imposta. Assim, é preciso avaliar a eficácia da colônia como formação do Estado de terror.

Com a análise de Mbembe, o eixo do que seria a centralidade do poder é deslocado da unidade do Estado nacional para as relações entre o mundo colonizado e a metrópole. A partir dessa relação, Mbembe busca a função do racismo em regular a distribuição da morte e viabilizar as funções mortíferas do Estado em contextos em que o estado de sítio e o estado de exceção são a norma. Assim, se Michel Foucault localizou na Revolução Industrial o início do princípio potencializador da vida e de ampliação das suas possibilidades — fazer viver em massa —, Mbembe observou, nesse deslocado eixo de poder, seu par simétrico oposto — a morte em massa (Mbembe, 2011, p. 28).

Assim, os marcos do pacto que constituiria a biopolítica excluiriam as colônias, que estariam além das fronteiras dos Estados constituídos; habitadas por "selvagens", nas colônias, as técnicas de civilização e de administração da vida e da morte seriam completamente dispensáveis. Assim, o direito do soberano de matar não está submetido a nenhuma regra, a nenhum protocolo nem a qualquer etiqueta que favoreça a racionalidade. Como diria Fanon (2005, p. 78-9), "o colonialismo não é uma máquina de pensar, não é um corpo dotado de razão".

Para pensar o contexto brasileiro de conflitos sociais, a violência contra a população negra e o impacto das políticas de vida e morte, é preciso ter em mente não só as variadas formas por meio das quais as forças sociais são ordenadas na realidade concreta, mas também como essa realidade é expressa pela gramática da mobilização. Tal dimensão prática da vida social é algo que Axel Honneth apreendeu em profundidade ao "reatualizar" o conceito de reificação.

—

Os conceitos da teoria do reconhecimento de Axel Honneth, pensada para compreender o conflito social, passaram por variações e atualizações de modo a incorporar formas de conflitos que têm maior correspondência com o contexto sul-americano e brasileiro. Essa correspondência a aproxima das proposições de autores como Frantz Fanon e Achille Mbembe. Assim, o modelo de reconstrução da gramática moral que parte do conflito ético — um problema social —, a formulação de pontes semânticas e a pressão por horizontes morais se tornam mais adequados para pensar conflitos sociais cujas raízes são tão profundas como as da violência policial no Brasil.

A profundidade do conflito social aqui considera a radicalidade da vida, concretamente; e as formas de sua manipulação podem passar por variados regimes de poder — da biopolítica à necropolítica. Contudo, o modo de pensar a relação entre a violência policial e as vidas negras, segundo o protesto negro, envolve fatores que estão conectados uns aos outros, associando maneiras de construção do sujeito negro, exclusão social, ausência de representatividade e produção da desigualdade em várias formas. O próximo capítulo será dedicado, portanto, a compreender como a violência e o racismo são estudados na produção sociológica brasileira.

2

Raça, classe e violência: desafios na construção da interface analítica e política

Este capítulo tem o objetivo de estruturar uma articulação conceitual entre violência policial e processos de racialização. Argumentaremos que a dimensão da racialização está presente de modo implícito nos principais problemas analisados pela produção sociológica sobre violência. Para demonstrá-lo, faremos uma exposição do debate sobre os conceitos vinculados à tradição de estudos das relações raciais em interface com a violência policial; depois, mobilizaremos as teorias ligadas à sociologia da violência, pensando em duas principais balizas: a dimensão da estrutura social e a dimensão dos sujeitos. Notando um período de pouca interlocução entre as áreas, finalizaremos com estudos que promovem essa interface.

Ainda que a violência policial tenha sido uma das principais pautas dos movimentos negros, e ainda que se possa encontrar, ao longo de décadas, alguns importantes trabalhos com essa abordagem, o tema não constituiu uma agenda de pesquisa em nenhum dos campos. Contudo, procuramos reunir e debater as contribuições desses trabalhos para a compreensão do protesto negro contra a violência policial. Por fim, vale ressaltar que recentemente há a perspectiva inovadora de pesquisas a respeito da virada antirracista nos estudos sobre violência (Sinhoretto & Morais, 2018), demonstrando o esforço de várias organizações e pesquisadores em se dedicar ao tema; igualmente, a violência passa a ter maior atenção dos estudos sobre relações raciais.

A pesquisa sobre as relações raciais no Brasil estará sempre diante de um dilema historicamente colocado: como empreender uma análise de viés racial em uma sociedade que não possui instituições oficialmente raciais? Aqui, não houve leis segregacionistas oficiais como nos Estados Unidos ou na África do Sul. Nesse sentido, como apontar a existência da violência racial como um fenômeno social?

Muitas vezes a expressão "violência racial", ainda não considerada conceito, surge no debate público via meios de comunicação para designar eventos de morte de pessoas negras, perpetrada sobretudo por policiais. Mas nem sempre a expressão é usada para se referir a atos de discriminação racial, como insultos raciais, tampouco para indicar a existência de desigualdades raciais ou o padrão de relacionamento entre negros e brancos no Brasil. Cabe perguntar qual seria a extensão da aplicabilidade de certa conceituação de *violência racial,* ou melhor: de que maneira as experiências de desrespeito vivenciadas pelas pessoas negras no Brasil poderiam ser caracterizadas como violências?

Nosso foco para desenvolver a análise sobre violência racial está voltado à compreensão de como as experiências sociais caracterizadas como violentas são estruturadas como relações sociais racializadas. Experiências de desrespeito caracterizadas pela violação da integridade física do sujeito podem ser interpretadas como um tipo de experiência racializada, isto é, produto de racismo, quando estabelecidas numa determinada formação social estruturada pela raça — ou um conflito ético racializado. Essa forma específica de experiência de desrespeito poderia ser vista como uma forma de discriminação racial, e, se praticada por um representante da instituição policial, o próprio Estado seria o promotor do conflito racial.

As interpretações apontam para uma formação racial que cria sujeitos estigmatizados por um processo que transforma o "bom escravo" em "mau cidadão", um sujeito repelido pela vida civil das cidades, sobre o qual recaem valorações negativas. Em meio a tais estigmas, o Estado aplica sua força repressiva de modo excessivo, sem que com isso garanta a segurança para o conjunto da sociedade, fazendo com que o problema dos negros seja o excesso de polícia. Essa força excessiva é vetor de uma estrutura racial hierarquizada e dotada de um *habitus* racial, que legitima a repressão aos negros.

Não é possível notar, contudo, a crítica à formação desse sujeito, cuja subalternização lhe dá o sentido de perigoso, nocivo e criminalizado. Faltaria a reconstrução de processos históricos e institucionais para restituir os passos que mostrassem de que modo uma formação racializada e um *habitus* racial construíram instituições repressivas capazes de produzir e reproduzir suas características racializadas em seu modo próprio de agir.

Os estudos sobre a formação racial na sociologia brasileira são bastante consolidados e conformam uma longa trajetória de pesquisa. De Gilberto Freyre a Antonio Sérgio Guimarães, passando por Florestan Fernandes e Carlos Hasenbalg, e desde a Escola Paulista de Sociologia aos brasilianistas americanos e europeus, o acervo de reflexões, inflexões e ideias é riquíssimo. São estudos que nortearam a forma como a história do Brasil é contada e como os agentes das direções estatais tomaram decisões. Por mais que algumas revisões possam contar a história de modo linear, ela se desenvolveu sob diferentes perspectivas teóricas e metodológicas e com amplas controvérsias. Temas como movimento negro, escravidão e seus legados, desmistificação da democracia racial, religião, mundo do trabalho, saúde, educação etc. são temas de vigorosa contribuição para a compreensão do Brasil e mesmo da diáspora de descendentes de africanos.

Analisando a produção das ciências sociais na área das relações raciais, Barreto *et al.* (2017) demonstram como a produção sociológica sobre relações raciais caminhou do "isolamento" para a "dispersão" desde os anos 1970. As autoras estabelecem uma divisão desses estudos em três grupos: "preconceito, discriminação, racismo e antirracismo", "desigualdade racial e estratificação social" e "políticas sociais" (Barreto *et al.*, 2017). A ênfase nessas pautas é marcada por transformações na agenda política e por transformações sociais. Elas ainda destacam como as mudanças ocorridas no país após a Constituição Federal de 1988 contribuíram para fortalecer os estudos da relação entre Estado e raça focados na avaliação e na elaboração de políticas públicas.

Revisões bibliográficas do campo de estudos da violência indicam a mesma tendência de aproximação dos estudos das questões relativas às políticas públicas. Por exemplo, Campos e Alvarez (2017), com base na análise de nove periódicos bem qualificados no ranking da Coordenação de Aperfeiçoamento de Pessoal de Nível Superior (Capes), e publicados entre 2000 e 2016, revelaram que os artigos dedicados aos estudos sobre políticas públicas são predominantes no campo que investiga os temas da segurança, violência e punição. De acordo com os autores, "consolidaram-se as investigações com foco nas políticas públicas de segurança pública, ou seja, a tentativa de construção de uma agenda pública pautada na linguagem da violência urbana, do sistema de justiça e jurídico-institucional" (Campos & Alvarez, 2017, p. 192). Interessados e engajados na melhoria das políticas públicas do campo, os pesquisadores contribuíram, com sua avaliação, para a formulação e mesmo para a gestão de políticas públicas. Nos últimos anos, contudo, podemos notar uma abrasiva aproximação entre esses dois campos de conhecimento, fazendo com que já seja possível apontar mudanças nas agendas de pesquisa sobre o assunto (Sinhoretto & Morais, 2018) e falar de uma "virada antirracista" nos estudos de sociologia da violência.

Como indica Freitas (2020) em sua análise da produção acadêmica sobre polícia, houve, entre 1987 e 2017, um crescimento e uma institucionalização da agenda desses estudos no Brasil, com ênfase na produção de um saber aplicado às polícias, respondendo às demandas do debate público — algo cuja importância é central para uma sociedade democrática. Por outro lado, o tema racial foi preterido, ganhando pouca atenção. É como afirma Sinhoretto (2019, p. 5):

> A questão racial na produção social da violência, embora presente em estudos importantes, foi um tema invisível para o debate público e para a opinião majoritária até recentemente. Tem pouco a pouco saído da invisibilidade como resultado de ações de fomento à produção de dados implementadas pelo governo federal, mediante a indução de publicações e estudos que colocaram em pauta a questão. Assim, o *Mapa da violência* [...], o *Índice de vulnerabilidade juvenil* [...], o *Mapa do encarceramento* [...], bem como outros estudos enfocaram a análise dos atributos raciais de vítimas de violência, de indivíduos encarcerados e de operadores da segurança pública.

Sinhoretto e Morais (2018) reconstituem as recentes transformações do debate entre violência e relações raciais no Brasil, descrevendo as movimentações e elaborações de atores envolvidos na discussão sobre o genocídio da juventude negra. Essas transformações constatam o vigor e a efervescência do debate, que experimentou uma rápida progressão de 2008 a 2014, saindo de uma agenda societal para se tornar uma agenda de políticas públicas. A despeito dessa potência, os autores também indicam a escassez de proposições de políticas públicas que enfrentem o problema. As razões estariam na impermeabilidade das instituições de segurança e de justiça à participação social, "a ponto de o associativismo negro de juventude não ter ainda construído um repertório de ação para a reforma da segurança e da justiça", e, no pleno vazio quanto a práticas "que tenham funcionado para reduzir o homicídio entre os jovens negros, não se conhece um programa especial que tenha tido bons resultados ao se voltar a esse segmento como sujeito de proteção" (Sinhoretto & Morais, 2018, p. 25).

Assim, num momento em que a violência é intrínseca à experiência negra (Carneiro, 2005), o desafio é pensar uma teoria das relações raciais em que a violência esteja no centro e ao mesmo tempo conectada com a produção sobre a população negra no Brasil. Além disso, é preciso conectá-la a ideias e conceitos nos quais a experiência radical (Fanon, 2005) e extremada da violência (Mbembe, 2011) esteja focalizada num contexto de formação social em que a raça seja um elemento estruturante (Omi & Winant, 1994). Essa teoria deve estar ainda em diálogo com a produção sobre relações raciais no Brasil, que identifica sua formação racial e demonstra que os conflitos, em nossa sociedade, foram vistos com base na inclusão/exclusão do elemento negro, de modo que a violência passa a ver vista como uma consequência extremada da exclusão (Monsma, 2016).

Raça, classe e desigualdades

> Sem qualquer mácula de ressentimento, os brasileiros de cor tomam a iniciativa de reabrir as pesquisas e as discussões levantadas por vários intelectuais, principalmente pelos promotores do 1º e 2º Congresso Afro-Brasileiros do Recife e da Bahia, respectivamente, já agora não apenas com a preocupação estritamente científica, porém aliando a face acadêmica do conclave, o senso dinâmico e normativo que conduz a resultados práticos.
>
> — Abdias do Nascimento, discurso de inauguração do 1º Congresso do Negro Brasileiro, 26 ago. 1950

A agenda de estudos à qual Abdias do Nascimento se refere acima está registrada, em parte, no que se tem publicado do 1º Congresso do Negro Brasileiro (CNB) e é apresentada nos anexos do seu livro *O negro revoltado* (1968). É vasta a agenda, que ali percorre temas que vão do desenvolvimento econômico do país às religiões de matriz africana. Vemos até mesmo uma "Carta ao Chefe da Polícia do Rio de Janeiro", na qual Abdias cobra explicações sobre a postura de um comissário de polícia que impediu que ele e outros três colegas negros (Ruth de Souza, Marina Gonçalves e Claudiano Filho) entrassem em confraternização no Hotel Glória, no Rio de Janeiro, em 1949. Esse ato de discriminação acompanhado de violência policial foi incluído na mesma edição de *O negro revoltado*, mas não se refletiu na agenda apresentada pelo Congresso, que motiva a publicação da obra. As questões policiais entram em debate no capítulo assinado por Roger Bastide sobre o negro e a criminalidade em São Paulo, com dados desde 1870 até os anos

1940. Bastide pontua aspectos construídos sociologicamente em suas conclusões, como o de que o padrão de crimes cometidos por negros se altera conforme muda o padrão de habitação, na região rural *versus* na zona urbana, e é herança do colonialismo que implanta a revolta nos negros e o sadismo nos brancos (Bastide, 1982, p. 175).

Essa agenda de pesquisa fez parte da empreitada da Organização das Nações Unidas para a Educação, a Ciência e a Cultura (Unesco) capitaneada por Roger Bastide e Florestan Fernandes a fim de investigar as variadas formas de expressão do preconceito racial. Elas foram coletadas nas pesquisas realizadas em estados como São Paulo, Bahia e Santa Catarina. Ao falar de *Brancos e negros em São Paulo*, Bastide e Fernandes (2006) relatam variadas formas de manifestação do preconceito de cor entre grupos étnicos como portugueses, sírios e italianos, entre as famílias tradicionais da cidade, em espaços de lazer, de esporte, na escola, na escolha da profissão, na ascensão profissional, no mercado matrimonial etc.

A violência da polícia é vista como uma ação discriminatória por parte do Estado e como efeito do preconceito de cor a partir dos órgãos de fiscalização, a tal ponto que os autores se perguntam se "existe ou não um preconceito de cor no seio da polícia", uma vez que "a lei é feita pelo branco e a ordem que a polícia deve defender, a ordem existente, é a que entregou aos brancos os postos de comando" (Bastide & Fernandes, 2006, p. 218). Baseados em relatos e notícias da imprensa, os autores levantam várias questões sobre como a suspeição e a abordagem policial ocorrem em São Paulo para descartar a existência de uma "discriminação deliberada" (Bastide & Fernandes, 2006, p. 221), pois "a polícia está a serviço da lei. E a dessa lei. [...]. Na medida, porém, em que a Constituição do Brasil é democrática, oposta a toda diferenciação étnica ou racial, ela está a serviço da defesa do negro".

Assim é que os "excessos de repressão" sobre os negros e "mulatos" foram tratados, por Bastide e Fernandes, como uma consequência tangente à formação de uma sociedade constitucionalmente democrática (ainda que a maioria da população negra não exercesse o direito ao voto, uma vez que apenas os alfabetizados podiam votar). Certamente aos autores faltou ir além dos formalismos para apreciar criticamente a relação entre a polícia e a população não branca.

Seguindo a mesma lógica, Florestan Fernandes fala sobre os problemas entre a população negra e os excessos da polícia, colocando no centro da relação a "expansão urbana e o desajustamento estrutural do negro" (Fernandes, 2008, p. 95-8). O sociólogo descreve o processo histórico pelo qual homens negros passaram a ser contingente de mão de obra sem qualquer estabilidade ocupacional e alvo da ação policial nas cidades por cultivar os hábitos de "ampliação do ócio em um meio no qual havia pouco o que fazer, construtivamente, com o tempo e com as energias humanas" (Fernandes, 2008, p. 97). A frequência das reuniões em pequenos grupos pelas esquinas e botequins servia de justificativa para a desmoralização crescente do negro e era objeto da ação dispersiva da polícia, respondendo aos apelos pela ordem e pela moral, uma prática que gerou o hábito de manter os negros sempre sob vigilância, ou melhor, sob suspeição.

Nesse sentido, os estereótipos da escravidão sobreviveram na vida urbana pós-abolição, quando os libertos passaram a ser vistos como negros, e os negros, como "vagabundos", "desordeiros", "cachaceiros", como se percebe a partir de documentos de 1897:

> O terror diante do liberto ou das consequências de suas agitações foi substituído por outra espécie de temor, que corresponde a, literalmente, a redefinição do negro pelo branco. Já não aparecia

como o "inimigo da ordem", porque conspirasse pela liberdade; mas como uma ameaça ao decoro, à propriedade e à segurança das pessoas.

Ia-se assim tão longe, neste caminho, que os abolicionistas autênticos se sentiam revoltados. "Depois da lei de 13 de maio, escrevia *A Redempção*, julgávamos que os pobres pretos podiam sossegar, constituir família, adquirir bens, e colaborar para riqueza de nossa pátria. [...] Enganávamo-nos redondamente". Na mesma fonte, encontrava-se uma menção ao desaparecimento de um português vítima de violências em São Paulo. Ao mencionar o fato, incita o cônsul português a tomar as providências cabíveis, assinalando-se: "se ele fosse brasileiro e especialmente preto era caso de arrolhar-se o focinho e não tratar de saber o destino que levou". Em outro comentário, sobre o título "matar preto não é crime", reprocham as autoridades pela "praxe introduzida há muito tempo", segundo a qual não haveria crime na matança de negros. Qualquer que seja a paixão que tenha inspirado essas manifestações, no conjunto se percebe que o negro perdeu a segurança material e moral que porventura lograsse, como propriedade, no regime escravista. Mas não adquirira, senão parcial e imperfeitamente, a segurança material do trabalhador livre e estava longe de poder se garantir a segurança moral da pessoa, consagrada pelo Código Civil e pela Constituição republicana. [...] *A Redempção* relata um caso penoso cujo desfecho testemunha, indiretamente, a violência humilhada e autodestrutiva com que o negro reagia contra essa posição marginal e ambivalente. Um operário negro, de boa situação econômica, recorreu à polícia para proteger os direitos de sua filha, que fora deflorada; não se tomou nenhuma providência, "só porque ela era negra e ele branco"! O homem se suicidou: "Benedito Fumaça, desgostoso de morar nesta terra, onde os pretos não têm garantia, apesar de serem homens honrados, não podendo suportar essa vida, vendo sua filha prostituída por não achar justiça nesta terra, resolveu matar-se". (Fernandes, 2008, p. 98-9)

O período pós-abolição parece desfrutar de certa preferência quando o assunto é a violência perpetrada pelo Estado contra a população negra. No entanto, correndo à margem das produções sociológicas institucionalmente acadêmicas, mas intimamente vinculado ao movimento negro, Clóvis Moura (1977) indaga sobre a conversão do negro de "bom escravo a mau cidadão" e observa sua própria realidade contemporânea para situar o status de cidadão do "negro e do mestiço" nas margens das grandes cidades, espaços ocupados majoritariamente por afrodescendentes. Ele observa as dinâmicas entre a população negra que vive nas periferias das grandes cidades — falando de marginalização, e não de periferias ainda — e os expedientes pouco ortodoxos das polícias militares (Moura, 1977, p. 24), pautando inclusive a ação do Esquadrão da Morte, que caracterizará a ação policial nas décadas seguintes.

> Os aglomerados marginalizados das grandes cidades destacam-se exatamente por isto: não há para os seus habitantes nenhuma garantia de segurança, isto sem destacarmos a falta de estabilidade nos empregos eventuais (pois quase sempre funcionam na faixa do subemprego). A violência é quase cotidianamente usada contra eles, através de razias noturnas do aparelho policial. A falta de elementos de defesa dos membros dessas comunidades marginalizadas é quase total. Muitas vezes registram-se "batidas" coletivas feitas pela polícia violentamente, invadindo domicílios. Comumente verifica-se desaparecimento puro e simples de seus membros, muitos deles delinquentes, que são sumariamente eliminados pelos órgãos repressivos, os esquadrões da morte, sem que tenham a mínima possibilidade de invocar, muito menos aplicar os seus direitos de cidadãos. Há um ponto limite a partir do qual aqueles direitos que caracterizam o cidadão deixam de existir para aqueles que, por seu turno, queriam os seus mecanismos de

> defesa específicos para tal estado de coisas elaborando um verdadeiro código de honra de lealdade entre si e de hostilidades às pessoas, grupos ou instituições que representam as forças de repressão. (Moura, 1977, p. 24)

Essas formas de conflitos éticos passam a ser interpretadas pela teoria social em vista da capacidade que a organização social do capitalismo brasileiro tem de incorporar a massa da força de trabalho que ganhou o status de mão de obra "livre", mas que não foi empregada pelo desenvolvimento industrial brasileiro da primeira metade do século XX, caracterizado pela forte presença agrária. Urbanização, industrialização e relações de trabalho modernas e competitivas dariam conta de incorporar as camadas negras legadas pela abolição da escravatura.

De fato, isso se mostrou falso no decorrer dos anos, conforme apresentou Carlos Hasenbalg em seu livro *Discriminação e desigualdades raciais no Brasil*, ao indicar que o processo de exclusão de negros no país acontece de maneira tanto intergeracional quanto intrageracional, com o impacto de ciclos de desvantagens cumulativas. Os não brancos, como categoriza o autor, seriam prejudicados pela modernização das relações de trabalho devido a práticas sutis de discriminação e a mecanismos racistas mais gerais: "Os processos de competição social, envolvidos no processo de mobilidade social individual, calcados no mecanismo de mercado, operam em detrimento do grupo racialmente subordinado" (Hasenbalg, 2005, p. 213). A superação desses conflitos dependeria da capacidade dos "movimentos raciais" de se aliarem a outros movimentos sociais e desenvolverem uma agenda.

Quando, no Brasil, entrava em crise a sustentação da ditadura militar diante da ascensão do único partido de esquerda, o Movimento Democrático Brasileiro (MDB), que fora vitorioso nas eleições proporcionais para o Parlamento brasileiro em 1976, importantes mobilizações grevistas produziam líderes sindicais que falavam à classe trabalhadora, como nas greves da região do chamado ABC Paulista — que engloba as cidades de Santo André, São Bernardo do Campo e São Caetano —, onde havia grande concentração de fábricas de veículos automotores. A ditadura, que matara, prendera, demitira e expulsara do país pessoas identificadas como perigosas ao regime, passou a permitir, no processo de anistia, que os exilados voltassem ao Brasil em 1979, ao que se seguiu um processo de abertura política lenta e gradual.

Nessa época, surgiu o que se chamou, até 1978, de "Movimento Negro Contemporâneo" (Pereira, 2008), cujas tarefas eram combater o mito da democracia racial e promover a inclusão social dos negros e a participação política negra no Estado. Data de 1978 a organização que pavimentou a agenda de décadas posteriores, o Movimento Unificado contra a Discriminação Racial, que posteriormente passou a se chamar Movimento Negro contra a Discriminação Racial e, finalmente, Movimento Negro Unificado (MNU). O MNU e as organizações que vieram depois passaram a denunciar mais do que a existência de um mito a encobrir as desigualdades, indicando a existência de uma série de conflitos éticos de base racializada. Em seu êxito, foi certa a utilização da categoria raça como *categoria de mobilização política* para denunciar as iniquidades às quais os não brancos descendentes de escravizados estavam submetidos, e para dar sustentação legítima a uma agenda política de proposições que englobassem uma maioria. Nesse sentido, o termo *negro* passou a englobar pretos e pardos.

É na esteira histórica desses acontecimentos que surgem as contribuições de Lélia Gonzalez. O apelo ao enfrentamento da violência policial já é notado e analisado, tanto pela associação entre as polícias e a ditadura militar quanto pelo funcionamento das próprias polícias. E Gonzalez demonstra qual é o papel da polícia na produção de um "lugar de negro", como forma de encerramento de possibilidades e de produção das mortes, ligado às condições econômicas e psicológicas das populações negras viventes nas periferias:

> As condições de existência material dessa população negra remetem a condicionamentos psicológicos que devem ser atacados e desmascarados. Os diferentes modos de dominação das diferentes fases de produção econômica do Brasil parecem coincidir num mesmo ponto: a reinterpretação da teoria do *lugar natural de Aristóteles*. (Gonzalez, 1982, p. 15)

Trata-se de um lugar social que remete aos tempos coloniais e se reproduz hierarquicamente na geografia das cidades ou nas propriedades rurais, separando dominantes e dominados. Presente na estrutura espacial e na organização das funções administrativas, a produção de um "lugar de negro" e de um "lugar de branco" coloca as instituições a favor de sua reprodução.

> O lugar natural do grupo branco dominante são moradias amplas, espaçosas, situadas nos mais belos recantos da cidade ou do campo e devidamente protegidas por diferentes tipos de policiamento: desde os antigos feitores, capitães do mato, capangas etc. até a polícia formalmente constituída. Desde a casa-grande e do sobrado aos belos edifícios e residências atuais, o critério tem sido sempre o mesmo. Já o lugar natural do negro é o oposto, evidentemente: da senzala às favelas, cortiços, porões, invasões, alagados e conjuntos "habitacionais" (cujos modelos são os guetos dos países desenvolvidos) dos dias de hoje, o critério também tem sido simetricamente o mesmo: a divisão racial do espaço. (Gonzalez, 1982, p. 16)

Para o grupo dominado, a precariedade econômica predominante é acompanhada da precariedade das condições de existência de higiene e saúde. E a situação se agrava com a presença das forças policiais, que atuam de modo a desbaratar as possibilidades de desconstrução dessa hierarquia:

> Além disso, aqui também se tem a presença policial; só que não é para proteger, mas para reprimir, violentar e amedrontar. É por aí que se entende que o lugar natural do negro sejam as prisões e os hospícios. A sistemática repressão policial, dado seu caráter racista (segundo a polícia, todo crioulo é marginal até que se prove o contrário), tem por objetivo próximo a imposição de uma submissão psicológica através do medo. *A longo prazo, o que se pretende é o impedimento de qualquer forma de unidade e organização do grupo dominado, mediante a utilização de todos os meios que perpetuem sua divisão interna.* Enquanto isso o discurso dominante justifica a atuação desse aparelho repressivo, falando em ordem e segurança sociais. (Gonzalez, 1982, p. 15-6, grifo nosso)

A produção de dois lugares sociais leva também à produção de um discurso que os justifique e os reconheça, ordenados diferentemente por duas lógicas próprias. Esses lugares sustentam, de diversas maneiras, a produção e a reprodução de desigualdades e possuem correspondências com a vida econômica e subjetiva da sociedade.

> Além dos aspectos acima assinalados, a estratégia também se exerce de maneira a favorecer os patrões, mediante a repressão policial (que exige dos negros, como documento, a apresentação da carteira profissional). Pressionado pela polícia, de um lado, e pelas péssimas condições de vida, do outro, o negro oferece a sua força de trabalho por qualquer preço no mercado de trabalho. (Gonzalez, 1982, p. 16)

A polícia, segundo Gonzalez, opera formal e informalmente, usando o poder e a força estatal e paraestatal contra a população negra, nos bairros periféricos, nos espaços negros, no "lugar de negro".

> A Baixada Fluminense, nesse sentido, apresenta-se como exemplo privilegiado. Seu crescimento populacional (a inchação de que falamos) gerou suas cidades-dormitórios e em pouco tempo levou-a a ocupar as manchetes do noticiário policial; foi transformada em área preferencial da ação dos esquadrões da morte e congêneres. Seus habitantes logo se acostumaram a um novo componente da paisagem: os "presuntos" (cadáveres) "desovados" pelos "justiceiros" da nova ordem. Vale notar que 70% destes "justiçados" eram negros. Discriminação racial? Era proibido falar dessas coisas naqueles anos de milagre, uma vez que isso estaria ferindo a lei de segurança nacional por crime de subversão. (Gonzalez, 1982, p. 16-7)

Com o aval (ou à sombra) do poder constituído, estratos remediados da sociedade acabaram se tornando coadjuvantes nesse processo de exclusão e cerceamento, até mesmo entregando parte dos membros de sua comunidade ao sacrifício.

> Enquanto isso, os novos setores da classe média funcionavam como suporte do "milagre". Era a grande euforia do "ninguém segura esse país": eletrodomésticos, carro do ano, TV a cores, Copa 70, *Irmãos Coragem*, compra de apartamento, casa na praia, na montanha, disso, daquilo e muito mais. E a turma tava que tava, muito orgulho de si e do seu país. Portanto nada mais natural do que a gente ver, nos plásticos dos automóveis, expressões tais como "Brasil, ame-o ou deixe-o". Propaganda e publicidade firmes em cima fazendo cabeça: muito riso, muito brilho, muita assepsia, muito perfume. Muita festa, grandes carnavais... Enquanto isso,

> dos subterrâneos do regime, emanavam odores pestilenciais, acompanhados de choro e ranger de dentes. Curioso que proveniente de jovens desta mesma classe média. (Gonzalez, 1982, p. 17)

Como denota Guimarães (2012, p. 63-4), a raça surgiu naquele momento "com sinal invertido, isto é, como meio de incluir e não de excluir, de reivindicar e não de sujeitar". O sujeito estigmatizado pela cor e por outros traços adscritos é somado ao negro sujeito de direitos.

> São os movimentos de jovens pretos, pardos e mestiços, profissionais liberais e estudantes, que retomam o termo [raça], para afirmar-se em sua integridade corpórea e espiritual contra as diversas formas de desigualdade de tratamento e de oportunidades a que estavam sujeitos no Brasil moderno, apesar — e talvez *pour cause* — da democracia racial. (Guimarães, 2012, p. 63-4)

Assim, o termo "raça" é mobilizado para expressar uma realidade de desrespeito e violação, ou melhor, uma realidade de existência de conflito ordenado pelo racismo. Emaranhada na mobilização política, a raça é também mobilizada na sociologia contemporânea como conceito nominalista — isto é, para expressar algo que tem efeito na realidade social efetiva.

Sob a lógica e o impulso democratizadores, os movimentos negros da Nova República viram o desmonte da ditadura militar, a promulgação de uma Constituição democrática, várias crises econômicas, o controle da inflação, oito eleições presidenciais, seis presidentes da República, a ampliação da democracia, o desenvolvimento econômico, a redução da pobreza. Muitas propostas desses movimentos foram concretizadas, como a criação, em 1988, da Fundação Cultural Palmares, instância do Poder Executivo dedicada à elaboração de políticas de igualdade racial; a atuação qualificada e reconhecida nacional e internacionalmente de inúmeras organizações não governamentais; a multiplicação de leis de cotas para trabalhadores negros no serviço público; conquistas na área da educação, como a Lei nº 10.639, de 2003, que incluiu a história e a cultura afro-brasileiras no currículo oficial de todos os níveis de ensino, e a Lei de Cotas (Lei nº 12.711, de 2012). Entretanto, viu-se também o salto nas cifras de homicídios, que passaram de 15 mil por ano em 1980 para 60 mil em 2018, assim como o aumento exponencial da população carcerária no Brasil — o país tem hoje o terceiro maior contingente de encarcerados no mundo.

Dessas pesquisas que, ao longo de quase um século, têm estudado as relações raciais no Brasil, emerge um sujeito que aparece como portador de direitos sociais, civis e políticos, e cujas supostas características estigmatizantes têm sido questionadas ao longo de anos de debate. A ação do Estado sobre eles seria voltada à sua emancipação, ao seu desenvolvimento humano, ao propósito de ampliar a expectativa de vida, o nível educacional, a erradicação de doenças, a qualidade material e subjetiva da vida dessas pessoas.

A experiência negra, todavia, merece a atenção de políticas públicas e sua contribuição histórica carece de reconhecimento oficial; em suma, a vida negra precisa ser preservada. Há, portanto, uma dupla forma de considerar o sujeito: uma forma potencial e outra caracterizada pelo desrespeito constante.

Ao longo das décadas da democratização brasileira, entre 1978 e os anos 2000, as expressões políticas do protesto negro passaram por alterações na forma de abordagem das experiências de desrespeito e da violência policial; a noção de discriminação racial foi suplantada pela de violência racial, passando pela ideia de direito à vida e, posteriormente, chegando à ideia de genocídio. Isso reflete a maneira pela qual o movimento e seus interlocutores se organizavam.

Alguns fatos substanciais que impactaram o entendimento sobre a violência e as relações sociais no Brasil foram as políticas governamentais de estímulo aos programas de pós-graduação no país, a consolidação de sistemas de informação sobre mortalidade do Sistema Único de Saúde (SUS) e a coleta do quesito raça/cor pelas contagens populacionais do Instituto Brasileiro de Geografia e Estatística (IBGE). Contabilizar os óbitos acompanhados do quesito raça/cor nos formulários dos sistemas de saúde e nos laudos necrológicos permitiu verificar a discrepância entre as mortes de brancos e negros por causas violentas (Soares & Borges, 2004) e entre as mortes de mulheres negras e brancas por causas reprodutivas (Souza, 1995; 2002).

Computar os óbitos e as causas de morte que vitimam a população negra no Brasil, para além da violência perpetrada pela polícia, fez com que a experiência negra passasse a ser interpretada por outra abordagem que não apenas aquela que considerava a violência uma consequência de esquemas distributivos. Para Sueli Carneiro (2005), há um signo (sinal, símbolo) que traduz a experiência negra no Brasil, que é o signo da morte, uma afirmação suportada pela teoria foucaultiana do biopoder. A autora escreve:

> Se um dispositivo é concebido por Foucault como um dispositivo de poder das sociedades disciplinares, no caso do dispositivo de racialidade, além de sua função eletiva ou subalternizadora dos seres humanos segundo a raça, uma nova estratégia de poder pôde somar-se ou a ele acoplar-se (apoiando-se em dispositivos de poder anteriores à sua emergência), ressignificando-o, instrumentalizando-o segundo essa nova estratégia ou nova tecnologia de poder sobre a racialidade. Agrega-se para Foucault uma nova dimensão, que ele denomina de biopolítica ou biopoder. Nessa biopolítica, gênero e raça articulam-se produzindo efeitos específicos, ou definindo perfis específicos para o "deixar viver e deixar

> morrer". No que diz respeito ao gênero feminino, evidencia-se a ênfase em tecnologias de controle sobre reprodução, as quais se apresentam de maneira diferenciada segundo a racialidade; quanto ao gênero masculino, evidencia-se a simples violência. (Carneiro, 2005, p. 72)

Para a autora, assim, adiciona-se ao caráter racial do fenômeno a dimensão de gênero: para as mulheres o signo da morte se concretiza por meio de políticas reprodutivas e da violência obstétrica, enquanto para os homens vigora a violência como realização da masculinidade.

> As tecnologias do biopoder demarcam diferentes formas de assunção do corpo alvo segundo o gênero. Como já vimos anteriormente, o controle sobre o gênero feminino negro se dá fundamentalmente por meio do "deixar morrer" ou sobre o controle da capacidade reprodutiva. Nessa dimensão do biopoder em que se situa esse estudo, "A cor da morte", o alvo da estratégia é o corpo do homem negro em que a violência se torna grandemente no solo constitutivo da produção do gênero masculino negro. (Carneiro, 2005, p. 91)

A interpretação de Carneiro altera o modo como a experiência da violência é estruturada para a população negra no Brasil, como deslocada das condições socioeconômicas e das estruturas de desigualdade. A ideia de uma organização social que estrutura saberes e poderes para sua própria reprodução não carece de uma estrutura distributiva para pôr em prática determinados processos de violência; são eles próprios a violência.

É central, para essa interpretação, a ideia de que existe uma dominação racial sustentada por relações de poder. Ela se desdobra em uma forma dual de violência que recai de modo diferente sobre homens e mulheres, sendo vista como um estágio avançado do processo de desigualdades. Um descritor bem-acabado dessa sequência de desrespeitos aos negros é, certamente, o ciclo de acúmulo das desvantagens, do qual a morte é o resultado último da exclusão. Discorrendo sobre as lógicas da dominação racial em casos de homicídios resultantes de conflitos entre negros e imigrantes no interior de São Paulo entre 1880 e 1914, Karl Monsma observa que:

> Podemos distinguir duas lógicas, ou propósitos, da dominação racial. Uma é a dominação de um povo para explorá-lo, cuja manifestação extrema é a escravidão. Outra é a dominação de um povo com desígnio de excluído da competição por recursos, oportunidades ou poder, cuja versão última é o genocídio. Na realidade as duas formas se misturam de várias maneiras, mas geralmente uma delas predomina. (Monsma, 2016, p. 54)

Segundo essa proposta, as instituições, as redes sociais, as representações, as interações e o *habitus* interagem nos marcos das balizas raciais da dominação racial, e o *habitus* racial "reforça as fronteiras raciais das redes sociais e da interação cotidiana e influencia a credibilidade e a ideologia racistas, bem como as decisões dos funcionários do Estado e dos empregadores" (Monsma, 2016, p. 65). A aplicação da violência como manifestação de uma ordem racializada é vista, aqui, como o extremo negativo de uma sociedade desigual.

O que se interpõe ao raciocínio de que a violência é o extremo da desigualdade e da exclusão é a existência da brutalidade policial, e mesmo da letalidade policial, em trajetórias individuais de inclusão social. As organizações negras foram lembradas disso logo nos primeiros anos após a implantação das políticas de igualdade racial, em 2004. Um jovem negro, dentista, de 28 anos, cujo pai era policial militar, dirigia seu bom carro de classe média. Ele voltava do aeroporto — onde deixara a namorada branca e estrangeira — na tarde de um sábado quando foi perseguido e abatido com seis tiros por policiais militares que o acusaram de roubar o próprio carro.

É, contudo, um grande desafio pensar raça e violência nos mesmos termos da desigualdade. O dilema aqui é que a população negra é submetida a uma política ao mesmo tempo excessiva e deficitária. Para o cidadão negro, o problema da segurança é polícia em excesso, cadeias em excesso, mortes em excesso, diferentemente de educação e emprego, áreas de carestia para a população negra. Certamente isso ocorre porque a violência deve ser caracterizada como a quebra de um pacto social. A produção da violência, em especial a violência produzida pelo Estado, motivado por uma situação de dominação racial, expõe-se, em geral, conciliando dimensões de raça e de classe. A raça é pensada como categoria do mundo social construída para justificar determinados arranjos sociais, como a distribuição de bens materiais e de oportunidades, o status e o prestígio social (Guimarães, 2012).

A classe, aqui, não é pensada exatamente nos termos marxistas do proletariado, que vende sua mão de obra no mercado para a classe burguesa, nem no sentido genérico de "povo". Neste livro, mais do que uma posição na estrutura econômica, para a análise dos problemas relacionados à violência policial importam as "propriedades de posição" na estrutura social, como afirma Bourdieu:

> Levar a sério a noção de estrutura social supõe que cada classe social, pelo fato de ocupar uma posição social numa estrutura social historicamente definida e por ser afetada pelas relações que as unem às outras partes constitutivas da estrutura, possui propriedades intrínsecas, como por exemplo um certo tipo de prática profissional ou de condições materiais de existência. (Bourdieu, 2015a, p. 3)

Isso significa que os sujeitos negros são definidos por um conjunto de experiências, de compartilhamento de características sociais, econômicas e culturais. Alguns dos traços importantes dessas características são inevitavelmente adscritos, como a cor da pele e dos cabelos e as feições da boca e do nariz, que sustentam o que Oracy Nogueira (1985) chama de "preconceito de marca". Como veremos a seguir, a experiência racializada de dominação expressa na brutalidade da polícia é um dos traços compartilhados por indivíduos em termos econômicos, territoriais, habitacionais e raciais (fenotípicos).

Isso não é a obliteração da dimensão racial sob aspectos materiais ou condições de moradia; trata-se, sim, de tentar compreender as relações de dominação racial com base nos reportes de experiências de desrespeito vinculadas às expressões constituintes da gramática coletiva contida no protesto negro. De certa forma, busca-se planificar os polos das "classes" da dominação racial em nome da reconstrução dos relevos raciais do tecido social a partir das vivências da violência de Estado. Trata-se da construção de uma ideia de raça, de racialização, a partir da ação policial.

Pensando nas questões que envolvem o tema da brutalidade policial contra negros no Brasil, existem situações em que nem sempre a raça se comporta como elemento explicativo preponderante nos contextos em que a violência policial é um problema estrutural. Nas conjunturas de grande pobreza, em territórios periferizados, a variável raça será representativa de grandes diferenças de renda (Lima, 2010). Sendo assim, o que faz emergir a raça como um caracterizador da experiência de dominação é a relação com outras instituições — de repressão, por exemplo. No protesto, essa noção acompanha o debate de modo a fazer um giro para a inclusão de categorias que esboçam a união/síntese das experiências de raça e classe. A categoria "periferia" é usada para responder à necessidade de incluir a pobreza (não necessariamente a classe) na experiência da opressão racial — como diz o Manifesto da Antropofagia Periférica: "A periferia nos une pela cor, pela dor e pelo amor".[8]

Essa elaboração sela importantes alianças com movimentos sociais que atuam nas periferias e que não são necessariamente negros. Trata-se de um aceno a uma organização que não diz mais respeito ao mundo do trabalho, como fazem os sindicatos, ao mesmo tempo que celebra a contribuição do movimento hip-hop[9] e de outros coletivos culturais — como os saraus das periferias —, os quais também se levantam contra o racismo e contra a violência policial, entre outras pautas.

Se o desafio de pensar raça em sociedades que não possuem instituições expressamente raciais demandou o levantamento de dados socioeconômicos para embasar o entendimento das relações raciais, foi com base nesses dados que o conceito de racismo institucional surgiu. O desempenho desigual que as instituições sociais produzem é usado para aferir quão racializado é o seu funcionamento. Em outras palavras, o racismo institucional caracteriza o efeito racial que determinada instituição produz como efeito do seu funcionamento — a despeito de existirem ou não deliberações específicas para isso (Silvério, 2002).

> O conceito de racismo institucional, trabalhado na literatura internacional das ciências sociais, permite a compreensão de como as relações raciais operam a ordenação social das desigualdades raciais em uma instituição no interior da qual se constroem

8 Sérgio Vaz, "Manifesto da Antropofagia Periférica", *Vermelho*, 18 set. 2007.

9 Hip-hop é o nome dado à junção de quatro expressões artísticas: o rap cantado pelos MCs, o break dance dançado pelos b-boys, a música tocada pelos DJs e os grafites pintados por grafiteiros.

> subjetividades, experiências e tipos de interação marcadas pela racialização dos sujeitos. De um lado, pensar a partir do conceito de racismo institucional no policiamento é considerar um nível de análise que escapa à generalidade da existência do racismo como uma estrutura social que perpassa todas as relações (sem nenhuma intenção de negar a existência de estruturas gerais de ordenação baseadas em desigualdades racializadas), para ir procurar no funcionamento específico de uma instituição as formas pelas quais concepções, saberes e práticas permitem materializar, na ação policial cotidiana, a racialização dos sujeitos, da qual decorre uma prescrição de conduta, a gradação do uso da força e a decisão de sua aplicação no caso concreto.
>
> De outro lado, escapa-se de uma formulação simplista que procura opor o resultado da desigualdade racial na ação policial aos atributos de negritude dos acusados de delito ou dos policiais. O racismo institucional pode ser operado para além e apesar das opiniões individuais dos policiais, embora também opere para formá-las, especialmente em instituições que formam seus próprios integrantes e são bastante fechadas à crítica social ou a qualquer forma de participação cidadã. (Sinhoretto, 2019, p. 10-1)

Tal desempenho argumentativo foi importante para um período profícuo do ativismo negro, em que a produção de políticas públicas era a prioridade da agenda de atuação de alguns de seus setores, e a gramática do racismo institucional dialogava com o convencimento de gestores públicos abertos à implementação de políticas de igualdade racial. E é justamente essa terminologia conceitual que vingou no diálogo mais potente entre a sociologia das relações raciais e a sociologia da violência.

Violência, conflitualidades e estrutura social

Aimé Césaire, ao comentar sobre o colonialismo, diz que o grande erro dos nazistas, entre os seus crimes, foi ter aplicado aos brancos que viviam no território europeu os mesmos métodos de dominação que países europeus aplicavam aos indígenas e africanos de suas colônias. Foi o tratamento de igualdade, segundo o célebre pensador martinicano, o responsável pela insurgência de uma consciência que reclamaria direitos humanos perante as barbáries cometidas pelo Terceiro Reich e que elaboraria os estudos sobre violência, poder, força etc. com base na noção de humanidade universal. Talvez a ditadura militar tenha desempenhado um papel parecido para os estudos sobre polícia no Brasil: a ditadura aplicou aos filhos da classe média e da elite branca métodos de tortura e repressão antes apenas experimentados pelos negros no país, erigindo a partir daí um grande movimento por democracia, liberdade e direitos humanos, que chegaria inclusive às ciências sociais.

O que se convencionou chamar de sociologia da violência, dos direitos humanos e da segurança pública surgiu com a derrocada da ditadura militar, e seus autores e autoras foram muito influenciados pelas experiências de repressão aplicadas pelo regime a militantes políticos. Apesar de ser mais recente que a tradição de estudos das relações raciais, esse subcampo das ciências sociais acumula conhecimentos capazes de jogar luz sobre a controversa realidade brasileira. São trabalhos sobre prisões, crime organizado, tortura em cadeias, homicídios, tráfico de drogas e armas, e oferecem explicações para a legitimidade da violência exacerbada do Estado, o funcionamento da polícia e sua relação com a política e com o povo. Contudo, pouco se compreendeu por que morrem tantos e cada vez mais negros no Brasil. O racismo já recebeu muitas alcunhas neste país — cordial, por exemplo[10] —, mas parece nunca ter sido tratado como violento. Da mesma forma, a violência policial contra negros sempre foi tema para o protesto antirracista, porém nunca se apresentou nas agendas de pesquisa acadêmica.

Ainda que a cena pública brasileira venha tratando os casos de brutalidade e o aumento da letalidade policial como um problema racial, ainda é possível ver em livros, teses, handbooks, seminários etc. discussões por parte de especialistas que não tocam na questão racial. Como escreveu Jorge da Silva, coronel reformado da Polícia Militar do Rio de Janeiro, que já foi secretário de Segurança Pública daquele estado:

> Duas questões têm merecido a atenção dos estudiosos das ciências sociais em geral: a *violência* e o *racismo*. Se em outros países essas questões são frequentemente analisadas na perspectiva uma da outra, chegando-se a falar em violência étnica, violência racial, genocídio etc., não é comum no Brasil que tais questões sejam abordadas dessa forma, deixando transparecer que, para os estudiosos brasileiros, não haveria relação importante entre ambas. Por exemplo, em livro coletivo recente, de título *Cidadania e violência* [...], são publicados onze textos de diferentes autores brasileiros e a transcrição resumida dos debates relativos a sete mesas do Ciclo de Debates que deu origem ao livro. Nenhum dos textos trata das relações raciais, assunto no qual só lateralmente se toca aqui ou ali. Nos debates, o assunto aparece um pouco mais, porém nota-se que tal acontece principalmente em função da provocação dos participantes não acadêmicos. (Silva, 2003, p. 18)

10 A ideia de racismo cordial circulou durante o início dos anos 2000 em virtude de um editorial do jornal *Folha de S. Paulo*, pelo fato de as pessoas não se matarem por causa da cor da pele. "Editorial: racismo cordial", *Folha de S. Paulo*, 9 fev. 2000.

O livro *Cidadania e violência*, citado na dissertação defendida por Silva em 1998, mantém certa atualidade, pois em 2019 foi publicada uma obra semelhante, intitulada *Violência, política, justiça e punição: desafios à segurança cidadã* (Adorno & Lima, 2019), com doze capítulos, trinta autores e 478 páginas. O esforço de empreitadas como essa não é tão revelador do campo em si, mas de como as agendas da área foram e são dirigidas. Sim, existem muitos estudos sobre racismo e violência no Brasil, ainda que eles não tenham sido conectados, alinhados para serem agregados e apropriados pelas interpretações que regem o campo.

Assim como Abdias do Nascimento chama o genocídio negro de "um processo de racismo mascarado" e o racismo brasileiro já foi chamado de cordial, Paulo Sérgio Pinheiro (1991) afirma que existe um autoritarismo socialmente implantado no Brasil. Trata-se de um autoritarismo moral, cujas práticas existem e resistem independentemente dos arranjos institucionais, de modo a haver um "estado de exceção paralelo" por meio do funcionamento autônomo das instituições repressivas, como a polícia: "O regime de exceção paralelo ficou dissimulado porque a repressão física, ilegal, aberta, propriamente dita passou a ser coadjuvada por mecanismos de controle social mais sofisticados" (Pinheiro, 1991, p. 50). É como o próprio funcionamento das instituições brasileiras quanto à ocorrência do racismo institucional, uma prática que independe de prescrições normativas expressas. Para que ocorra, esse autoritarismo precisa estar de tal modo disseminado na sociedade que as práticas autoritárias poderiam ser chamadas de "estruturas estruturantes estruturadas" e incorporadas nos indivíduos, da mesma maneira que o *habitus racial* de que fala Karl Monsma (2016).

A sistematicidade e a constância com que o movimento negro reage à violência policial estariam, assim, muito próximas da formulação de Pinheiro, que identifica no fenômeno um profundo grau de capilaridade, demandando um esforço analítico particular que alcance uma compreensão apropriada:

> A ênfase das análises da transição sobre as instituições estatais, prolongada pelo silêncio ou pela não consideração da violência ilegal, contribui para reiterar a tolerância diante do poder na proporção direta em que esse consegue esconder seus mecanismos. Justamente nesses mecanismos de poder onde não ocorre nenhuma transição. (Pinheiro, 1991, p. 48)

Com o fracasso em criar um arranjo institucional capaz de exercer o controle da violência no momento crucial em que se deu a transição democrática, além do insucesso em democratizar as instituições da violência como a tortura, o racismo, as instituições totais — prisões e manicômio (Pinheiro, 1991, p. 45) —, esse autoritarismo se enraizou na sociedade como um legado do período ditatorial.

> Em muitas sociedades, como a brasileira, onde as relações de poder tradicionalmente sempre se caracterizaram pela ilegalidade e pelo arbítrio ao qual a maioria da população deve submeter-se, as práticas autoritárias não são afetadas pelas mudanças institucionais, nem pelas eleições livres e competitivas. O legado das transições políticas em muitos países, como o Brasil, é a persistência de um nível extremamente alto de violência ilegal e de conflito violento, sem intervenção do sistema judiciário na sociedade. (Pinheiro, 1991, p. 46)

Como legado, noções já cristalizadas nas instituições repressoras permaneceram, como os estigmas criados em torno da noção de suspeitos de cometer crimes, seja crime político, seja crime comum, politizando — ou, nos termos mais hodiernos, ideologizando — a luta contra o crime,

> tornando cada vadio, "ladrões, assaltantes e arrombadores", prostitutas, menores nocivos, revolucionários ou dissidentes em potencial, inimigos internos. O regime de exceção *strictu sensu* unifica a luta contra o crime comum e o crime político na ação policial, com a diferença que para o primeiro o exame judicial continua nulo e para o segundo o procedimento jurídico requer mais sofisticação. (Pinheiro, 1991, p. 50).

A sofisticação dessa repressão só pode ser decifrada, segundo Pinheiro, caso desçamos alguns degraus na análise da vida social para compreender as formas de opressão balizadas pela classe, pela raça e pelo gênero, um mergulho analítico na sociabilidade daqueles que nunca vivenciaram períodos democráticos e para quem o estado de exceção paralelo sempre foi constante.

> Não é por acaso que a cidadania no interior das classes populares é ainda hoje percebida com significado aproximado à repressão, o que não constitui traço original nas sociedades contemporâneas, mas que no Brasil atinge uma enorme intensidade porque há grupos que não são apenas desprovidos de poder, mas de significação, como possuidores de uma identidade coletiva conhecida: trabalhadores, pobres sem atividades fixas, miseráveis, indigentes, mulheres, velhos, crianças, negros, homossexuais, loucos, criminosos. Essa violência disseminada na violência ilegal do Estado, como já vimos, contra a maioria da população, tem suas origens em práticas anteriores, por exemplo como aquelas que se forjaram durante a implantação do regime colonial e na ordem escravocrata. (Pinheiro, 1991, p. 55-6)

Uma vez que o autor observa a presença da repressão na dinâmica das classes populares e de outros segmentos, o que se interpõe à sua própria argumentação é que o que ficou conhecido como "entulho autoritário" talvez não tenha origem na ditadura militar, histórica ou sociologicamente. Talvez essa forma de atuação das instituições de repressão esteja vinculada à maneira como a sociedade brasileira lida com seus sujeitos subalternizados desde o pós-abolição, em uma dinâmica que reprime os territórios negros, os lugares de negros, e que constitui um sujeito subalternizado na figura dos homens negros: aquele que era "bom escravo", mas, sendo "mau cidadão", nunca teve direito ao gozo pleno da vida civil.

Assim, esse sistema institucional de repressão estaria conectado a uma formação social forjada em divisões de classe, que geram efeitos sobre a distribuição de oportunidades, recursos e valores. Também estaria inserido em uma formação racial que produz hierarquia, organizando a sociedade e as instituições a seu modo.

Nesse sentido, as instituições de educação ou saúde sustentaram a existência da desigualdade racial mesmo que as diferenças raciais não tenham sido nelas inscritas legalmente. Trata-se do racismo institucional (Silvério, 2002): ações desenvolvidas por quaisquer instituições que, mesmo não tendo diferenciações raciais como base ou motivo do seu funcionamento, conduzem a resultados diferentes para grupos raciais distintos. É nesse esteio que a literatura acadêmica acumula mais estudos (Sinhoretto *et al.*, 2014; Sinhoretto, 2019; Schlittler, 2017) que fiaram seus empenhos em desenvolver as relações de micropoder indicadas por Pinheiro:

> O mito da democracia racial continua soberano, servindo como excelente dissimulação para uma vasta gama de microdespotismos exercidos contra o negro. Nunca foi necessário no Brasil institucionalizar um sistema de *apartheid* legal, porque, além da discriminação social e econômica, as "pequenas autoridades" e o sistema do "sabe com quem está falando" sempre desempenharam um papel de contenção dos negros na sociedade civil. As crianças

> negras crescem dentro das balizas desses microdespotismos e da interiorização dos limites impostos pela sociedade dos brancos. Além das formas de violência ilegal, a violência doce (nem sempre) dos preconceitos e das discriminações compõe o autoritarismo socialmente implantado. (Pinheiro, 1991, p. 56)

O encontro entre dois sistemas de subordinação que mobilizam as instituições de repressão não existe sem que sua lógica alcance os indivíduos e a conformação de sujeitos. Isso é válido tanto para os indivíduos que servem nas instituições, as quais, por sua vez, obedecem aos propósitos institucionais do autoritarismo e do racismo, quanto para os indivíduos atendidos por elas. Ambos os sistemas são produzidos pela noção de que existe um lugar de negro e um lugar de branco. De um lado, o *habitus* racial produz formas particulares de ação das polícias; de outro, todos aqueles vistos como sujeitos negros são alvos das ações repressoras.

SUJEIÇÃO CRIMINAL E SUJEIÇÃO RACIAL

Como nos apresenta Michel Misse (2010b), contribuições sobre a teoria do sujeito têm dado conta do surgimento de um sujeito revolucionário, e o desafio dos estudos de violência seria pensar um tipo de sujeição que vai no sentido contrário, como no caso do sujeito criminal produzido no Brasil por interpelações advindas de diversas direções.

Essa característica, apontada por Michel Misse, uma vez localizada em uma perspectiva que analisa a edificação de um campo de estudos, pode passar por outros entendimentos. A geração de sociólogos nascidos por volta dos anos 1940 se colocou em posição de enfrentamento à ditadura, de defesa da democracia, em associação a grupos de esquerda ou movimentos sociais, com certa simpatia pelo marxismo e experiência em gestão pública. É como se a luta transformasse o lutador, como se as experiências proporcionadas pelo mundo social fossem capazes de agenciar sujeitos no mundo acadêmico, constituído majoritariamente por pessoas brancas, que guardam certa distância da realidade das classes populares, cuja experiência da violência praticada pelo Estado se manteve datada e circunscrita a um regime político específico na história do Brasil.

Na querela entre "segurança pública" e "violência", ou entre "direito" e "violência", há a construção de uma universalidade restrita, em que se reflete a tensão entre o campo do conhecimento e o campo da política pública, ou entre os papéis dos intelectuais e dos políticos, cujas posições estão sempre em diálogo ou em conflito; são posições escorregadias. Supera-se o finalismo de um discurso que busca a legitimidade do campo acadêmico, com produção teórica "sólida" e referências intelectuais do "cânone". Da mesma forma, é desfeito o mecanicismo da explicação de uma trajetória que se constrói balizada pela necessidade de se ver reconhecida pelo Estado por meio de políticas públicas.

> Encontrar uma interpretação que fugisse ao cânone jurídico era, talvez, uma condição para sustentar um novo regime político que fornecesse maior abertura para a criação de um novo sistema de direitos sociais, individuais, mas também políticos. Essa nova interpretação não poderia estar ancorada em material conceitual impermeável à nova agenda política emergente no tempo novo que se anunciava, como o marxismo. Contudo, não se podia ignorar os "populares", os "trabalhadores do campo e da cidade", atendidos por aquela escola teórica. Um novo regime político carecia de uma fala sobre o mundo social, e as ciências sociais é

> que trariam essa nova forma de criar o mundo social, com uma lógica própria. (Bourdieu, 2015b, p. 240)

Tem-se aqui o desafio de alinhar o debate sobre violência e o sujeito desse estudo, evidenciando compreensões desencontradas acerca do assujeitamento:

> Essas contribuições tendem a pensar o sujeito social que emerge da experiência de subordinação como "sujeito revolucionário" que põe novos valores (marxismo, feminismo, movimento gay, ecologia etc.); raramente o tomam pela sua ação egoísta, voltada para si ou para seu grupo, cínica ou cética quanto à necessidade do Outro que não seja sob a forma também da subordinação ou de sua subjugação. (Misse, 2010b, p. 16)

Com efeito, e pensando que a sociologia convencionou dedicar-se ao estudo dos sujeitos revolucionários, Michel Misse, em seu ensaio sobre a sujeição criminal, assinala a dificuldade de pensar o sujeito nos estudos sobre violência:

> Há vários tipos de subjetivação que processam um sujeito não revolucionário, não democrático, não igualitário e não voltado ao bem comum. O mais conhecido desses tipos é o sujeito que, no Brasil, é rotulado como "bandido", o sujeito criminal que é produzido pela interpelação da polícia, da moralidade pública e das leis penais. Não é qualquer sujeito incriminado, mas um sujeito por assim dizer "especial", aquele cuja morte ou desaparecimento podem ser amplamente desejados. Ele é agente de práticas criminais para as quais são atribuídos os sentimentos morais mais repulsivos, o sujeito ao qual se reserva a reação moral mais forte e, por conseguinte, a punição mais dura: seja o desejo de sua definitiva incapacitação pela morte física, seja o ideal de sua reconversão à moral e à sociedade que o acusa. (Misse, 2010b, p. 17)

Para a população negra, trata-se de uma política que ocorre em excesso, ou melhor, com excessivo exercício da força, ao passo que, quando falamos de educação e trabalho, por exemplo, trata-se de uma política deficitária. O uso excessivo da força resulta, no que tange ao problema da segurança, em sobrevitimização nos dados de prisões em flagrante, letalidade policial e hiperencarceramento. Em outras áreas das políticas públicas, porém, tem-se o contrário, a exemplo da escassez de escolas adequadas para a população negra, o que não torna os negros sujeitos de direitos, mas sim os subalterniza pelo monopólio legítimo da violência, como denuncia o protesto negro. Tal legitimidade é questionada pelos movimentos negros de modo a construir um contradiscurso sobre as instituições policiais. Nesse contradiscurso, reside a tensão entre um sujeito que deve ser reconhecido como portador de direitos e um indivíduo assujeitado sobre o qual a força do Estado pode incidir violentamente sem maiores consequências.

Acerca das prescrições da gramática negra a respeito da relação da raça com a construção social da representação dos bandidos, importa questionar a formação da sujeição criminal. A raça, nesse sentido, "perderia" seu status positivo e se converteria em traço descritor do bandido, sem que se questionasse o processo social de exclusão social, material e simbólica ao qual foram expostas as populações negras no Brasil durante todo o século XX, concomitantemente à formação de uma moralidade racista anteriormente descrita tão bem por Lélia Gonzalez e Florestan Fernandes. Segundo esses autores, foi construído, por meio de processos políticos e sociais, um "lugar de negro" no Brasil, igualmente físico e cultural, em que o sujeito negro estaria associado a perversões e desvios os mais diversos, desde a incapacidade cognitiva à indigência moral.

Assim, é pertinente contextualizar a formação desse sujeito criminal em uma sociedade desigual e cindida racialmente, para que as marcas estigmatizantes que vigoravam entre pensadores nacionais do início do século XX não persistam.

Afirma Misse:

> A sujeição criminal poderia ser compreendida, ao mesmo tempo, como um processo de subjetivação e o resultado desse processo para o ponto de vista da sociedade mais abrangente que o representa como um mundo à parte. Por exemplo, "o mundo do crime" [...], que representa as pessoas que "fazem parte" desse mundo (como "malandros", "marginais", "traficantes", "bandidos" [negros?]) como sujeitos criminosos. Também por isso podemos considerar que a sujeição criminal é um processo de criminação de sujeitos, e não de cursos de ação. Trata-se de um sujeito que "carrega" o crime em sua própria alma; não é alguém que comete crimes, mas que sempre cometerá crimes, um bandido, um sujeito perigoso, um sujeito irrecuperável, alguém que se pode desejar naturalmente que morra, que pode ser morto, que seja matável. No limite da sujeição criminal, o sujeito criminoso é aquele que pode ser morto. (Misse, 2010b, p. 21)

Para o autor, toda sujeição criminal implica criminação, mas nem toda criminação ocorre com sujeição criminal, isto é, a sujeição criminal é o próprio ato de essencializar determinada conduta moralizante, que é replicada em códigos de condutas morais e legais criminadas. No entanto, há também atitudes criminalizadas sem que os sujeitos sejam criminalizados *per se*. Ao descrever o sujeito criminado a partir de práticas que são de fato criminosas, como danos à propriedade, à ordem e à vida, como pensar a Lei da Vadiagem (Decreto-Lei nº 3.688/1941)? O processo de criminação é assim tão liso, decoroso e inconteste? E se pensarmos que a cor aproxima os indivíduos dos criminosos a partir de uma mentalidade racista? Esse processo de criminação está associado a uma formação racial cuja relação de poder implica subordinação e a formação de um sujeito estigmatizado pelas características que, historicamente, no Brasil, foram atribuídas às pessoas negras.

Uma vez que o processo de racialização captura determinados traços físicos/atávicos ou culturais e os posiciona conjuntural e historicamente para produzir hierarquias, a sujeição criminal se vale dos elementos disponíveis na circunscrição de sua realidade próxima para recrutar características e produzir seus sujeitos. Em uma sociedade racializada, o sujeito criminal pode ser pensado nos mesmos termos de um sujeito racial.

> Enquanto o *sujeito negro* se transforma em inimigo intrusivo, o branco torna-se a vítima compassiva, ou seja, o opressor torna-se oprimido e o oprimido, tirano. Esse fato é baseado em processos nos quais partes *cindidas* da psique são projetadas para fora, criando o chamado "Outro", sempre como antagonista do "eu" (*self*). Essa cisão evoca o fato de que o sujeito branco de alguma forma está dividido dentro de si próprio, pois desenvolve duas atitudes em relação à realidade externa: somente uma parte do ego — a parte "boa", acolhedora e benevolente — é vista e vivenciada como "eu" e o resto — a parte "má", rejeitada e malévola — é projetada sobre a/o "*Outra/o*" como algo externo. O sujeito negro torna-se então tela de projeção daquilo que o sujeito branco teme reconhecer sobre si mesmo, neste caso: a ladra ou o ladrão violenta/o, a/o bandida/o indolente e maliciosa/o. (Kilomba, 2019, p. 37)

A formação desse sujeito deita suas raízes em processos que vão além das regulações morais ou legais e que, historicamente, como demonstramos na seção anterior, estão vinculados à relação entre negros e brancos no Brasil e à constituição da dominação racial.

Polícia, Estado e pacto social racial: as lógicas subterrâneas da democracia

Na época da ditadura, a expectativa dos setores da sociedade política identificados com ideais democráticos era de que, sob a democracia, o país poderia viver com menos problemas sociais ligados à repressão (Lima & Ratton, 2011) e também à violência praticada extraoficialmente por policiais organizados em grupos de extermínio, cujo histórico remonta às décadas de 1950 e 1960. Trata-se de grupos de homens egressos de corporações policiais ou ainda atuantes nelas, que surgiram como combatentes do crime organizado e passaram a ser os substitutos deste no controle das atividades econômicas ilegais, o que Silvia Ramos (2016, p. 8) chamou de "violência com fins lucrativos como método". Scuderie Le Cocq, Polícia Mineira e Esquadrão da Morte são alguns exemplos dessa forma de atuação das polícias. Hoje, o mais conhecido exemplo são as chamadas milícias no Rio de Janeiro.

> Em 1958, quando [o General Kruel] era chefe de polícia do Distrito Federal e foi pressionado pela Associação Comercial do Rio de Janeiro, que afirmava que a cidade estava "infestada de facínoras", Kruel criou o Serviço de Diligências Especiais (SDE), que tinha carta branca para tomar "medidas drásticas" contra o crime. Na ocasião, o general declarou que, se fosse preciso, autorizaria "o extermínio puro e simples dos malfeitores". Foi criado um grupo de elite dentro da polícia que tinha em seus quadros egressos da Polícia do Estado Novo. O *Jornal do Brasil* dizia que "nenhuma restrição foi imposta a suas missões". O grupo do SDE, ao qual foi dado o direito de matar se fosse preciso, ficou conhecido como Homens de Ouro, Turma da Pesada e Esquadrão da Morte. Esses homens tinham como missão subir morros, invadir

> barracos, desentocar assaltantes e "limpar a cidade" [...]. Em 1959, o famoso general, o exterminador de bandidos, o "duro contra o crime", foi descoberto como o principal beneficiário de caixinhas do bicho, lenocínio, hotéis, cartomantes, ferro-velho, economia popular, aborto, drogas e cassinos. O operador era seu filho, Nei Kruel. (Ramos, 2016, p. 8)

Esse tipo de atuação policial atravessa as décadas e os regimes políticos, como bem registra a autora:

> Em geral, a milícia vende "segurança" por meio de cobrança de taxas a comerciantes e, em algumas áreas, a moradores, indo de casa em casa. Além disso, na medida em que têm o controle armado sobre o território, milicianos passam a explorar e a monopolizar outros negócios, como transporte alternativo, água, gás, sinal de TV a cabo e internet, e também transações imobiliárias (cobrando percentuais sobre vendas que ocorrem dentro da área controlada) e, às vezes, agiotagem. (Ramos, 2016, p. 14)

Dessa forma, os problemas vivenciados hoje na esfera da segurança pública não eram desconhecidos dos atores políticos que então escreviam a Constituição para os tempos que se propunham democráticos. Assim, a estrutura institucional que sustenta o funcionamento das polícias no Brasil foi referendada no ápice do que chamamos de democratização, embora seus pontos centrais — federalização e militarização — tivessem sido elaborados entre 1967 e 1970, justamente o auge do período autoritário no país.

> Por federalização [...] entendemos o processo de tomada do controle da matéria pelo governo federal. A direção e o controle foram absorvidos pela esfera federal, ainda que a manutenção e a execução direta tenham sido mantidas nas mãos dos estados.

Por militarização entendemos o processo de espelhamento das polícias em relação ao modelo militar, uma consequência da simbiose então existente entre governo federal e Forças Armadas. (Guerra & Machado Filho, 2018, p. 157)

As mudanças empenhadas durante os anos de chumbo[11] garantiram que uma atribuição essencialmente de polícias passasse a ser papel das Forças Armadas com a Doutrina da Segurança Nacional.

Os diplomas normativos federais previam também a militarização da segurança: (i) ampliaram o escopo de atuação das polícias para a persecução de "atividades subversivas, terrorismo e ações de bandos armados nas guerrilhas rurais e urbanas" (Decreto nº 66.862/1970) [...]; (ii) atribuíram às polícias militarizadas a competência para o policiamento ostensivo, que se faz nas ruas em contato direto com a população (Decreto-Lei nº 317/1967 e Decreto nº 1.072/1969) [...]; (iii) e, principalmente, determinaram a extinção das guardas civis e a criação de polícias militares em todos os estados (Decreto nº 1.072/1969). (Guerra & Machado Filho, 2018, p. 157-8)

11 Segundo Guerra e Machado Filho (2018, p. 157): "o governo [...] (i) criou a Inspetoria Geral das Polícias Militares (IGPM) (Decreto-Lei nº 317/1967) [...], responsável pela normatização, orientação e fiscalização das polícias militares em todo o país, destinada, nas palavras do inspetor general de brigada Augusto Pereira, a ser o 'elo entre a federação e os Estados' que garantiria a execução nos marcos da DSN [...]; (ii) exigiu aceite do ministro da Guerra para a nomeação de secretários de segurança (Decreto-Lei nº 317/1967); (iii) deu status militar ao cargo de comandante das polícias militarizadas (Decreto-Lei nº 11/1966, Decreto nº 57.775/1966), determinando também que fossem nomeados generais, apenas excepcionalmente membros da corporação em último grau da carreira, mediante aceite da IGPM (Decreto-Lei nº 317/1967), exigência intensificada, a seguir, para aceite do ministro do Exército (Decreto-Lei nº 667/1969) [...]; (iv) determinou ainda a participação das Forças Armadas no planejamento, execução operacional, definição de material bélico e localização das unidades policiais militares (Decreto nº 66.862/1970)".

Esse arranjo esteve sob escrutínio durante o período de elaboração da nova Carta Magna para os tempos que se propunham democráticos; contudo, o debate não poderia ter sido mais insulado. Dos 22 participantes das sessões que discutiram o tema, havia apenas um convidado de fora das corporações policiais, o então presidente da Ordem dos Advogados do Brasil (OAB) Márcio Thomaz Bastos. Além disso, o tema estava incluído em uma subcomissão chamada Defesa do Estado, da Sociedade e da Segurança, parte da Comissão de Organização Eleitoral, Partidária e Garantia das Instituições. Esta reunia, em sua maioria, naturalmente, representantes constituintes das corporações militares. O efeito desse arranjo tem sido desastroso, como comprovam os números expostos anteriormente, assim como tem sido tema de estudos importantes.

Há, ainda, outro fator que remonta à chegada da família real portuguesa, em 1808, que trouxe ao Brasil o "embrião" da Polícia Militar do ponto de vista institucional (Nunes, 2018). Eventos como a criação da Guarda Real (1809), da Guarda Nacional (1831), da Guarda Municipal Permanente em São Paulo (1832) por Rafael Tobias de Aguiar, do Corpo Policial Permanente (1868) e da Força Pública (1901), bem como duas missões francesas realizadas em 1906 e 1914-1916, integram um processo histórico que consolidou elementos de profissionalização, independência e autonomia, centralização no poder federal e subordinação às Forças Armadas.

Mais do que um arranjo institucional, Nunes (2018, p. 104) fala da formação de um campo militarizado. Nesse aspecto, o processo político liderado pelo então presidente da República Getúlio Vargas tem especial importância, quando, na Constituição de 1934, estabeleceu a "definição clássica de forças armadas" (Nunes, 2018, p. 104):

> Com a Constituição de 1934 se estabeleceu a conformação que as polícias militares e o Exército assumem até hoje. Mais do que isso, o texto que trata das temáticas da segurança e da defesa nacional se transformaria em eixo permanente das constituições que se seguiram. A norma constitucional de 1934 determinava que as polícias militares fossem consideradas "reservas do Exército e gozarão das mesmas vantagens a estes atribuídas, quando mobilizadas ou a serviço da União" [...], uma estratégia para garantir o controle do governo central sobre as polícias estaduais. Também no texto de 1934 surgiu a definição clássica das Forças Armadas: instituições nacionais permanentes, essencialmente obedientes aos seus superiores hierárquicos; destinam-se a defender a pátria e garantir os poderes constitucionais, a ordem e a lei. (Poletti, 2012 *apud* Nunes, 2018, p. 101-2)

A noção de polícia garantidora da ordem e da lei centralizada e subordinada a um poder central seria utilizada para que o presidente da República pudesse conter as agitações e dissidências tão recorrentes à época. Embora a noção de combate ao inimigo interno tenha sido excluída da Constituição de 1946, que sucedeu a ditadura de Vargas (1930-1945) (Nunes, 2018, p. 103), o período que vai de 1946 a 1967 é importante para compreender como a militarização foi estruturada para além dos marcos institucionais.

Assim, embora a lei que criou as polícias militares só tenha sido promulgada em 1970, com a junção da Força Pública e da Guarda Civil, esse processo começou bem antes, com a formação de um campo militarizado de polícias já em 1934. Outro conjunto de mudanças é processado durante a ditadura militar (1964-1985), quando a "tortura e a prática sistemática de homicídios passaram a compor o repertório de ações dos agentes da polícia, tornando este padrão uma regra" (Nunes, 2018, p. 112). Tais práticas eram direcionadas por uma ideologia do inimigo interno: aqueles indivíduos ou grupos que pudessem apresentar risco, ameaça ou questionamentos aos regimes. A intenção de controle de grupos políticos internos visando à estabilidade do regime é, portanto, outra característica que espelha a forma constitucional das políticas militares entre 1934 e 1970.

Entre as décadas de 1970 e 1980, as práticas de tortura e brutalidade foram muito frequentes nas periferias das grandes cidades e compuseram as dinâmicas descritas por Ramos (2016), imprimindo marcas no imaginário social, com personagens individuais e coletivos, como o Cabo Bruno, apelidado de "justiceiro", os grupos de extermínio e a própria atuação das Rondas Ostensivas Tobias de Aguiar (Rota) [divisão do batalhão de choque da polícia militar paulista]. Essa instituição, particularmente, desempenhou um papel importante na ação mais brutal e violenta da força policial em São Paulo.

Com a abertura política, uma Carta Constitucional democrática, que garantiria eleições diretas, liberdade política, prometendo menos repressão e violência, foi capaz de superar o acúmulo institucional de práticas repressoras e a lógica de combate a um inimigo interno de caráter político-ideológico, além de também passar a ocupar-se de pobres e negros. Contudo, se o campo militarizado remonta a 1809 — com a criação da Guarda Real como "uma força policial de tempo integral, organizada na lógica militar e subordinada ao Ministério da Guerra e à Intendência de Polícia", que "tinha como atribuições a manutenção da ordem, a repressão ao contrabando, a captura e a apreensão de escravos e criminosos" (Nunes, 2018, p. 98) — e a 1934, com a unificação das Forças Públicas sob a gestão do governo federal, além da disposição das Forças Armadas, será que o inimigo interno da ditatura já não teria sido uma releitura de inimigos internos de outros períodos?

A propósito do encontro das áreas

Será que a definição de dominação racial que traz o genocídio para a esteira da exclusão social vale para pensar um cenário de ampliação dos recursos democráticos, ampliação do acesso ao trabalho e aos direitos trabalhistas, redução da pobreza e ampliação das oportunidades sociais, que marcaram os quarenta anos de democratização? Sobretudo, será que vale para pensar o fenômeno da violência policial, que não espera acumular desigualdades para encerrar não um ciclo de vida, mas a própria possibilidade de vida? É o caso do trabalhador, homem empregado e casado Robson Silveira da Luz; do designer bem empregado na Companhia Paulista de Força e Luz Benedito Ezequiel; ou do dentista, filho de policial militar, Flávio Santana. Esses são exemplos de vítimas de uma violação em que não havia o acúmulo de desigualdades; ao contrário, são casos em que havia uma trajetória de mobilidade social positiva. Daí a necessidade de pensar a violência e o racismo como um mesmo fenômeno, isto é, a violência racial — aquela violação assentada em contextos racialmente estruturados.

Quando miramos os baluartes dos estudos sobre violência nas ciências sociais, é evidente a importância da raça, da discriminação e da segregação racial, mas isso não ecoa nos estudos desse campo no Brasil. Os estudos de Zaluar (1985) e Misse (1999) são resultado de esforços de pesquisas calcados na necessidade de oferecer explicações para os problemas da marginalidade, da criminalidade, da violência e da violação aos direitos humanos que não fossem tão normativas e inibidoras de direitos, como era a noção hegemônica anterior. Era necessária a formação de um cabedal teórico e disciplinar condizente com os valores democráticos e alheio aos marcadores normativos e prescritores do formalismo jurídico — o que ocorreu concomitantemente à estruturação dos programas de pós-graduação no Brasil (Lima & Ratton, 2011).

Os estudos pioneiros, em geral, tinham como preocupação inicial as representações da pobreza e a organização das classes trabalhadoras do campo ou da cidade, e acabaram se deparando com questões suscitadas pela realidade empírica dos contextos estudados. Tais estudos se inspiraram em Hannah Arendt, mas sua grande força propulsora foram os trabalhos de Michel Foucault, que deram prestígio acadêmico ao tema das prisões, por exemplo, com fortes críticas a regimes repressivos, permitindo sua contestação, por um lado, e legitimando a defesa de direitos, por outro. Em tempos de crise do marxismo na academia, o referencial foucaultiano cumpria um papel explicativo e dialogava com as aspirações de uma geração que combatia a ditadura ora em exercício no Brasil. Outro autor seminal para tais estudos foi Norbert Elias, que forneceu um novo olhar para contextos que desafiavam a explicação simplória da luta de classes. A noção de violência como linguagem presente nas comunidades pobres das grandes cidades passou a responder questões antigas e a questionar as respostas conhecidas e pouco iluminadoras.

Assim, fica patente nesses estudos a preocupação com o "povo" e com a "pobreza", termos marcadamente incitados pela noção imponente de "classe" social, da qual, a despeito da crise do marxismo, não se podia prescindir e com a qual era necessário dialogar sem que daí surgisse um sujeito "revolucionário" ou que se aprofundasse nas razões estruturantes da formação do "povo", dos "pobres" ou da "classe trabalhadora". O rumo que se tomou — tanto nos estudos sobre violência quanto nos estudos sobre raça — possibilitou pensar as instituições, suas técnicas e tecnicidades.

Um exemplo disso é a seguinte passagem sobre a suspeição criminal, em que Michel Misse afirma que o que determina a criminalização de um indivíduo que passa de consumidor a traficante são as condições sociais:

> A antiga linguagem do tráfico se generaliza, ganha mais expressões e vocábulos e é, muitas vezes, partilhada "clandestinamente" por muitos dos meros consumidores. A criminalização do consumo facilitou também essa conexão de sentido, quando não produz diretamente a sujeição criminal através do encarceramento do consumidor nos espaços fechados da sujeição criminal que são os institutos para "menores", os presídios e as penitenciárias. Em condições sociais em que os recursos para a aquisição da droga são escassos, criam-se novos canais através dos quais o consumidor pode se transformar, também, em traficante e se submeter à sujeição criminal. (Misse, 2010b, p. 35-6)

O que todas essas perspectivas têm em comum é uma preocupação com a classe social traduzida na preocupação com os setores sociais mais pauperizados ou com as camadas populares. Por vezes, a demarcação racial é feita com indicadores de cor/raça, mas os estudos quantitativos citados anteriormente não exploram esses dados. Portanto, disso não deriva uma questão acerca das relações raciais, ainda que as desigualdades possam ser indicadas.

Mais recentemente, nota-se uma aproximação entre os estudos que se aprofundam nas razões estruturais de uma sociedade caracterizada pela dominação racial, pelas raízes escravistas e pela cumulação de desigualdades a que estão submetidos os negros brasileiros. Se, de um lado, não foram questionadas as razões raciais de fenômenos ligados à violência, de outro, pouco foram aprofundadas as consequências da estigmatização criminal da subordinação racial. Agora, contudo, é possível falar mesmo em uma "virada antirracista" dos estudos sobre violência (Sinhoretto & Morais, 2018). Certamente, eles estão vinculados a contribuições fundamentais e que passam a promover o debate entre elas.

PESQUISAS E POLÍTICAS PÚBLICAS

Algumas pesquisas de escopo nacional patrocinadas pelo governo federal têm colaborado para a formação de uma agenda de pesquisa focada em violência e relações raciais. Por exemplo, o *Mapa da violência* — fruto de uma parceria entre o governo federal e um instituto privado, a Faculdade Latino-Americana de Ciências Sociais (Flacso) — tem, desde 2012, dado mais atenção ao quesito "cor" em seus relatórios anuais, que têm por base os dados do Sistema de Informação sobre Mortalidade, do Datasus. Entretanto, não chega a explorar a dimensão racial como um fator explicativo do problema da sobrevitimização de negros nas taxas de homicídio no Brasil. Com êxito, é observada a relação entre a cor das vítimas e a ocorrência de homicídios, mas a cor não é considerada a ponto de dar a entender essa relação como uma questão racial, ao lado da "violência estrutural", da "impunidade", da "tolerância institucional" e da "cultura da violência" (Waiselfisz, 2013, p. 93-6).

A produção do *Índice de vulnerabilidade juvenil à violência e desigualdade racial* (Brasil, 2015a) é um exemplo da relação entre a sociedade civil organizada e a pressão por pesquisas que tratem de problemas sociais candentes na cena pública. Editado pela primeira vez em 2009, o *Índice...* não computava o dado "raça/cor" das vítimas e, quando foi apresentado ao Conselho Nacional de Juventude, em novembro do mesmo ano, os jovens ali presentes desferiram duras críticas à composição da pesquisa, pois esta invisibilizaria o problema do genocídio da juventude negra (Ramos, 2014). Os autores reelaboraram o *Índice...* também à luz das críticas erigidas naquele momento, incluindo o termo "desigualdade racial". Esse relatório inovou ao inserir o problema da violência num âmbito mais complexo de desigualdades, incluindo as raciais, e reforçando o viés racial na produção da vitimização de jovens negros.

Contudo, aqueles novos tempos, aos quais se dedicava uma nova interpretação, viram aumentar o número de homicídios — de 15 mil ocorrências anuais em 1980 para 59 mil ocorrências anuais em 2018. A violência policial também cresceu: só a polícia de São Paulo foi de trezentas mortes em 1981 para mais de mil mortes em 1990 (Nunes, 2018). Segundo o *Atlas da violência* (Ipea, 2018), o Brasil registrou uma média diária de 17 mortes em decorrência da violência policial, com 6.220 mortes em todo o território nacional, o que torna a polícia responsável por mais de 10% dos homicídios no Brasil, bem como pelo crescimento da população carcerária. Curiosamente, o aumento da violência acompanha a ampliação da democracia no país.

Como apontam Campos e Alvarez (2017), assim como Barreto *et al.* (2017), a aproximação de seu objeto com as questões de Estado e as políticas públicas é uma característica dos dois campos de estudos nas ciências sociais (e o mesmo poderia ser dito do campo de estudos sobre movimentos sociais, que vivenciou a multiplicação de pesquisas sobre participação social junto ao Estado, em conselhos de participação setorial). Nesse momento, o que melhor foi produzido conecta o profundo acúmulo desses subcampos de estudos e a aplicação do conceito de racismo institucional (Silvério, 2002) para falar das instituições de segurança pública, em especial, a polícia (Sinhoretto *et al.*, 2014; Schlittler, 2017; Sinhoretto & Morais, 2018; Sinhoretto, 2019; Simões Gomes, 2018).

Essa visão tem contribuído para ajustar o debate sobre a democratização das polícias e a questão racial no Brasil, bem como para fundamentar reflexões sobre políticas públicas e trazer as instituições policiais ao debate público, enquanto têm suas práticas escrutinizadas pela sociedade. Ancorada em marcos constitucionais do Estado democrático de direito, tal visão é fortemente apropriada pelos movimentos sociais negros, pois responde aos anseios imediatos dos protestos contra a violência policial e à sua agenda de demandas por políticas públicas de promoção da igualdade racial e de combate ao racismo.

No campo das relações raciais e violência, encontramos pesquisas sobre segurança pública e violência que abordam a situação da vitimização da população negra. Publicados na *Revista da Associação Brasileira de Pesquisadores Negros*, o artigo de Amparo-Alves (2011) versa sobre a cidade de São Paulo, enquanto o estudo de Vargas (2010) faz uma comparação entre Estados Unidos e Brasil em um contexto racial de diáspora negra; ambas as pesquisas travam um diálogo íntimo com o vernáculo do movimento social, em conexão com as formulações clássicas das ciências sociais. Destaca-se também a dissertação de mestrado de Reis (2005), que realiza um amplo estudo do impacto das políticas de segurança pública sobre jovens homens negros na cidade de Salvador entre 1991 e 2001. Diversos elementos importantes tratados aqui, como a interação entre território, raça, classe e gênero, são estudados pela autora, que utilizou diversas metodologias, como pesquisa documental e observação participante. Ribeiro (2009), um oficial da Polícia Militar, produziu uma pesquisa no campo da educação, como Sansone (2002). Para esse segundo conjunto de autores, o tema central são as relações raciais dentro das organizações policiais, e não como as relações raciais impactam a violência, ou o contrário (Simões Gomes, 2018).

SUSPEIÇÃO E VIOLÊNCIA POLICIAL

Um tema bastante premente é a abordagem policial e a seleção de suspeitos. Ramos e Musumeci (2004) associam a abordagem policial à discriminação racial e social, destacando que o suspeito-padrão possui características determinadas pelos indicadores de classe social e cor, de modo que um indivíduo reconhecido como negro tem mais chances de ser abordado pela polícia, rendendo-lhe a alcunha de "freio de camburão". Barros (2008) analisou o impacto da cor da pele na constituição da suspeição, buscando identificar se os policiais percebiam que praticavam racismo institucional. Ele utilizou um banco de dados obtido pela aplicação de questionários e pela análise de boletins de ocorrência de sete unidades da Polícia Militar de Pernambuco, coletando depoimentos em que policiais afirmavam que a chamada "fundada suspeita" seria mesmo uma seleção de suspeitos com base na cor da pele.

A letalidade policial também é outro tema visitado pelas relações raciais. Gestoso (2014) testou se há discriminação racial no Brasil, verificando a existência de viés racial no uso da força policial. Foram analisados dados de homicídios cometidos por policiais durante os anos 1990 em duas cidades diferentes: Rio de Janeiro (de 1993 a 1996), com laudos cadavéricos do Instituto Médico Legal, e São Paulo (de 1996 a 1999), com dados do Tribunal do Júri sobre casos de homicídios cometidos por policiais. O estudo concluiu que, embora não seja possível observar uma diferença no tratamento que a polícia aplica a brancos e negros, a letalidade da força policial é maior entre negros do que entre brancos, havendo tanto no Rio de Janeiro quanto em São Paulo uma clara disparidade racial entre as vítimas fatais nas intervenções da polícia.

Munidos de um escopo de pesquisa que abrange entrevistas qualitativas com policiais, com ativistas do movimento negro e com membros do poder público para analisar casos emblemáticos de denúncias de violência policial, Sinhoretto *et al.* (2014) apontam a questão racial como ordenadora dos processos de vitimização produzidos pela ação da Polícia Militar de São Paulo, onde negros morrem proporcionalmente mais do que brancos em decorrência disso. Os dados utilizados são de mortes ocorridas entre 2010 e 2011, advindos da Ouvidoria de Polícia, ligada à Secretaria de Segurança Pública do estado de São Paulo.

Já a noção de racismo institucional serviu a um estudo sobre o funcionamento da segurança pública em vista dos direitos humanos e do que apregoa o Estatuto da Igualdade Racial (Santos, 2012). Focando um caso específico, o assassinato do jovem dentista negro Flávio Santana, o estudo explorou os limites democráticos impostos pelo mito da democracia racial, da compreensão e da prática dos preceitos constitucionais brasileiros que desembocam em casos de homicídios como esse.

A noção de racismo institucional, ainda que apresente limites de análise para reflexões desinteressadas, abre caminhos para a estruturação de perguntas de pesquisa e explorações que extrapolam os limites de um trabalho especializado, permitindo que o tema seja articulado a outros. Com efeito, na área da sociologia da violência, ainda são singulares e pouco numerosos os casos de estudos mais recentes que analisem mais sistematicamente o quadro composto por violência, segurança pública e relações raciais.

Os estudos citados perfazem um panorama bastante recente do que tem sido produzido de mais relevante no Brasil sobre relações raciais e violência/segurança. A particularidade desses trabalhos é impulsionar conexões entre outros estudos que estão em desenvolvimento e que têm gerado novos trabalhos articulados entre si, mas que ainda carecem de institucionalização. Tal tipo de pesquisa pode trazer achados importantes associados à cultura e aos saberes policiais que ligam a suspeição a formas de racialização. Esses achados foram aprofundados em estudos posteriores.

Por meio de observação participante, entrevistas e dados oficiais, Schlittler (2017) analisou a articulação entre as práticas policiais cotidianas e a conformação do policiamento ostensivo militarizado, executado pela Polícia Militar de São Paulo. A autora flagrou os recursos disponíveis na prática policial, entre eles a seleção de suspeitos por meio de uma habilidade que não consta entre os saberes aprendidos formalmente pelos policiais, chamada "tirocínio": a capacidade de diferenciar os "bandidos" dos "cidadãos de bem" por meio de "um olhar", por meio de habilidades praticamente intuitivas, que são aprendidas no decurso do próprio fazer policial.

Ao descrever o que seria um bandido possivelmente flagrado por um tirocínio, as explicações dos policiais transitam entre a eleição de marcadores raciais e de marcadores de classe, nos quais o aspecto racializado fundamenta a suspeição policial. Ainda que essa prática seja fato conhecido, a contribuição sociológica do estudo é efetuar a passagem entre raça e classe na composição do "bandido" de acordo com os olhares dos policiais militares, por um lado, e, por outro, localizar o problema dessa construção social em um contexto maior da política de segurança pública e das desigualdades raciais. A autora conclui que a suspeita está fundamentada em marcadores raciais e sociais, e não em comportamentos suspeitos, e a racionalidade em uso para discernir quais são os marcadores sociais e raciais que conformam um suspeito é informada pelo "tirocínio" (Schlittler, 2017, p. 124).

A contribuição de Schlittler é definitiva entre os estudos de política que procuram demonstrar a concorrência entre duas lógicas: uma formal, legal e constitucional, inscrita nos manuais e sustentada pela técnica; e outra, a lógica da rua e da prática, que é transmitida e aprendida oralmente na corporação. O tirocínio é ordenado por uma lógica na qual o sujeito suspeito é de classes mais baixas (o policial presume) e negro (os policiais negam o racismo).

> As contradições vão além, reverberando num deslizamento entre uma seletividade guiada pelo fator racial e outra guiada pela classe, como forma de velar a prática de construção de estereótipos — ou nos termos de Paixão [...] os "estoques de conhecimento" — para a seleção de suspeitos criminais. Na fala de um cabo, a polícia não abordava mais negros do que brancos, porque "*eu mesmo já parei pessoas de paletó e gravata e nessa eu prendi um assaltante*". Identifica-se que a negação da prática da seletividade racial é calcada no argumento de que, ao abordar pessoas de paletó e gravata, o policial estaria assim, numa referência racial, abordando também pessoas brancas e sendo imparcial; no limite, sendo representativo. O intangível para ele é que, em sua afirmação, está implícito que em seu sistema de classificação negros nunca usariam paletó e gravata. (Schilittler, 2017, p. 127, grifo nosso)

Assim, o "tirocínio" seria um recurso marcadamente racial, que operaria diretamente na busca por produtividade policial, um dos elementos considerados na avaliação do trabalho dos policiais nas secretarias de Segurança Pública de todo o Brasil. O resultado, porém, é um efeito de pressão, repressão e violência sobre a população negra, que se verifica na maneira como as polícias buscam seus "bandidos" — vide o relato de um capitão da polícia obtido por Schilittler:

> Como mostra a continuação da história do policial sobre o "negão" dirigindo um carro da marca Hyundai Azera: "Só que aparece um negão andando de Azera. O policial que está na blitz fala: olha, é o negão que está dirigindo [...] e agora? Eu paro este

> negão? Vamos parar! Você teria esse recorte do ponto de vista de abordagem na rua, o policial vê lá um grupinho. Aborda, não aborda? Muitas dessas abordagens acontecem pelo imaginário, o policial faz a abordagem de forma preventiva, ou seja, ele não sabe e ele não controla, mas ele tem o imaginário de que aquele sujeito, aquele negrão com aquele cabelo, eventualmente, pode estar armado, eventualmente pode ser um lutador de capoeira. Então, antes disso acontecer, ele aborda o sujeito, né? Por quê? Porque se ele não abordar e o sujeito criar qualquer tipo de reação, ou der um golpe de capoeira, ou fazer qualquer coisa com ele. Ele está em desvantagem, só que isso aos meus olhos não é racional, isso faz parte do mesmo recorte de outra história, de que ele pode errar desta vez, mas que, na maioria das vezes [regra e experiência do policial], o bandido será o negão". (Schilittler, 2017, p. 128)

A negação do viés racial na seleção dos suspeitos, demonstrada nas palavras do capitão, não é uma exclusividade sua, nem mesmo da sua instituição. Estudos anteriores são primorosos em mostrar que, em geral, as pessoas no Brasil reconhecem a existência do racismo e afirmam conhecer pessoas racistas, mas que é muito raro conhecer alguém que assuma ser racista (como se todos os brasileiros fossem uma ilha de igualdade racial cercada de racistas) ou mesmo que tenha "preconceito de ter preconceito". Parece ser esse o comportamento da própria instituição Polícia Militar (Simões Gomes, 2018) ao falar da questão racial.

A justificativa formal para que um policial militar escolha abordar determinado indivíduo é a chamada "fundada suspeita", uma expressão não prescrita nos códigos de formação e conduta do policial. O principal argumento para a negação de que existe um viés racial — discriminação racial — na seleção de suspeitos é o de que não existe indivíduo suspeito, mas sim atitude suspeita: "Há o esforço de transferir a faísca da suspeição do agente (o indivíduo, o elemento) para a sua ação em determinado ambiente (a atitude, a situação)" (Simões Gomes, 2018, p. 128).

Aprofundando-se no que os policiais teriam a dizer a respeito do que seria uma atitude suspeita e de noções de normalidade e desvio, para, assim, delimitar e criar o que seria a atitude suspeita e, em seguida, o que seria um suspeito, a autora concluiu que uma atitude suspeita seria produto da relação entre situação e indivíduo, combinando lugares, roupas, bens de consumo, entre outros. Para os policiais, em geral, um homem negro "fora de lugar" é um homem suspeito, isto é, há um lugar delimitado no qual homens negros podem circular, e, ainda assim, dentro de certas condições.

Outro entrevistado relata à autora:

> Aliás, hoje a psicologia começa a trabalhar com uma coisa que eu particularmente respeito e entendo um pouco que se chama "viés cognitivo"... O que é isso: viés cognitivo é algo que nós temos pela repetição, então repetiu muito, seu cérebro cria um viés. O problema é que seu cérebro te engana, então vem o cara lá, domingo de manhã, tudo certinho, o cinto de segurança, o carro sem placa. O policial olha, vê... é um cara de pele clara... ele até para, ou dá aquele "Peraí, teu carro tá sem placa..." aí o sujeito já [diz] "Bom dia, seu guarda, é que eu acabei de comprar, eu vou levar segunda no Detran, tô aqui com a documentação"; o guarda meio que olha e tal e deixa o sujeito ir. [Com um de] pele escura: "Ô bacana (primeiro que a abordagem já começa assim), tá levando esse carro de quem aí? Tá levando pra onde?". Partindo da ideia de que o carro não é dele, de que ele tá deslocado, aí ele fala assim: "Não, o carro é meu. Comprei zero, vou levar segunda feira pra emplacar, documentação tá aqui e tal". O que o policial faz? Encosta — ó, o outro ele não

> mandou encostar —, ele vai revirar o carro, vai revistar, vai conferir o documento, vai ver não sei o quê, e no final ele ainda vai dar uma chamada de atenção pro sujeito que tá dirigindo. "É, sabe que a legislação restringe né... Você tem que ir direto lá, não pode ficar circulando com o carro." [...] O policial, mesmo negro, tanto faz branco, negro... Ele diz assim: "Olha, eu até posso ser enganado, mas eu não vou admitir que um negrão me dê balão, não". Você percebe como o imaginário vai se formando e você perde o controle disso? Ou seja, ele tá dizendo claramente que ele admite que passe um cara, num carro, que é roubado, sem placa, mas o cara é branco e tá dando risada da cara dele, mas ele não admite que passe um cara com um carro zero mas é roubado, mas o cara é negrão, e o negrão vai tirar um barato da cara dele. (Simões Gomes, 2018, p. 130)

Tais procedimentos não estão formalizados como conduta policial, mas foram descritos nas entrevistas colhidas pela pesquisadora e igualmente transferidos oralmente entre os membros da corporação policial. A noção que informa um policial de uma situação suspeita é resultado de uma equação entre traços do indivíduo que indicam qual é sua posição na estrutura social. Essa combinação diz se há algo "fora do lugar", algo que configure atitude suspeita. O policial então intervém para restituir a ordem de uma situação em que há violação da harmonia racial preconizada pelos seus próprios conceitos. A harmonia racial que o policial deve manter não suporta indivíduos fora do lugar que lhes fora circunscrito, onde eles devem manter-se encerrados.

Fora de seu lugar e ocupando lugares de brancos, portando traços sociais da posição social de brancos, e não do lugar de negros, tais indivíduos parecem violar determinados códigos raciais, tornando-se suspeitos. Os negros que ocupam esses "lugares de brancos" é que passariam a promover a violência racial.

A essa altura, é importante guardar noções relevantes sobre a relação entre violência e raça, ou sobre os conflitos éticos de ordem racializada. Em primeiro lugar, devemos considerar a ideia sociológica de um "lugar de negro" na sociedade brasileira, um local onde o uso da força policial é tolerado e mesmo autorizado pelas autoridades policiais. Sendo esse território fruto de uma sociedade racializada, o resultado dessas ações pode ser entendido por meio do racismo institucional presente nas forças policiais.

A produção desse racismo institucional possui raízes históricas, que remontam ao período escravocrata, com o mote de perseguir escravizados fugidos. Mais do que uma herança, residem aí uma razão de ordem colonial e a existência de um inimigo interno a ser combatido. Emerge daí um sujeito associado ao desrespeito à ordem e à lei, visto como criminoso que, posto nesta ordem racializada, se torna, portanto, um sujeito racial. Isso fica patente nos estudos sobre filtragem racial e sobre a existência de códigos internos das polícias para abordagem de suspeitos.

Nesse sentido, o conceito de "lugar de negro" é fundamental para compreender a violência policial contra negros como resultado do processo de discriminação racial que produz um lugar social, no caso, o "lugar de negro". De tal compreensão dos processos sociais que envolvem a violência policial e outras violações emergem dimensões reveladoras do sujeito e da estrutura social. O primeiro aspecto é produto do caráter "mascarado", "dissimulado" do racismo e do autoritarismo, que, quando se encontram, produzem brutalidade policial, levando à morte de pessoas negras, o que é naturalizado pela sociedade. O segundo aspecto é que os processos de racialização produzem um determinado sujeito social intrinsecamente violador, violento, criminoso, o sujeito negro, e isso naturaliza e justifica tais violências do sistema autoritário e racista.

Há um lugar social para esse sujeito, o "lugar de negro", as periferias, onde — embora seja aos negros facultado viver lá — ocorre o encontro do autoritarismo com o racismo, de modo que as práticas policiais de brutalidade são autorizadas; não há necessidade de cumprir protocolos ou respeitar legislações, e a discricionariedade policial é usada à exaustão.

Se, por um lado, as práticas que combinam o autoritarismo e uma estrutura racializada são vistas como justificáveis pela sociedade, por outro, o protesto negro atua para problematizar e desnaturalizar essa ordem das coisas. Os enunciados do protesto negro investem para construir um espaço de reconhecimento e universalidade em que sujeitos negros possam usufruir do acesso a direitos e cumprir com suas expectativas de realização pessoal e coletivas, sem estarem submetidos à força bruta do Estado. Essa conjunção de racialização com autoritarismo, que resulta em diversas formas de violência racial e tem ampla reverberação no protesto negro, é analisada neste livro como conteúdo das lutas por reconhecimento, com foco nas pontes semânticas que expressam a agenda do movimento negro, de que trataremos no próximo capítulo.

3

Racismo e violência nas lutas por reconhecimento

O propósito deste capítulo é localizar a articulação das lutas contra o racismo e das lutas contra a violência policial no debate sobre os movimentos sociais. A abordagem da teoria do reconhecimento é a mais adequada para compreender como o movimento negro brasileiro tratou o tema da violência policial ao longo de sua história. Para desenvolver esse raciocínio, formularemos o problema na primeira seção; na seção seguinte, visitaremos as principais teorias sobre movimentos sociais; na terceira, apresentaremos nossa proposta de abordagem; e, na última, faremos o debate entre essa proposta e os estudos sobre os movimentos negros no Brasil.

A constante pauta da violência policial

Em 7 de julho de 1978 foi realizado o ato de fundação do Movimento Unificado contra a Discriminação Racial, que posteriormente viria a se chamar apenas Movimento Negro Unificado (MNU). Esse momento foi considerado um marco na história da reorganização do movimento negro após longo período de arrefecimento das articulações nacionais, devido às pressões vividas durante a ditatura militar. A violência policial esteve no centro desse momento. O ato, realizado nas escadarias do Theatro Municipal de São Paulo, foi marcado pelo protesto contra a morte de Robson Silveira da Luz, jovem negro de 21 anos morto em decorrência de torturas sofridas durante um interrogatório. Desde então, a denúncia da violência policial cometida contra pessoas negras é pauta frequente na agenda dos movimentos negros, sucedendo casos de maior ou menor visibilidade, com campanhas e palavras de ordem que se espraiam pelas organizações negras. Abordaremos a morte de Robson da Luz (São Paulo, 1978), Benedito Ezequiel (Campinas, 1984), Marcelo de Jesus (São Paulo, 1989), Mario Josino (Diadema, 1997), Flávio Santana (São Paulo, 2004), Alexandre Menezes dos Santos e Eduardo Pinheiro dos Santos (Grande São Paulo, 2010) e Marielle Franco (Rio de Janeiro, 2018). As mobilizações que acompanharam esses casos repercutiram o entendimento das relações raciais naqueles respectivos momentos, apresentando as pontes semânticas que davam sentido a toda a experiência negra em termos de conflitos éticos.

Essa linearidade, contudo, é permeada por variações na intensidade das mobilizações e nas formas de classificar, nomear e expressar publicamente o problema da violência policial nos protestos. A recorrência dessas mobilizações parece possuir baixo grau de continuidade desde os anos em que o Brasil passou por seu processo de democratização,[12] marcado pelos levantes sociais de 1978, como a greve dos metalúrgicos do

12 O termo "democratização" aqui é utilizado para indicar o processo que permitiu aos atores políticos exercer o direito de lutar por direitos. Assim, englobamos sob o termo "período democrático" o momento em que, a despeito de não haver democracia formal, havia a tendência de conquistá-la, e cujo contexto era preenchido por atores que sustentaram a cena democrática até 2016.

ABC, a reorganização do movimento negro, com a criação do MNU, e as pressões por abertura política.

Há um conjunto de temas concorrentes nas mobilizações e articulações dos movimentos negros, como o trabalho, a educação, a valorização da cultura negra e o combate à discriminação racial. A maior parte desses temas conquistou uma agenda positiva e um lugar nas políticas públicas ao longo dos quarenta anos analisados neste livro, seja com as cotas no serviço público, a obrigatoriedade da inclusão do quesito "cor" nos cadastros públicos, a obrigatoriedade do ensino das relações étnico-raciais ou a aplicação de cotas sociorraciais nas instituições de ensino superior. Por mais que a violência policial sempre tenha sido um problema para os negros, assim como "permanecer vivo", não podemos afirmar que, desde a reorganização do movimento negro, tenha havido uma agenda estratégica sobre violência.

A construção de uma agenda contra a violência policial sustentada por meio de uma gramática específica serviu à constituição de uma identidade coletiva, à compreensão das experiências de desrespeito e às pressões por horizontes morais que possuíssem um lastro social de realidade entre os indivíduos e as mobilizações. Ao longo do tempo, essa agenda interagiu com outras agendas, de outros grupos políticos.

Entre 1978 e 2018, várias temáticas próprias ao movimento negro brasileiro foram abordadas: combate ao genocídio; discriminação racial; igualdade racial; direito à vida; violência racial e protesto contra a violência policial; eventos de discriminação racial em bancos, shoppings, lojas; defasagem de renda e de educação.

A seguir, apresentamos um debate sobre as principais teorias que se dedicam a analisar os fenômenos ligados aos movimentos sociais, as razões da mobilização social e a forma como essas mobilizações ocorrem. Dividimos as teorias em dois grandes grupos, um associado à produção concentrada nos Estados Unidos e outro associado ao que se produziu em países da Europa Ocidental. Essa bibliografia é a principal referência para o debate sobre movimentos sociais no Brasil e também para o movimento negro, e, a partir dela, buscamos apresentar um caminho para a análise do protesto negro contra a violência policial.

Teoria social e movimentos sociais

A teoria social informa-nos que nem todo problema social é igualmente um problema político. Para que um tema da vida social se torne objeto de decisões de autoridades políticas, da atenção dos meios de comunicação e da fala de especialistas, existem processos sociais envolvendo ações coletivas que desencadeiam conflitos e consensos; discursos, táticas e estratégias; e também articulações, alianças e cisões entre grupos sociais que, pressionando e resistindo com suas teses e valores, mobilizam argumentos e recursos para defender interesses e objetivos. Os movimentos sociais seriam os portadores e operadores desses processos sociais, conduzindo temas da vida social para o mundo da política. Tais processos, isto é, a maneira como um problema da vida social se torna um problema político, são justamente o nosso problema sociológico.

Entende-se o conceito de movimento social como uma luta por reconhecimento (Honneth, 2003), uma forma de resistência que surge de conflitos éticos, constrói uma identidade comum através de uma gramática compartilhada e cuja mobilização pressiona por novos horizontes morais. Adotar esse entendimento não significa ignorar ou negar outras definições mais específicas; significa dizer qual é o ponto de partida e aonde se espera chegar, apropriando-se, sempre que possível e necessário, de outras contribuições analíticas.

Em certo sentido, a ideia de que conflitos, compartilhamentos e ações coletivas conformam um movimento social é apropriada por outros autores, como Della Porta e Diani (1999, p. 16), que afirmam que movimentos sociais são "redes informais, baseadas em valores compartilhados e solidariedade, mobilizadas em torno de questões conflituosas, através do uso frequente de várias formas de protesto". De modo semelhante, Sidney Tarrow afirma:

> A política contenciosa ocorre quando pessoas comuns, muitas vezes ligadas a cidadãos mais influentes, unem forças em confronto com elites, autoridades e opositores [...]. Quando apoiadas por redes sociais densas e galvanizadas por símbolos culturalmente ressonantes e orientados à ação, políticas conscientes levam a uma interação sustentada com oponentes. O resultado é o movimento social. (Tarrow, 1998, p. 2)

Ao aproximar esses autores, este livro tenta apurar o entendimento sobre os sentidos da denúncia contra o chamado "genocídio negro", sem ignorar as variações entre as formas de organização desse protesto. Em suma, o que discuto aqui se situa entre duas tradições de análise dos movimentos sociais e das questões sociológicas que tais estudos suscitam. No que concerne aos movimentos sociais, busca-se compreender como os movimentos negros formularam sínteses entre a vida social e os espaços políticos, demandando democratização, direitos e políticas públicas, lastreadas por uma gramática propulsora de reconhecimento contra a violência policial.

Entre as ações coletivas pelas quais se constroem as questões políticas encontramos as mobilizações sociais, que podem ser analisadas sociologicamente de acordo com perspectivas subjetivas ou pragmáticas. Essas perspectivas respondem a tradições também distintas, mas sempre oscilando entre questões de ordem cultural, subjetiva, identitária, da formação de consensos etc. e as questões de ordem prática, racional, institucional e de ativação do conflito (Touraine, 2006; Gadea & Scherer-Warren, 2006; McAdam, Tarrow & Tilly, 2009; Alonso, 2009).

ESCOLA AMERICANA: COMPORTAMENTO COLETIVO, AÇÃO RACIONAL E CONFRONTO POLÍTICO

Trabalhos produzidos entre os anos 1960 e 1970 são um divisor de águas para a abordagem dos temas envolvendo movimentos sociais, seja qual for a tradição de que se está tratando. Nos Estados Unidos, antes desse marco, prevaleciam os estudos sobre comportamento coletivo e algumas de suas variações, que indagavam o que motivava as mobilizações sociais. Uma vez em movimento, o analista do comportamento coletivo se questionava, por meio de uma psicologia das multidões, se tais movimentos eram racionais, se se tratava de uma histeria coletiva etc. Assim, múltiplas formas de comportamento coletivo eram enquadradas como modas, manias ou pânicos (Crossley, 2002, p. 11).

Essa forma de compreender o fenômeno foi creditada a certa inspiração durkheimiana por seu interesse pela psicologia social e pelo conceito de anomia social. Mas a relação entre as mobilizações e as questões estruturais da sociedade não era problematizada, deixando em aberto a maneira como os movimentos sociais recrutavam seus membros, e tampouco se explicavam as ondas de emergência/dispersão ou o fortalecimento e o esvaziamento dos movimentos sociais. Para que tais questões fossem razoavelmente respondidas, era necessário reconhecer que, mais do que voluntarismo emocional, os atores eram racionais.

Entre as décadas de 1960 e 1970, novas abordagens ganharam espaço no campo das teorias do comportamento coletivo. Por um lado, foi desenvolvido o modelo analítico da teoria da ação racional (*rational choice theory*), em associação com uma visão talvez econômica, para observar como os recursos disponíveis para os agentes teriam impacto nas mobilizações (McCarthy & Zald, 1977). Por outro, buscou-se focalizar a análise nas relações sociais dos agentes para desenvolver questões que construíssem as redes de relações entre organizações e indivíduos mobilizados.

Assim, os movimentos sociais passaram a ser analisados em vista da racionalidade de seus atores, tecendo suas redes de relações e contabilizando os recursos disponíveis. Contudo, era necessário observar a relação entre a ação dos atores e as constrições estruturais.

Considerando as mudanças ocorridas no sistema político, algumas abordagens observaram que tais movimentos agiam conforme as oportunidades desse sistema se abriam ou se fechavam. Assim, outra forma de pensar os movimentos sociais foi aos poucos desenhada com foco nos conflitos ou confrontos políticos.

O confronto é a característica mais fortemente presente nas análises sobre movimentos sociais agregadas em torno da teoria do processo político (Tilly, 1978; McAdam, Tarrow & Tilly, 2009). Sendo os movimentos sociais interações sustentadas entre atores mais poderosos e atores menos poderosos, ou seja, reconhecendo de partida uma disparidade das condições objetivas entre as partes do confronto, toda mobilização obedece a um ciclo, em que os "primeiros insurgentes" buscam acumular agregados e mais demandantes para sua causa, chegando a um ponto máximo de aglutinação.

Alguns elementos acompanham essa variação: a frequência em que ocorre, o sucesso dos atos públicos, a civilidade das reivindicações, a inclusão de representantes legais, os defensores dos interesses estabelecidos que estão ameaçados pelas novas reivindicações, os defensores de interesses adjacentes, a criação de coalizões, a formação de identidades coletivas amplas, a disputa pelo controle das organizações e a eliminação de agendas rivais (McAdam, Tarrow & Tilly, 2009, p. 24). Esse esquema conceitual, embora bem-acabado, de fato incorre na não observância da subjetividade dos sujeitos, e a visada calculista sobre suas ações foi criticada por autores que buscaram dar substância à formação de consensos nos processos internos aos movimentos sociais (Alonso, 2009).

O autor de referência, Charles Tilly (1978), buscando adequar sua proposta de análise às críticas que recebeu pela falta de espaço para pensar a cultura, elaborou o conceito de *repertório*. Este é entendido como o conjunto das formas de ação e de práticas historicamente aprendidas e preservadas de que um determinado movimento social lança mão para intentar seus objetivos. Porém, não se pode afirmar que está superado o déficit desse modelo quando se trata da compreensão dos universos simbólicos que mobilizam os indivíduos. Assim, ficam desprestigiadas as tentativas de compreender as pautas, as reivindicações e os motivos dos movimentos sociais, favorecendo questões ligadas ao seu modo de organização.

O outro mote explicativo, os motivos pelos quais os movimentos sociais lutam, está contemplado na chamada escola europeia de estudos dos movimentos sociais, que pauta a formulação dos modelos neste círculo acadêmico.

ESCOLA EUROPEIA: DOS VELHOS AOS NOVÍSSIMOS MOVIMENTOS SOCIAIS

A divisão entre velhos, novos e novíssimos (*newest*) movimentos sociais é marcante na análise da chamada escola europeia. A avaliação que compartilhamos é a de que essa separação diz mais sobre as análises do que sobre os movimentos sociais em si, isto é, caracteriza mais os paradigmas analíticos do que as mudanças ocorridas no interior dos movimentos. Em suma, tal diferenciação é referenciada nos problemas e nas reivindicações a que os movimentos dedicam suas lutas.

O combate ao capitalismo é característico dos velhos movimentos sociais, enquanto as lutas sobre questões culturais e a defesa de identidades coletivas seriam as características dos novos movimentos, e os novíssimos seriam aqueles que se engajam na busca pela justiça global contra a austeridade e contra a corrupção nos governos (Della Porta, 2014). Do ponto de vista cronológico, os velhos movimentos se concentraram na primeira metade do século XX; os novos, entre os anos 1960 e a década de 1990; e os novíssimos, do crepúsculo do século passado ao início do século XXI (Della Porta, 2014).

Contudo, essa divisão parece bastante arbitrária e estanque, como se as lutas fossem marcadas por pautas específicas, impedindo que se lutasse contra o capitalismo após os anos 1960 e contra o racismo no século XX, e como se essas duas lutas não existissem antes de os analistas cravarem seu nascimento. Para o caso do movimento negro brasileiro, estaríamos impedidos de ver comunistas negros nas décadas de 1930, 1940 ou 1950 (Sotero, 2015) ou movimentos negros de orientação trotskista nos anos 1970 (Rios, 2014).

Em comparação aos estudos americanos, mais empiristas, a qualidade da ênfase teórica da escola europeia é de lastro marxista e hegeliano, e seu interesse está nas dimensões mais culturais e simbólicas dos movimentos sociais, por isso o caráter etapista das lutas centradas nesta ou naquela demanda e sua importância para a formação das identidades coletivas dos movimentos sociais. A seu modo, essa escola conserva as características gerais do que se considera um movimento social, como o conflito, o compartilhamento de valores e as formas de protestos. Seus expoentes são, entre outros, estudiosos da teoria crítica como Jürgen Habermas (2012), Alain Touraine (2006) e Alberto Melucci (2001).

Entre as pautas direcionadas contra o capitalismo ou contra o patriarcado, os debates ocorridos no âmbito da teoria crítica e da teoria da ação comunicativa representam uma contribuição fundamental para os estudos dos movimentos sociais. Esta contribuição busca redefinir os conteúdos da luta por emancipação por meio do deslocamento do paradigma produtivista, segundo o qual o trabalho seria a chave universal para pensar essas lutas (Honneth, 1999; Melo, 2011).

Tal deslocamento segue em direção ao chamado diagnóstico de época, que mostra o que estrutura as opressões e conforma os obstáculos para a orientação política em cada momento histórico (Melo, 2011, p. 251). Se a economia política fornecia a chave para a definição da luta de classes, um novo parâmetro metodológico ocupava os teóricos críticos para pensar o diagnóstico de época com a junção de sociologia, psicologia e filosofia, no escopo do materialismo interdisciplinar. Essa contribuição se ajusta ao entendimento de esferas comunicativas envolvendo atores coletivos em interlocução com o Estado, com a possibilidade de uma interpretação voltada para compreender os múltiplos sentidos.

Para Alain Touraine (2006), a construção de convergências subjetivas é central para a constituição da identidade do ator, processo pelo qual todo sujeito coletivo passa antes de se tornar um movimento social. Assim, a elaboração de Touraine se edifica sobre uma concepção de política baseada na construção de consensos, como sugere o nome de um de seus livros, *Poderemos viver juntos?* (Touraine, 1997).

Historicamente, os movimentos sociais estão conectados com as sociedades industriais, são tomados como um dado histórico e estão intimamente ligados à reação característica dessas sociedades:

> Uma relação social de dominação só pode suscitar uma ação que mereça o nome de movimento social se atuar sobre o conjunto dos principais aspectos da vida social, ultrapassando as condições de produção em um setor, de comércio ou de troca ou, ainda, a influência exercida sobre os sistemas de informação e de educação. (Touraine, 2006, p. 19)

No entanto, a noção de conflito/dominação, ainda que colocada como fundante de um movimento social, não é propriamente o que conforma um movimento social, mas sim o sentido aferido às ações dos atores pelos próprios atores, reafirmando a ênfase subjetiva da tradição de referência.

> O interesse considerável da noção de movimento social na história da sociologia é haver contribuído para a reflexão passar de um certo objetivismo — insuficiente quando se buscou estudar as condutas — a um estudo claramente definido pela busca de sentido de certas ações, isto é, do sentido atribuído por certos atores à sua ação. (Touraine, 2006, p. 19)

Touraine procura contrapor-se à visão pragmática de movimentos sociais concentrada nas razões ditas objetivas ou econômicas, voltando o olhar para formas de pertencimento coletivo, que unem os indivíduos e os mobilizam. Isso responde a questões vistas como particulares dos movimentos negros ou de mulheres ou feministas, dando especial relevo ao tipo específico de identidades forjadas por essas mobilizações.

> Nesse sentido, é necessário dizer, com a mesma clareza empregada até aqui, que a ideia de movimento social se opôs ao pensamento que coloca a razão de ser das condutas coletivas nos problemas estruturais de um certo tipo de sistema, geralmente definido em termos econômicos. (Touraine, 2006, p. 20)

Contudo, isso não significa que, na visão adotada neste livro, os movimentos cujas pautas e motivações são as estruturas econômicas estejam isentos dos dilemas ligados à formação de consensos internos, à criação de identidade coletiva etc. No contexto brasileiro, os movimentos negros se reorganizaram, desde 1970, buscando sintetizar as duas lutas. Foram grupos socialistas que deram impulso à formação do MNU, por exemplo, assim como estiveram presentes em movimentos pela justiça global. Ao mesmo tempo, já traziam havia décadas proposições por horizontalidade e por prefiguração, como nos movimentos antiausteridade, características que os analistas atribuem aos anos 1990 ou 2000.

Os protestos do século XXI ao redor do mundo foram marcados pela rápida conexão entre cidades, em defesa de justiça global e por mais democracia, contra a corrupção e a austeridade. Com o advento da rede mundial de computadores — a internet — e com a massificação do uso de telefones celulares, a comunicação entre militantes e organizações dinamizou o preparo de mobilizações, bem como a circulação de informações, discursos, ideias, valores e até mesmo de pessoas.

O símbolo disso foi a sequência de protestos ocorridos entre janeiro e outubro de 2011, a começar pelas manifestações que tomaram a Praça Tahir, na cidade do Cairo, Egito, a partir de 25 de janeiro, passando pela ocupação, em 15 de maio, da Puerta del Sol, em Madri, Espanha, contra a corrupção e as políticas de austeridade, e pela tomada da Praça Syntagma, em Atenas, na Grécia, até, entre setembro e outubro, a ocupação do Zuccotti Park, em Nova York, no que ficou conhecido como movimento Occupy Wall Street (Della Porta, 2015). Todas essas manifestações seguem um roteiro semelhante, conjugando a ocupação de espaços públicos sem adesão a uma liderança individual ou coletiva, a busca por horizontalidade nas discussões e decisões e a rápida massificação dos protestos. Suas críticas estão voltadas contra a democracia representativa, a corrupção dos políticos e a forma como os países enfrentaram a crise econômica que eclodiu em 2008.

Tal modelo organizativo pode ser considerado caudatário dos movimentos que surgiram no fim da década de 1990 e no início dos anos 2000 contra a Organização Mundial do Comércio (OMC) e o Banco Mundial (Juris, 2012). Aqui, os movimentos já fazem uso dos recursos oferecidos pela rede mundial de computadores, mesclando formas de associativismo de organizações não governamentais, movimentos sociais tradicionais, regionais e locais, e associativismo entre indivíduos e/ou entre organizações.

Guardadas as diferenças e especificidades, as mobilizações pós-2011 e mesmo os movimentos por justiça global são apresentados como novidades e receberam a alcunha de novíssimos movimentos sociais, em contraponto aos novos e velhos movimentos sociais (Day, 2006).

Segundo essas diferenciações, os novos movimentos sociais emergiram nos anos 1960 e 1970, lutando pelos direitos civis, por liberdade sexual (na segunda onda do feminismo) e dando centralidade à questão identitária e à transformação cultural. Por sua vez, os velhos movimentos sociais lutavam contra a transformação do sistema econômico, contra o capitalismo e em prol do socialismo. Seu principal agente era a classe trabalhadora, com organizações e afiliações bem definidas.

Se pensados do ponto de vista classista, os novíssimos movimentos sociais teriam como principal ator o precariado, subproduto de décadas de políticas neoliberais e depreciação do Estado de bem-estar social. Esse dado daria novo fôlego ao papel das classes sociais para as mobilizações sociais, pautando novamente a economia e reforçando a crítica socialista (Della Porta, 2015).

Essa caracterização analítica tende a se concentrar em objetos de estudo europeus, estadunidenses e, somente em alguns casos, latino-americanos (Crossley, 2002). Sendo assim, acreditamos que vale desafixar certos arranjos sobre o que se diz dos velhos, novos e novíssimos movimentos sociais, em vista do problema que nos propomos a enfrentar: diante de tal gama de reivindicações, como encaixar a luta contra a violência policial entre os novos, os velhos e os novíssimos movimentos sociais?

> Eu sugeriria que a descrição mais precisa dos novos movimentos sociais não se refere à falta de análise ou preocupação em relação a antagonismos socialmente estruturados, mas sim ao fato de que eles não enfocam apenas a classe como eixo fundamental de opressão. (Day, 2006, p. 722)

Classificar alguns movimentos como identitários, como se outros movimentos prescindissem de elaborações subjetivas coletivas, a exemplo daqueles fomentados pela classe trabalhadora em defesa do socialismo, não assegura uma análise completa da mobilização. Toda ação coletiva é erigida em uma construção subjetiva do sujeito. A própria passagem da *classe em si* para a *classe para si* da teoria marxista é evidência de uma tomada de posição no campo subjetivo coletivo, isto é, da adoção de um posicionamento simbólico.

A passagem de uma à outra é a própria formação da classe como sujeito político e ator revolucionário, é o fio condutor do percurso compreensivo, que sai da existência de um conjunto de pessoas que ocupa uma posição no sistema produtivo — no caso, a classe proletária ou a burguesia — para a tomada de consciência no contexto da luta de classes, ciente de sua condição, de seus interesses e de seus inimigos (Montaño & Duriguetto, 2011). A consciência de sua condição é a formulação coletiva de suas experiências de desrespeito — e exploração — geradas pelo sistema capitalista, ou seja, é o conflito ético a base para a formação de um sujeito coletivo para a mobilização social.

Decorre disso a necessidade de pensar em *lutas por reconhecimento* (Honneth, 2003), com foco na semântica que relaciona as formas de resistência com as três formas de experiências de desrespeito expressas nas denúncias contra a violência policial/o genocídio construídas pelos movimentos negros. As relações raciais e a violência se entrelaçam, deixando transparecer os horizontes morais da sociedade brasileira, ao longo do período democrático, com base nas mobilizações que combatem a violência policial contra pessoas negras.

Trata-se de um viés que conduz à compreensão da formação de uma gramática coletiva sobre as experiências de desrespeito, orientando a mobilização social. Por meio da compreensão dessa formação, é possível alcançar variados tipos de experiências, por um lado, e variados interesses dos atores envolvidos em tal formulação, por outro. Acessar os significados dos protestos é uma tarefa que revela características tanto dos atores quanto da sociedade e do contexto social no qual a mobilização se desenvolve.

Em fatos corriqueiros e falas enunciadas amiúde, há elementos estruturais que comandam e são transformados pelas resistências — seja de movimentos sociais tradicionais, seja de grupos de artistas ou grupos armados — e que só podem ser visualizados se a abordagem não se encerrar nos limites organizativos do protesto. É preciso analisar os significados das gramáticas de resistência e o contexto de sua produção, os conteúdos das ações coletivas, suas razões e propósitos de mudança, bem como visualizar o horizonte moral das reações aos acontecimentos éticos. A dimensão do reconhecimento a ser desvendada está no significante da gramática da luta contra o genocídio, exposta em variados termos e em muitos eventos, compondo a história recente do movimento negro. É onde o contexto de violência se encontra com a segregação racial. Vista muitas vezes como um fenômeno localizado e datado, a discriminação adquire no Brasil características estruturantes da sociedade nacional quando vista pelo protesto negro. Da mesma forma, o racismo, que é visto por muitos como residual ou secundário, passa a ocupar um lugar central.

As expressões que aparecem nos documentos analisados na segunda parte deste livro são produto de debates, discussões, consensos e disputas que não ocorrem mediante uma teleologia linear. O objetivo dos debates no interior de cada uma das organizações negras não é nem nunca foi criar um slogan, embora isso aconteça, e a chegada de uma determinada composição de termos ao cabeçalho de um manifesto ou ao nome de uma organização é, sim, produto de um processo de debates, conflitos e consensos. Essas expressões refletem o momento vivenciado pelos atores em seus espaços de organização, seus desafios, objetivos, interesses, possibilidades e limites.

As etapas têm especificidades, desde a saída de um período em que vigoravam governos ufanistas autoritários que afirmavam a harmonia entre as "raças", negavam conflitos e propagavam a existência da *democracia racial*. Disso decorre a necessidade de afirmar a existência de dinâmicas sociais discriminatórias que promoviam a igualdade. A ideia de *violência racial* reflete um contexto no qual a ação violenta discriminatória e mortal do Estado ganhou os holofotes com a ampliação democrática após a promulgação da Constituição Cidadã de 1988, como uma ponte semântica que escancarou a gravidade da experiência negra. Com uma imprensa mais livre, mais atores em cena e mais organizados, atuando com mais conforto, surgiu o movimento hip-hop, por exemplo, aliado a grupos de esquerda como partidos políticos e movimentos sociais.

Esse acúmulo permitiu que o movimento negro realizasse em 1995 uma grande marcha em Brasília para celebrar a memória de Zumbi dos Palmares. A ampla aliança formada deu segurança para que os atores ali não se restringissem a fazer um tipo de apelo público de denúncia dos problemas vividos, mas passassem a anunciar proposições, partindo de uma agenda de *denúncia* para finalmente empreender uma agenda *propositiva*. Foi um momento ímpar para o movimento negro e outros agentes democráticos e progressistas, que, desde o governo Fernando Henrique Cardoso, viram crescer as conquistas de direitos prescritos pela Constituição de 1988. Por outro lado, desde 1980, o encarceramento em massa e as taxas de homicídio também seguiram uma curva ascendente. Como era um drama de "pobres, pretos e periféricos", tais problemas encontraram reflexo na expressão *genocídio da juventude negra,* que ganhou cada vez mais espaço a partir de 2007, com a realização do 1º Encontro Nacional da Juventude Negra (Enjune), e permanece ganhando espaço até os dias de hoje.

Por uma gramática negra da luta contra a violência

A escolha por estudar os protestos negros contra a violência policial pela via da teoria do reconhecimento se dá por razões empíricas e teóricas, pois a teoria do reconhecimento de Axel Honneth situa três espaços de análise do social: o conflito ético, a formação de uma gramática coletiva e a pressão por novos horizontes morais. O entendimento construído até aqui sobre a luta decorrente da violência policial traz esses três espaços de modo complexo.

Além disso, a falsa dicotomia entre razões práticas e razões simbólicas é superada pela noção de lutas por reconhecimento a partir das experiências de desrespeito (conflito ético) na tentativa de Honneth de superar o déficit sociológico da teoria crítica, com a qual o autor se alinha. Antecedido por Max Horkheimer, Theodor Adorno e Jürgen Habermas no Instituto para Pesquisa Social (IPS), em Frankfurt, Honneth formula uma proposta que dá formato à renovação dos estudos reunidos em torno do IPS ao atualizar o que seria uma teoria crítica da sociedade com motivos emancipatórios, partindo, de um lado, "das consequências indesejáveis a que chega seu pensamento" (Nobre, 2003, p. 11) e, de outro, de escritos da juventude de Hegel, os escritos de Jena (cidade em que o filósofo viveu por alguns anos).

O sentido emancipatório da teoria social crítica que propugna por emancipação deve partir de seus diagnósticos de época (Melo, 2011; Nobre, 2003). Isso significou, para Honneth, desvencilhar-se do déficit normativo das gerações anteriores da Escola de Frankfurt (Melo, 2011) e das amarras formais da teoria habermasiana que pareciam sufocar formas particulares de vida social em favor de uma outra, a ocidental (Taylor,

2000). Mais do que estabelecer marcos normativos, interessa saber como se chega a eles sociologicamente.

Entre os autores da primeira geração da teoria crítica, vigorava a tese da generalização da racionalidade do capital para todas as esferas sociais, desde as produtivas até as culturais, artísticas e cotidianas da vida social. O efeito mais danoso disso, de uma perspectiva crítica e emancipatória, seria a reificação de todas as formas de eventos e fatos societais, de comportamentos e hábitos humanos. O aumento do formalismo burocrático no mundo do comportamento humano em geral subtrairia o potencial emancipatório da sociedade, assim como a vontade, o interesse e a consciência dos sujeitos. Seria este o resultado da expansão da lógica da calculabilidade e da burocratização: uma sociedade totalmente administrada.

Para Jürgen Habermas (2012), essa explicação da sociedade teria o limite de não permitir a compreensão de fenômenos cujas características mais fortes são a contestação e a resistência. Ele se aproxima de Herbert Marcuse, teórico da primeira geração, para quem esse aparato conceitual fecharia as portas para o potencial de revolta de várias práticas sociais, como os movimentos de contracultura. Habermas, por seu turno, interessa-se pelos movimentos ambientalistas, feministas e por aqueles que lutam pela paz e pelos direitos civis, para citar alguns exemplos. Não haveria como compreender a energia revolucionária dos movimentos de contracultura por meio da tese da racionalização.

Habermas, assim, reelabora a forma de entender a racionalização, definindo que, se existe uma lógica dominante entre Estado e economia, no chamado *sistema*, haveria outra forma de racionalidade no *mundo da vida*, duas esferas sociológicas distintas e prenhes de lógicas e racionalidades igualmente diversas, além de contraditórias. Ante o mundo da vida, o sistema apresentaria a formalização e o pragmatismo próprios do processo de reificação descrito pela tese da expansão da racionalização. Os movimentos sociais seriam a expressão dessa contradição, de que haveria uma reação do mundo da vida ante a tentativa de sua *colonização* pela lógica do *sistema*.

Com efeito, há um deslocamento em direção ao chamado *diagnóstico de época*, que mostrará o que, em cada momento histórico, estrutura as opressões e conforma os obstáculos para a orientação política (Melo, 2011, p. 251). Se a economia política dava a chave para a definição da luta de classes, um novo parâmetro metodológico informou os teóricos críticos para pensar o diagnóstico de época juntando sociologia, psicologia e filosofia, no escopo do materialismo interdisciplinar, analisando assim os novos movimentos sociais. Tal contribuição se ajusta ao entendimento de esferas comunicativas que envolvem atores coletivos em reação ao Estado, com a possibilidade de interpretar os variados sentidos dos grupos sociais que se movimentam.

Para compreender essa nova época, o diagnóstico teria de ocupar-se de novos sujeitos históricos que não necessariamente o proletariado. Os novos movimentos sociais seriam os detentores da energia revolucionária, por terem resistido à colonização de suas formas de fazer política com ciência e técnica. À maior distância do sistema, aqueles que não foram caudatários do Estado de bem-estar social não foram domesticados em seu potencial de revolta.

Contudo, Honneth (2009) questiona o caráter formalista do sentido geral da teoria da racionalização e da colonização do mundo da vida, pois, se, por um lado, Habermas pôde visualizar um possível motivo da revolta social, por outro, a teoria da colonização excluiu o elemento dinâmico das relações entre economia e Estado e entre estes dois e o mundo da vida, estabelecendo uma relação de poder unidirecional, apagando também a possibilidade de conflito. Para Honneth, o poder não é imanente à economia ou ao Estado, mas se produz na interação social, e é nas interações sociais que estão os motivos sociológicos das mobilizações sociais. Como uma forma de radicalizar a dimensão da práxis na teoria crítica, o poder seria produzido nas interações sociais; e, para compreendê-lo como resistência e potencial emancipatório, seria necessário ocupar-se das formas de experiência dos sujeitos e das gramáticas das lutas por reconhecimento (Holmes, 2009; Melo, 2014).

Assim, retomando as questões dos capítulos anteriores, a quebra das expectativas recíprocas de comportamentos e as ações em cada esfera social configuram os conflitos éticos, as experiências de desrespeito. Os sentimentos morais de injustiça presentes nessas experiências são a ignição para as lutas sociais por reconhecimento, com objetivos, normas e sentidos coletivizados que consolidarão a gramática moral do protesto negro (Honneth, 2003, p. 256).

Neste livro, a violência policial é, portanto, tida como conflito ético que se constitui como o fato desencadeador do protesto negro. Situada na dimensão da experiência social das pessoas negras e articulando diversos outros aspectos, indicados por autores como Gonzalez (1982), Moura (1983) e Bastide e Fernandes (2006), ela é vista aqui como decorrente das vivências cotidianas e não, a priori, de enquadramentos teóricos que pressupõem que tudo o que possui a insígnia "raça" pertence à dimensão da subjetividade individual, da identidade cultural, merecendo a alcunha de "identitária". O esforço que empreendemos é para debelar falsos entendimentos, a partir da reunião da materialidade empírica das organizações negras, demonstrando como a agenda do protesto negro não pode ser encerrada em estigmatizações.

Protesto negro brasileiro, suas razões práticas e simbólicas

Como lembra Flávia Rios (2012), a expressão "protesto negro" se consolidou na literatura de ciências sociais para abranger um amplo espectro de ações coletivas contra o preconceito de cor, ao longo de um extenso período, desde o Oitocentos até as comemorações do centenário da abolição da escravidão. Florestan Fernandes, Roger Bastide e George R. Andrews são algumas das principais referências no uso da expressão. Flávia Rios propõe, contudo, um uso mais disciplinado do termo, associando-o ao conceito de "repertórios de ação coletiva", de Charles Tilly, uma vez que os usos generalistas da expressão podem ofuscar aspectos importantes da análise dos movimentos sociais (Rios, 2012, p. 41).

Nosso uso da expressão "protesto negro" acompanha a observação da autora e se refere ao conjunto das expressões políticas consolidadas nas duas bandeiras de luta das organizações negras: ou seja, palavras de ordem, expressões e termos que compõem suas falas. Assim, o uso do termo "protesto negro" trata das pontes semânticas que traduzem pública e politicamente o conjunto das experiências de desrespeito à população negra. Por meio dessas categorias produzidas pelos sujeitos coletivos, acessaremos a gramática moral e os sentidos da luta contra a violência policial, abordagens mais adequadas para trabalhar os debates sobre essa violência e o movimento negro no Brasil.

A mobilização social contra a violência policial que acomete a população negra é tema recorrente nos estudos sobre relações raciais no país. Fernandes, em 1951, ao analisar o movimento social negro da primeira metade do século XX, não o vincula ao enfrentamento da violência policial. O autor vê, na ação policial, um instrumento de discriminação ou de repressão preferencial aos negros intimamente ligado às suas condições de classe, dado o entendimento de que essa dimensão das relações raciais já havia superado as reminiscências da escravidão ao entrar nos padrões da vida urbana.

> Porém o pauperismo e os fenômenos patológicos, que afetaram a população de cor da cidade, contribuíram para perpetuar certas representações antigas, desfavoráveis às pessoas de cor ("o negro é vagabundo", "o negro é cachaceiro", "negra é mulher à toa" etc.), e para manter velhas desconfianças dos brancos. Daí a orientação da polícia de reprimir a "vadiagem" ou a prostituição através da prisão dos indivíduos de cor encontrados perambulando pelas ruas ou agrupados nas esquinas ou botequins. Pouco a pouco, as violências resultantes dessa orientação foram-se atenuando, até que passou a prender apenas os indivíduos de cor com precedentes criminosos, como se procede com relação aos brancos. (Bastide & Fernandes, 2006, p. 231)

Fernandes observa a mobilização negra de uma forma moldada pela necessidade "de libertar os negros de uma herança incômoda e aniquiladora, a qual dificulta e impede a sua incorporação ao regime de trabalho livre e ao sistema de classes sociais" (Bastide & Fernandes, 2006, p. 236). Mas a viabilização desse protesto encontraria empecilhos na pauperização dos setores negros, altamente concentrados nos estratos mais baixos da sociedade e cuja prioridade é a sobrevivência.

Assim, entremeadas entre raça e classe, as interpretações sobre o movimento negro nem sempre deram espaço para pensar as experiências de desrespeito ligadas à violência policial. Clóvis Moura dá destaque à violência policial na época do surgimento do Movimento Negro Unificado em São Paulo:

> Os fatos que contribuíram ou mesmo determinaram a sua convocação [ato de criação do MNU] foram os seguintes: a morte do trabalhador negro Robson Silveira da Luz, no mês de maio,

> devido às torturas executadas por policiais em uma delegacia de Guaianases, na capital [São Paulo]; expulsão no mês de maio de quatro atletas negros do time juvenil do Clube de Regatas Tietê; e o assassinato, por um policial, no bairro da Lapa, de Nilton Lourenço, negro e operário. (Moura, 1983, p. 72)

A abordagem de Moura agrega noções lastreadas na tradição marxista, até mesmo de interesses doutrinários, visando fornecer elementos que subsidiassem a reorganização negra testemunhada pela passagem da década de 1970 para a de 1980. Além disso, a formulação do autor, nos termos da luta de classes, tem forte correlação com uma agenda entre os movimentos negro e sindical que se desenhou nos anos 1980.

Dar significado ao protesto negro no Brasil, isto é, ao conjunto das ações coletivas contra o preconceito de cor, é o objetivo de Fernandes (2017). O livro *Significado do protesto negro* reúne uma série de artigos e trechos de entrevistas publicados em diversos veículos de imprensa entre 1979 e 1988. Dado que os textos estão voltados para debates internos do Partido dos Trabalhadores (PT) e com o movimento negro, a obra tem um direcionamento político e ganha traços de tomada de posição, uma vez que foi um período em que a sociedade civil e os movimentos tomaram muitas decisões, desde a abertura política, a fundação de organizações de políticas como o MNU, de vários partidos políticos e da Central Única dos Trabalhadores (CUT), bem como a criação da campanha por eleições diretas, a mobilização e eleição de uma Assembleia Nacional Constituinte, entre outras. Ou seja, havia um mundo a se decidir, e Florestan debateu com o movimento negro todas as questões envolvidas no novo mundo que se abria.

A principal contribuição nesse caso foram alguns argumentos que descreviam o movimento negro como detentor de uma posição política perante os desdobramentos mais importantes à época, quais sejam, democrático e socialista. A luta do movimento negro era inescapavelmente socialista, "*mesmo quando o negro não sabe o que é socialismo, a sua luta por liberdade e igualdade possui uma significação socialista*" (Fernandes, 2017, p. 42). Assim, não caberia ao negro ser o prócer liberal "mais realista que o rei", mas sim propor e buscar saídas definitivas que não reforçassem o caráter mistificador do discurso da democracia racial.

> Deve continuar colaborando passivamente na velha mistificação de que somos uma democracia racial? Deve atrelar-se ao papel contestatório da "exceção que confirma a regra", *mais realista que o rei*: se o branco não se identifica com as normas e os valores ideais da democracia liberal, vamos provar que os negros são capazes de erguer as bandeiras do radicalismo liberal? Ou estamos em outra época histórica, que impõe ao negro a continuidade da luta, mas formula outras exigências específicas? [...]
>
> Penso que, no momento, o que se configura como tarefa política central do movimento negro diz respeito ao combate à ditadura e, por consequência, ao caminho que esta escolheu para perpetuar-se indefinidamente, a "abertura" que se autoproclama democrática mas fecha todos os espaços para as igualdades elementares e para os direitos fundamentais dos cidadãos. A ditadura não tolhe o elemento negro de maneira tangencial e secundária. Ela revitaliza estruturas arcaicas, e, ao fazê-lo, revitaliza práticas que, tanto no plano das relações de classes quanto no das relações de raças, precisam ser eliminadas até o fundo e para sempre. (Fernandes, 2017, p. 66-7)

Para isso, era necessário articular adequadamente a relação entre raça e classe no contexto brasileiro, sua história com a "falsa" abolição e a estruturação racial das classes sociais. Segundo Florestan, tem validade a trajetória histórica da nossa formação social de classes, altamente influenciada pelo modo como foi feita a abolição da escravidão. A história oficial da abolição, cristalizada nas comemorações dos cem anos da Lei Áurea, em 13 de maio de 1988, seria uma forma de mascarar o problema racial do negro no Brasil, desmistificado pelo protesto negro (Fernandes, 2017, p. 78).

A interpretação sobre os impeditivos da mobilização racial é retomada por Carlos Hasenbalg, em seu clássico estudo *Discriminação e desigualdades raciais no Brasil* (1979). O sociólogo analisa os aspectos da história social e da base social que mantiveram baixos os níveis da mobilização política negra, examinando as circunstâncias sociais que colocaram os não brancos em situações de privação absoluta, "dificultando a aquisição de habilidades organizacionais" e obstruindo "a percepção de uma ligação causal entre afiliação racial e baixa posição social" (Hasenbalg, 2005, p. 256).

Entre as principais dificuldades impostas à mobilização negra está a premência da identidade de classe sobre a identidade de raça, reforçada pelas políticas de emprego dos anos 1930, pelos benefícios da legislação social promulgada por Vargas em sua política trabalhista e pela ação das organizações sindicais para a manutenção da unidade da classe trabalhadora, enquanto a classe média negra tem melhores condições de visualizar a operação de mecanismos racistas devido às suas realizações educacionais e à mobilidade social ascendente (Hasenbalg, 2005, p. 158).

Quanto ao subproletariado de cor, a reação mais provável ao contato inter-racial é o aceite da inferioridade, não buscando saber se existe preconceito de cor (Hasenbalg, 2005, p. 260), mesmo porque as "atividades deste grupo são dedicadas quase inteiramente a permanecer vivo" (Hasenbalg, 2005, p. 259). A continência da vida como a prioridade da experiência negra é assim lembrada sem, contudo, estar listada explicitamente como uma demanda no protesto negro.

O compartilhamento de condições de vida entre negros e brancos dos estratos sociais mais baixos dificultou a mobilização racial, além da ausência de paralelismo institucional, segundo o qual diferentes grupos raciais manteriam instituições culturais e sociais separadas. Os relacionamentos interpessoais são próximos, com sociabilidade e mesmo casamentos, além de não haver guetização racializada, embora exista uma maioria negra em favelas (Hasenbalg, 2005, p. 260).

São Paulo se coloca como exceção no quadro nacional, por ter registros de protestos raciais incomuns, explicados pelo fato de que as disparidades raciais e os mecanismos do racismo são mais visíveis. No estado, os imigrantes europeus tiveram mais vantagens em relação aos negros, num contexto de rápido desenvolvimento econômico; os letrados e semiletrados do meio negro se sentiram frustrados e apelaram à segunda abolição. Isso gerou uma aliança entre uma massa insatisfeita e uma elite militante prolífica (Hasenbalg, 2005, p. 262). Por isso, há a necessidade, no protesto negro, de sempre complexificar as análises de modo a situar a defesa da vida e a denúncia da violência policial nos marcos de uma semântica consolidada em um ambiente político que tenha setores políticos não negros como interlocutores, como afirma Lélia Gonzalez:

> Os congressistas [do 1º Congresso Nacional do MNU] avaliaram corretamente a questão da violência: na medida em que a "abertura" se fazia, e com ela a aproximação da crise econômica, haveria uma espécie de deslocamento das atenções. A *segurança social* ocuparia o primeiro lugar das preocupações do governo, colocando num segundo plano, aparentemente, a *segurança nacional*. Os projetos de diminuição da idade com relação à responsabilidade criminal (dezoito para dezesseis anos) e da prisão cautelar apontavam para a principal vítima do sistema: a população negra, para variar. Os linchamentos já se sucediam e a pena de morte já era vista como "natural" pelos vários setores

> da classe média [...]. Diante de tal quadro, os congressistas votaram a execução das seguintes campanhas articuladas: MAIS EMPREGOS PARA OS NEGROS e a CAMPANHA CONTRA A VIOLÊNCIA POLICIAL. O desdobramento desta última, no momento em que as bombas estavam aí, explodindo pelo país, levou os nossos companheiros de Minas a caracterizarem o fato de que a população negra é objeto de um *terror cotidiano*. (Gonzalez, 1982, p. 62-3)

A análise precisa e candente de Gonzalez mostrou a já consolidada associação entre exclusão social e violência policial para o entendimento do protesto negro, cuja versão mais bem-acabada era então o recém-criado Movimento Negro Unificado, e escolheu dois temas para sintetizar a experiência de desrespeito e reconhecimento não realizado da população negra no Brasil do fim da ditadura militar.

Ainda assim, havia a questão da mobilização das massas e das condições de galgar posições políticas nos espaços de Estado. Dedicando-se a essa questão no Rio de Janeiro e em São Paulo, entre 1945 e 1988, Michael Hanchard (2001) indagou por que não existiu um movimento negro de massas no Brasil após a Segunda Guerra Mundial, a exemplo do que ocorreu na mesma época na África subsaariana, no Caribe e nos Estados Unidos, com a luta pelos direitos civis (Hanchard, 2001, p. 7). Sua resposta está alicerçada na ideia de hegemonia racial construída pelos brancos, impedindo a identificação dos "afro-brasileiros" e tornando improvável a ocorrência de uma mobilização de massas entre negros de São Paulo e Rio de Janeiro.

Aliada a essa dificuldade estruturante, Hanchard[13] destaca também outros dois desafios. O primeiro é a falta de estrutura para suportar as atividades dos jornais dos movimentos negros

13 A recepção ao livro de Michael Hanchard no Brasil certamente renderia um estudo próprio, cujas referências estão em Bairros (1996), Bourdieu e Wacquant (1999) e Fry (1996).

e das próprias organizações negras ao lado de uma estratégia discursiva academicista, dificilmente digerida. O segundo é a prevalência de uma orientação culturalista nas ações do movimento negro brasileiro, vista como "a excessiva valorização e reificação da produção cultural" (Hanchard, 2001, p. 47).

Como exemplo, Hanchard cita as apropriações do que foi o movimento negro por direitos civis e o Black Soul, Black Power, nos Estados Unidos, e os movimentos pela negritude no Caribe, dando menor espaço às preferências pela luta armada, pela desobediência civil, por piquetes ou boicotes. Essa aproximação reproduz a mesma distância entre a circulação de produtos culturais e sua produção política (Hanchard, 2001, p. 139).

Assim, a afirmação da negritude e do pan-africanismo não foi acompanhada de uma realização concreta do que se pretendia expressar, funcionando mais como mito do que como realidade histórica (Hanchard, 2001, p. 139). Seria preciso, portanto, que o movimento tivesse uma ação concreta sobre o debate público nacional e que fosse também mais atento ao contexto local (Hanchard, 2001, p. 141).

O historiador Petrônio Domingues (2007) caracteriza o período que se inicia em 1978 e vai até o início dos anos 2000 como uma mesma etapa de organização do movimento negro. Em sua cronologia da mobilização negra, o período republicano seria dividido em dois momentos diferentes: a primeira fase iria de 1889, ano da Proclamação da República, a 1937, quando a Frente Negra Brasileira, importante movimento de massas, foi posta na ilegalidade por Getúlio Vargas; e a segunda iria de 1945, fim do Estado Novo, a 1964, início da ditadura militar. Os períodos entre 1937 e 1945 e entre 1964 e 1978 podem ser considerados de suspensão da mobilização negra em virtude do endurecimento reinante nos respectivos regimes políticos.

O chamado "movimento negro contemporâneo" (pós-1978), marcado pelo afrocentrismo, por influência dos movimentos dos direitos civis nos Estados Unidos e de descolonização da África, adotou o termo "negro" e posteriormente passou a usar também os termos "afro-brasileiro" e "afrodescendente", vendo a escravidão e o sistema capitalista como os causadores das mazelas do povo negro. Nos anos 2000, contudo, uma transformação foi operada a partir de um novo fenômeno social, o hip-hop, um "movimento popular que fala a linguagem da periferia rompendo com o discurso vanguardista das entidades negras tradicionais" (Domingues, 2007, p. 119).

O autor pondera que o movimento não possui "um programa político e ideológico mais geral de combate ao racismo" e padece de certa ambivalência, com "um discurso radicalizado de rebeldia contra o sistema (termo sempre usado de maneira abstrata)" e sem definir "explicitamente qual é o eixo central da luta", considerando que seu protagonismo negro atrai muitos jovens brancos de periferia (Domingues, 2007, p. 119).

Gostaríamos, contudo, de complexificar a periodização de Domingues, pensando na luta contra a violência como organizadora da agenda do protesto negro. Nossa hipótese geral é de que, ao longo das décadas, ocorreu um aprofundamento da crítica e da denúncia da violência policial, havendo uma escalada na radicalização e uma modificação na forma como se organiza o movimento negro, marcadas por mobilizações evidenciadas a partir de três conjuntos de fatos, situados em três períodos distintos, que exploraremos minuciosamente na segunda parte deste livro.

Aqui, vale nos debruçarmos sobre um conjunto de fatos que demonstram a emergência, com força renovada, da já antiga pauta da violência policial, muito propagada pelo hip-hop. A forte e sistemática crítica à violência policial contra negros é uma contribuição programática do hip-hop ao movimento, favorecendo e difundindo amplamente o entendimento de que a polícia mata preferencialmente pessoas negras.

Dessa denúncia emerge a necessidade de um debate mais conectado com a realidade local (Hanchard, 2001), já que se inaugura uma nova forma de apropriação cultural do movimento negro. A necessidade de nacionalizar o discurso foi feita ao mesmo tempo que se fortaleceu a conexão com repertórios culturais externos, via hip-hop, mas que tinham a violência policial como tema mais preponderante.

Contudo, considerar o hip-hop como parte do movimento negro, ou como parte do protesto negro, não deve ocorrer sem problematizações (Felix, 2006). Essencialmente, o hip-hop trata-se de uma composição de quatro modalidades de práticas artísticas: a dança, representada pelo break dance; a poesia e a música, pelo rap, cuja letra é acompanhada de uma base musical composta por DJs; e a pintura, por meio do grafite. De origem estadunidense, o hip-hop chegou ao Brasil na década de 1970 e se popularizou primeiro nos bailes black de São Paulo, mas sua massificação ocorreu mesmo por meio do rap, a partir do final dos anos 1980.[14]

Na apropriação brasileira do gênero musical rap, as letras eram quase sempre engajadas: tematizavam a identidade racial negra, falavam de política e desigualdade e denunciavam os problemas vivenciados nas periferias das grandes cidades, especialmente a violência policial. A ênfase na temática política fez os próprios membros dos principais grupos de rap no Brasil afirmarem ser parte do movimento negro.

> Em entrevista por nós realizada com os componentes do grupo Racionais MC's, em 29 de abril de 1994, na lanchonete Ponto Chic, no Largo do Paissandu, ao informar-lhes que o hip-hop era visto como Movimento Negro, pelos frequentadores dos bailes black,

14 A tese de doutorado de Felix (2006) traçou o histórico completo de como o hip-hop, e o rap em especial, se desenvolveu em São Paulo a partir dos anos 1970.

> seu vocalista e líder, Mano Brown, afirmou, de maneira convicta: "Lógico que somos Movimento Negro! Não existe dúvida nenhuma quanto a isso". Essa mesma resposta foi dada pelos rappers Thaíde e Markão, que é vocalista e líder do grupo DMN. (Felix, 2006, p. 22)

Trata-se de um importante achado. Assim, o hip-hop, ou ao menos essa geração de rappers, faz parte da gama variada de protestos negros. Clóvis Moura (1983), ao reconstruir "as raízes do protesto negro em São Paulo", elenca várias outras formas de organização e protesto do movimento negro.[15] Elas abrangem desde as associações que se organizavam em torno de agremiações católicas e compravam a alforria dos escravizados no século XIX até o Movimento Negro Unificado surgido nos anos 1970, passando por organizações de imprensa negra, a Frente Negra Brasileira, associações culturais, escolas de samba, manifestações religiosas — "macumba", quimbanda e umbanda —, a congada e outros "grupos de reivindicação e protesto", como centros de estudos, institutos e grupos focados na temática racial do negro.

Na mesma linha, Lélia Gonzalez, em texto de 1982, "O Movimento Negro da última década", elencou como movimentos negros desde as associações católicas do final do século XIX até os atuantes movimentos populares que se dedicavam a combater o racismo e denunciar a discriminação. Assim, é possível entender o hip-hop como parte das lutas por reconhecimento num escopo diverso e amplo que chamamos aqui de movimento negro.

No entanto, há poucos trabalhos que tratem de violência policial ou da violência em geral como pauta do movimento negro brasileiro. Não porque o movimento não tematize a violência (já mostramos que o faz), mas sim porque o assunto parece

15 A mesma visão será refletida em trabalhos posteriores de outros autores, como Hanchard (2001) e Guimarães (2012).

pouco atrativo para os analistas. É mais comum encontrar estudos a respeito da construção da identidade e sua interlocução com a educação, a exemplo do trabalho de Regina Paim Pinto (1993), que abrange desde a formação da Frente Negra Brasileira até o momento da reorganização do movimento negro brasileiro, na passagem dos anos 1970 para os anos 1980, com base em documentos e entrevistas com militantes e lideranças políticas atuantes no período.

Pinto indica a importância atribuída pelo movimento negro de São Paulo à cultura — a valorização da matriz cultural africana, das músicas, da capoeira — como problema político para a formação de uma identidade política negra. Contudo, sua abordagem teórica se preocupa em explicar simbolicamente os processos políticos de formação e desenvolvimento da política do movimento em torno da construção de uma identidade coletiva.

A construção da identidade analisada por abordagens ligadas à escola estadunidense colabora para a superação das dicotomias e estigmatizações. É nesse sentido que trabalhos como os de Mario A. M. Silva (2012), Cristiano Rodrigues (2014), Flávia Rios (2014) e Uvanderson Silva (2017) contribuem para debelar mal-entendidos e inapropriações diversas sobre a presença, as articulações e as agendas do que vem a ser e a fazer o movimento negro no Brasil. Trata-se de inconveniências cometidas no afã de secundarizar as demandas das populações negras, ao serem chamadas de "identitárias" ou vistas como geradoras de conflitos ou mesmo como dispersoras das forças populares.

Por meio desses estudos, é possível notar o sentido profundo de fazer história por meio de empreendimentos culturais e recreativos da Associação Cultural do Negro (ACN), em São Paulo (1954-1964), calcados numa visão estratégica de projeto de sociedade multicultural que constrangia idealizações de projetos nacionais reprodutores de certa visão do Brasil como paraíso racial e com a presença de sujeitos negros estereotipados. Por outro lado, os percalços narrados na história da ACN se relacionam com questões ligadas à mobilização de recursos e a sua determinação sobre a organização negra (Silva, M. A., 2012).

Flávia Rios (2014) dá sentido a essa classificação. Observando a trajetória de alguns militantes nos anos 1970 e 1980, a autora pôde determinar a circulação dos ativistas em organizações políticas e partidárias, em organizações tradicionais do movimento negro, assim como em grupos de estudos, jornais alternativos, espaços oficiais no Estado etc. no renascimento do movimento. Como resultado, essa mobilização negra construiu uma articulação em rede, na qual temas, grupos e pessoas estavam em sobreposição e intersecção de papéis. Emerge do trabalho da autora a respeitável rede de relações e articulações feitas de modo transnacional, entre vários partidos políticos e adentrando o Estado.

Excetuado o peso da institucionalidade estatal para a cooptação dos movimentos, bem como a necessidade de recursos para a mobilização política, é possível notar outra forma de articulação das razões subjetivas para a atuação nos espaços institucionais no Brasil e na Colômbia (Rodrigues, 2014). Analisando o desenvolvimento da articulação das organizações negras nos dois países, fica nítida a íntima relação entre produção/fortalecimento/complexificação de uma identidade coletiva *pari passu* e uma articulação institucional que se vale da abertura de oportunidades políticas.

É nesse aspecto que se diferencia o trabalho de Uvanderson Victor da Silva, que acompanha um conjunto de organizações que se mobilizam em torno da chamada luta contra o "genocídio" (Silva, 2017). O autor problematiza a utilização do termo "genocídio" pelo movimento negro nos anos 2010 em São Paulo e na Bahia, considerando desde o surgimento do termo para classificar o crime dos nazistas contra os judeus, passando pela utilização de Abdias do Nascimento, até as justificativas mais atuais utilizadas pelos movimentos negros para empregá-lo. Silva defende que a ideia de genocídio para protestar contra a violência policial e os homicídios é uma justa demanda do movimento.

Ao compreender como se constituiu a pauta do "genocídio" entre os vários momentos e protestos do movimento negro por meio da noção de *frame* [enquadramento], é possível aprofundar questões importantes e internas aos movimentos negros analisados por Silva (2017). Contudo, tal aporte analítico impede que outros aspectos sociais sejam explorados, a exemplo do contexto cultural, assim como os contornos das razões da mobilização ou mesmo os empecilhos à mobilização.

—

Para uma melhor compreensão do conflito social a partir do estudo das expressões políticas dos movimentos sociais, adotaremos aquela que melhor mantém uma relação prática com a experiência social: a teoria do reconhecimento. Procuramos, assim, evitar duas armadilhas: fixar expressões políticas descentradas da classe em um lugar exclusivamente subjetivo, individualizado e monotemático; e limitar a mobilização às suas investidas em recursos e cálculos.

A opção que se busca aqui é a compreensão do conflito social e da gramática moral das lutas por reconhecimento. Ambos serão acessados com base no estudo das expressões políticas elaboradas coletivamente pelos sujeitos, quais sejam, as pontes semânticas que são a versão pública dos consensos e conflitos presentes no interior das articulações e debates políticos. O foco na experiência dos atores dá vazão a uma investigação mais atenta à combinação da ação, às agendas, à estrutura em que ocorrem os conflitos éticos, à formação da resistência e às semânticas coletivas.

PARTE II

Reconstrução da gramática racial contra a violência de Estado

4

O protesto negro e a violência do Estado

Neste capítulo, introduzo o leitor ao material empírico da minha pesquisa, que ocupará três capítulos deste livro, organizados por período histórico. Explico o caminho percorrido pela pesquisa, a procura por fontes, interlocutores e interlocutoras, e como é possível trabalhar com a reconstrução de uma gramática moral através de acervos documentais.

Alguns dos eventos aqui analisados povoam a história do movimento negro contada em estudos sobre o tema ou por seus militantes, e estão de tal modo fixados nas narrativas que parecem ganhar contornos de mitos fundacionais. Esses fatos, que envolvem a violação de direitos e posterior reação pública, edificam um entendimento sobre a experiência do conflito social na formação racial do Brasil pelos sujeitos negros. Ao observar os quarenta anos de episódios (registrados) de violação perpetrada pelo Estado e o repúdio público do movimento negro, evidencia-se qual é o lugar dos sujeitos negros no projeto de democracia erigido nesse período. Embora alguns casos tenham ganhado repercussão na mídia hegemônica, sempre existiu, ao longo do período investigado, sujeitos coletivos empenhados na denúncia desses casos, a despeito de sua baixa reverberação pública.

Como a análise do protesto negro pode nos ajudar a entender o funcionamento da violência do Estado sobre um grupo racial? Os conflitos sociais remontam a conflitos éticos, e o conteúdo das gramáticas das lutas por reconhecimento aponta horizontes morais de transformações, correspondendo ao significado das experiências de desrespeito. Elas podem "tornar-se o impulso motivacional de uma luta por reconhecimento. Pois a tensão afetiva provocada pelo sofrimento de humilhações no indivíduo só pode ser dissolvida por ele na medida em que reencontra a possibilidade da ação ativa" (Honneth, 2003, p. 224).

Em cada experiência de desrespeito, há elementos cognitivos que podem produzir uma ação que, por sua vez, indica o caminho para a resistência política, "pois toda realização emocional negativa que vai de par com a experiência de um desrespeito de pretensões de reconhecimento contém novamente em si a possibilidade de que a injustiça infligida ao sujeito se lhe revele em termos cognitivos e se torne o motivo da resistência política" (Honneth, 2003, p. 224).

Esse conteúdo cognitivo, contudo, é dependente de uma expressão coletiva que chamamos aqui de movimento social, simplesmente movimento ou protesto negro — em nosso caso específico, contra a violência policial — e de suas palavras de ordem. Estamos interessados em conhecer empiricamente o "potencial cognitivo, inerente aos sentimentos da vergonha social e da vexação" que se tornou uma "convicção política e moral", construída no entorno político e cultural dos sujeitos atingidos. O protesto negro serve como meio de articulação entre o indivíduo e a sociedade, pois somente quando o meio de articulação de um movimento social está disponível é que a experiência de desrespeito pode tornar-se uma fonte de motivação para ações de resistência política. Tentamos aqui "explicar as lutas sociais a partir da dinâmica das experiências morais [...] [instruídas pela] lógica que segue o surgimento desses movimentos coletivos" (Honneth, 2003, p. 224).

Palavras de ordem e gramática moral

A experiência policial rodeada por outros problemas sociais emerge constantemente nas páginas dos documentos do protesto negro, sendo possível afirmar que os abusos da polícia são característicos da experiência negra nas grandes cidades do Brasil. Basta seguir "a concepção segundo a qual os motivos da resistência social e da rebelião se formam no quadro de experiências morais que procedem da infração de expectativas de reconhecimento profundamente arraigadas" (Honneth, 2003, p. 258).

Daí vem a importância de perseguir a formação da semântica coletiva baseada nos sentimentos de lesão para o surgimento do movimento social. Eles são a base motivacional da resistência coletiva assim que o sujeito lesionado passa a ser capaz de articulá-los "num quadro de interpretação intersubjetivo que os comprova como típicos de um grupo inteiro" (Honneth, 2003, p. 157). Nesse sentido, o surgimento de movimentos sociais depende da existência de uma semântica coletiva que permite interpretar as experiências de desapontamento pessoal como algo que afeta não só o eu individual mas também um círculo de muitos outros sujeitos. A condição dessa semântica coletiva de resistência são as doutrinas com ideias morais que subsidiam uma normatização do protesto e lhe dão sentido, conectando memórias da lesão e possibilidades de superação.

Em meu primeiro intento de compreender a relação entre racismo e violência no Brasil — minha dissertação de mestrado, defendida em 2014 —, restringi-me a descrever como a juventude negra se organizou na sociedade civil e no Estado brasileiro entre 2005 e 2013. Concluí que a expressão "genocídio da juventude negra" se constituía como uma ponte semântica que traduzia a experiência coletiva de conflitos éticos de todo um segmento social, racial e então político capaz de conduzir a mobilização que criou identidade e pressão por novos horizontes morais.

Assim, para entender o uso dessa ponte semântica, impõe-se perguntar: o que mudou para que o problema viesse a ocupar a centralidade das mobilizações do movimento negro por meio da expressão "genocídio da juventude negra"? Quais eram as outras formas de sintetizar a experiência negra em outros momentos históricos? Foi preciso, portanto, reconstituir a tematização da violência contra as pessoas negras nos movimentos negros.

A proposta inicial afirmava que esse fio analítico fora replicado em três momentos (descritos a seguir) entre 1978 e 2010 — anos marcados por conflitos éticos seguidos de mobilização. Esses eventos foram explorados em minha pesquisa com base em materiais à disposição, como panfletos, jornais das organizações, manifestos, relatórios de reuniões, documentos referentes a congressos e encontros, convocatórias, cartazes etc.

A estratégia foi focalizar eventos específicos que contemplassem os preceitos teóricos das lutas por reconhecimento, como conflito ético, mobilização e desenvolvimento de uma gramática comum. Escolhemos quatro momentos que atendiam a tais critérios, todos no estado de São Paulo: dois na capital (1978 e 2004), dois na Grande São Paulo (ambos em 2010) e um em Campinas (1984). Posteriormente, agregamos outros três eventos notabilizados pela mobilização negra e presentes nos acervos documentais pesquisados. Cada caso analisado apresenta os elementos mencionados: um conflito ético, a formação de uma gramática comum e a formação de uma resistência.

Ao me voltar para os documentos do movimento negro, a despeito do rápido reconhecimento de Benedito Ezequiel como vítima da brutalidade policial, concluí que seu caso acabou praticamente dissolvido entre vários outros. Afirmo isso

Quadro 1: Casos emblemáticos

Robson Silveira da Luz
Morto em 1978 em decorrência de lesões provocadas por torturas sofridas no 44º Departamento de Polícia.

Benedito Ezequiel
Jovem negro, funcionário da Companhia Paulista de Força e Luz, morto em 1984 pela Polícia Militar com um tiro na boca por resistir à prisão, em frente ao prédio onde morava, em Campinas.

Marcelo de Jesus
Morto em 1989 com um tiro disparado por um policial militar durante um desentendimento num vagão do metrô, na cidade de São Paulo.

Mario Josino
Morto em 1997 com um tiro disparado por um policial militar, que o atingiu quando Josino estava dentro de um carro, após uma abordagem policial, em Diadema.

Flávio Santana
Dentista morto em 2004 por policiais, em São Paulo, depois de ser "confundido" com um ladrão de carros.

Motoboys
- **Alexandre Menezes dos Santos,** de 25 anos, morto no dia 8 de maio de 2010 ao ser espancado por policiais na frente da mãe e do irmão mais novo, na porta de casa, no bairro Cidade Ademar, na capital paulista.
- **Eduardo Luís Pinheiro dos Santos,** de 30 anos, torturado em 9 de abril de 2010 por mais de dez policiais com chutes na cabeça, pauladas e até golpes de corrente após se envolver em uma discussão.

com base no acervo pessoal de Reginaldo Bispo, o militante mais diretamente envolvido nas mobilizações em torno do episódio. Recolhi um precioso material relacionado à ocorrência, como ofícios, matérias de jornais, panfletos publicados e outros em rascunho, anotações etc., mas notei que o material relacionado ao caso, apesar de sua relevância, não possuía o destaque esperado nas mobilizações contra a violência policial, quando considerado o conjunto do acervo.

Descobri que o tema da violência policial era debatido não apenas nas proximidades temporais desse assassinato, mas com uma recorrência muito maior. Curiosa e infelizmente, havia tantas outras vítimas da violência policial que o tema era constantemente mencionado em ocasiões múltiplas na documentação do acervo — o primeiro a que tive acesso. Assim, para que o caso ganhasse a relevância empírica que eu planejara no momento da projeção da pesquisa, seriam necessários materiais detalhando um número maior de eventos e protestos. Há quem diga que a memória serve para escolher o que se vai esquecer, mas cabe perguntar por que alguns fatos importantes para o protesto negro são esquecidos.

Métodos e técnicas de investigação

Três materiais principais foram analisados aqui: documentos políticos coletivos, entrevistas e material noticioso e oficial, nesta ordem de importância. Os primeiros são o principal material trabalhado, em função dos quais as entrevistas e notícias e outros documentos foram se juntando.

Os documentos políticos consolidam os termos de processos coletivos em panfletos, manifestos e relatórios; representam, enfim, uma coletividade e são fruto de processos coletivos. Houve um sistema de organização prévia para estabelecer seus conteúdos, seus temas, os debates e as palavras de ordem que teriam espaço destacado em faixas, cartazes e panfletos conduzidos pelas mãos dos militantes nas ruas. Essas palavras precisam da adesão e da legitimidade dos militantes e ativistas, já que, sem eles e elas, as palavras de ordem não circularão pelas ruas e entre as pessoas.

Os panfletos são escritos pelos militantes que fizeram as melhores falas no momento de organização dos atos, defendendo suas ideias do que deveria ser prioritário, quais os termos mais adequados, quais os problemas a serem denunciados ou as políticas a serem combatidas ou apoiadas. Assim, os panfletos são distribuídos, palavras de ordem são ditas e repetidas, e as faixas abrem caminho a toda a militância presente nas manifestações e em atividades em torno delas.

Isso é similar ao que ocorre com outros eventos para os quais são dispendidos esforços coletivos, como os casos emblemáticos envolvendo violência policial, em que são demandadas medidas emergenciais das autoridades, reuniões emergenciais com mais de uma organização do movimento negro e outras de movimentos tangenciais ao problema da violência, como aqueles ligados à temática dos direitos humanos. Os termos dos textos fixados nesses documentos requerem consenso entre todos os envolvidos ou mobilizados; do contrário, novos desacordos surgem e a mobilização não prossegue, ainda que os atores concordem quanto à necessidade de avançar. O que pode parecer uma questão meramente semântica, na verdade, é a expressão da formação de toda uma coletividade negra, de sua época, seus atores, seus entendimentos e sua agenda de luta.

Há casos em que a agenda é esperada e repetida anualmente, como em 20 de novembro, Dia da Consciência Negra, ocasião que guarda certa peculiaridade em relação às "mobilizações urgentes", como as que acontecem em resposta à violência policial. Nesse caso, é muito provável que os protestos cujos termos foram negociados em reuniões prévias, devido à urgência com que se impõem, recebam maior resposta do movimento. Assim, aqueles ou aquelas que redigem os textos estarão atentos para que o conteúdo do documento respeite o entendimento médio dos atores envolvidos e daqueles com quem se pretende dialogar, que se pretende envolver, de quem se quer "chamar a atenção" ou, então, para quem se pretende "trazer o impacto que a gente precisa". O procedimento adotado, nesses casos, é a consulta virtual — por e-mail, atualmente — ou a comunicação por telefone, com a leitura do texto, para receber a adesão ou a assinatura das organizações.

Para as ciências sociais, documentos podem ser definidos, de acordo com Alessandro Bruschi (1999 *apud* Cellard, 2017), como conjuntos de informações registradas em algum suporte físico, especificamente distinto dos textos e coleções de dados, considerando que textos são informações contidas em enunciados escritos, em imagens ou sons. De acordo com Cellard (2017), os documentos, como material de pesquisa, podem ser de acesso público ou privado. No nosso caso, tratamos de documentos que são de domínio privado, pertencentes a organizações políticas, organizações do movimento negro, sindicatos ou a um conjunto de organizações.

Nosso material não se restringe somente aos textos registrados em papel, englobando também documentos publicados em sites, blogs ou redes sociais. Isso se mostrou essencial

Quadro 2: Acervos consultados

FONTE DOS ACERVOS DOCUMENTAIS	ORGANIZAÇÃO	ANO DE ACESSO AOS ACERVOS
Reginaldo Bispo Pereira	OLPN (ex-MNU)	2017
Milton Barbosa	MNU	2018
Flávio Jorge Rodrigues da Silva	Conen	2018
Ivair A. A. dos Santos	ABPN	Público

devido à redução paulatina que se deu, ao longo dos anos, da diponibilidade de materiais escritos publicados em papel, ao mesmo tempo que se ampliaram as formas de comunicação. Essas facilidades dispensaram a necessidade de reuniões presenciais, de correspondências por escrito e até mesmo de uma relatoria de momentos de decisão. Os documentos foram recolhidos mediante acesso a acervos pessoais (de Reginaldo Bispo e Milton Barbosa), públicos (de Ivair Augusto Alves dos Santos, da Associação Brasileira de Pesquisadores Negros [ABPN] e ao acervo privado de uma organização negra (de Flávio Jorge Rodrigues da Silva).[16]

Esses ativistas estão ligados a um conjunto de outros atores e forças políticas e sociais, cujas raízes remontam a décadas atrás, quando ocorreu a reorganização dos movimentos sociais no Brasil. Ao lado de sindicalistas, mulheres, homossexuais e outros segmentos em luta, o final dos anos 1970 no país foi marcado pela luta contra a ditadura militar. Assim, nosso recorte temporal se inicia em 1978, ano que guarda tais referências temporais e conceituais — no caso, a democratização como direito a reivindicar direitos.

O ano final do recorte temporal é 2018, por alguns fatores. Um deles é o levante ocorrido em razão da morte da vereadora carioca do Partido Socialismo e Liberdade (PSOL) Marielle Franco, assassinada na noite de 14 de março daquele ano, juntamente com seu motorista, Anderson Gomes. Esse assassinato não é considerado mais um caso de violência policial como os outros: trata-se de um marco na gramática do protesto negro pelo contexto em que está inserido. As cirscunstâncias

16 Todos esses acervos, exceto o de Ivair A. A. dos Santos, estão sob cuidados do projeto Memória e Identidade do Ativismo Afro-Brasileiro, do Centro Brasileiro de Análise e Planejamento (Cebrap), apoiado pelo Programa de Populações Marginalizadas do Center for African Studies, da Universidade da Pensilvânia, e que conta com a parceria do Arquivo Edgard Leuenroth, da Universidade Estadual de Campinas (Unicamp).

da morte de Marielle e Anderson apontam para a existência de uma desconhecida e complexa cadeia de comando desde a decisão de matar a vereadora até sua execução; mas há a certeza do envolvimento de policiais e ex-policiais.[17]

Mulher, negra, mãe solo, lésbica, moradora da favela conhecida como Maré, no Rio de Janeiro, Marielle Franco era socióloga e exercia seu primeiro mandato como vereadora pela cidade. Eleita em 2016, vocalizava uma agenda que buscava concatenar sua origem e condição de raça, gênero, classe e sexualidade e sua luta por direitos humanos, muito empenhada nas questões de segurança pública, nos termos do genocídio do povo negro. Tamanha era a expectativa com o exercício do seu mandato que a reação ao seu assassinato se tornou um marco na luta de todos aqueles e aquelas que, de alguma forma, se vinculavam às pautas defendidas pela vereadora assassinada. A repercussão foi nacional e internacional. O debate suscitado pela morte inesperada se valeu intensamente das tensões acumuladas no movimento negro diante da violência policial, dos homicídios e da situação na segurança pública, fazendo com que a dimensão racial da violência no Brasil fosse reconhecida até pelos interlocutores mais insensíveis ao tema.

A morte de Marielle ocorreu em ano eleitoral, num clima de tensão e intenso debate político, que os analistas, sobretudo na imprensa, insistiam em chamar de "polarização política".

17 O policial militar reformado Ronnie Lessa e o ex-policial militar Élcio Vieira de Queiroz estão presos desde 12 de março de 2019 por levarem a cabo o plano de matar a vereadora. Com o fim do governo de Jair Bolsonaro e o início do terceiro mandato de Luiz Inácio Lula da Silva, o Ministério da Justiça determinou, em fevereiro de 2023, que a Polícia Federal abrisse uma investigação sobre o caso, que vinha sendo conduzido pelo Ministério Público do Rio de Janeiro. Em março de 2024, a Polícia Federal efetuou as prisões de Domingos Brazão, conselheiro do Tribunal de Contas do Estado do Rio de Janeiro, e de seu irmão, o deputado federal Chiquinho Brazão, acusados de serem os mandantes do crime, além do ex-chefe da polícia civil do Rio de Janeiro, Rivaldo Barbosa, suspeito de ter ajudado a planejar o assassinato e de ter atrapalhado as investigações.

Menos de um mês após o atentado, o principal líder do campo da esquerda, Luiz Inácio Lula da Silva, foi levado a cumprir pena por crime de corrupção na sede da Polícia Federal em Curitiba (onde ficaria até 9 de novembro de 2019). O fato intensificou os ânimos e teve impacto no principal evento do ano, as eleições presidenciais, que tiveram o ex-capitão do Exército Jair Messias Bolsonaro como candidato vitorioso em segundo turno.

Entre a morte do comerciante Robson Silveira da Luz, em 1978, e o assassinato da socióloga e vereadora Marielle Franco, em 2018, houve todo um arco de mobilizações: elas surgem contra a violência policial institucionalizada nas delegacias — processo intensificado durante a ditadura militar, e que culmina na violência policial nas ruas, que serve a interesses políticos difusos. Hoje, assistimos à exaltação da violência policial até mesmo em campanhas eleitorais majoritárias, ganhando homenagens das mais altas autoridades da República, incluindo o então presidente Jair Bolsonaro.

Pode-se depreender disso que a polícia sempre matou negros. "Todo camburão tem um pouco de navio negreiro", diz uma canção do Rappa. Mas também há muitas descontinuidades, mudanças sociais, econômicas, políticas etc. O conjunto dessas transformações está enunciado na gramática grafada nos registros das organizações negras. Os fatos referentes a contextos, atores e agendas do movimento negro revelam as tessituras das idas e vindas da democracia brasileira, às quais teremos acesso por meio da análise dos documentos reunidos.

Cellard (2017, p. 298) adverte que, antes de proceder à análise dos documentos, é necessário prepará-los, examinando o material existente, por mais pobre e diminuto que seja, pois o documento não pode ser transformado; é preciso aceitá-lo como é e extrair o melhor dele. Esse exame preparatório consiste em buscar qual é o contexto social global em que se insere o documento, quem são seus autores, quem está falando e/ou em nome de quem se fala, qual seria a autenticidade da informação obtida e sua parcialidade, qual a procedência do documento e qual a natureza do texto: se oficial, pública ou íntima, por exemplo. Em vista disso, é possível, então, conduzir a análise.

Para proceder à preparação dos documentos, elaboramos um formulário com dezessete perguntas seguindo tais orientações. Quanto à questão da parcialidade, tivemos a cautela de visitar mais de um acervo, esperando alcançar uma maior diversidade de documentos produzidos pela mobilização negra no estado de São Paulo durante o período coberto pela pesquisa.

Ao fazer a coleta de documentos, priorizamos os panfletos, os manifestos e os relatórios. Isso não significou dispensar cartazes, programações, relatórios, atas e outros documentos que fossem úteis para construir o cenário e o contexto das agendas do movimento negro. Da mesma forma, a pesquisa em acervos de jornais auxiliou a reconstruir o desenvolvimento oficial dos casos de violência policial.

Os acervos

Reginaldo Bispo, morador de Campinas, umas das maiores cidades de São Paulo, estudou ciências econômicas na Universidade Estadual de Campinas (Unicamp) no final dos anos 1970 e atualmente é aposentado. Foi militante do Movimento Negro Unificado (MNU) de 1980 até 2010, quando participou da criação da Organização para a Libertação do Povo Negro (OLPN). Antes de sair do MNU, contudo, chegou a ocupar o cargo de coordenador nacional de organização política.

Sempre muito presente, ainda hoje é difícil para muitos militantes desassociá-lo do MNU, organização que ele ajudou a construir e fortalecer e de cuja memória é também um guardião. Foi com ele que conseguimos boa parte dos documentos aqui analisados.

Em 21 de dezembro de 2017, o ex-militante detinha 267 fotografias de documentos de sua propriedade, correspondentes a 1/8 de seu arquivo pessoal. Essas memórias de quarenta anos de militância política estão em um arquivo repleto de rascunhos, correspondências, cartazes, panfletos, manifestos, prospectos e programações. Há também fotos de documentos oficiais da fundação do MNU, como ata de fundação, ata de reuniões e congressos com assinatura, RG, endereço e telefone dos presentes, que Reginaldo Bispo adquiriu no cartório antes da minha visita.

Para ter acesso a todo esse material e conseguir fotografá-lo, foi preciso ter algumas conversas com meu gentil colaborador. Embora o conhecesse desde 2007, comecei a demonstrar interesse em acessar seu acervo em 2016, quando decidi incluir em minha pesquisa de doutorado os protestos contra a morte de Benedito Ezequiel, em Campinas, em 1984, por meio da pesquisa de Ivair Augusto Alves dos Santos.

Quando conheci Reginaldo Bispo pessoalmente, ele era coordenador nacional de organização política do MNU. Ouvi uma palestra sua como parte das preparações para o Congresso Nacional de Negros e Negras, então promovido por pelo menos quatro organizações nacionais do movimento negro brasileiro: o MNU, a Coordenação Nacional de Entidades Negras (Conen), a União dos Negros pela Igualdade (Unegro) e o Coletivo de Entidades Negras (CEN). Era uma iniciativa bastante importante, pois foi capaz de, durante mais de um ano, colocar todas essas organizações em um mesmo espaço, desfrutando um sentimento de unidade.

A palestra aconteceu em Araraquara, e eu era um dos organizadores, na condição de liderança juvenil negra recém-emersa no processo do Encontro Nacional da Juventude Negra, como coordenador de Políticas de Promoção da Igualdade Racial de São Carlos e identificado com o Partido dos Trabalhadores (PT). Reginaldo Bispo era uma liderança que desafiava os militantes negros petistas e outros grupos associados ao governo federal, presidido então pelo PT, questionando a perda da autonomia reflexiva e atuante do movimento negro.

Mais tarde, liguei para ele para saber se poderia conversar pessoalmente sobre o assunto. Em encontro em Campinas, ele rememorou outros detalhes sobre o caso de Benedito Ezequiel, revelando seu envolvimento direto nas mobilizações e negociações com o poder público para garantir a punição dos policiais. Quando minhas perguntas passaram a cansá-lo, ele me sugeriu que eu consultasse os papéis que guardava em sua residência.

Como eu já estava em Campinas, ele me levou até sua casa para mostrar o que tinha. Surpreso, vi que eram muitos documentos, mas não imaginava o que poderia encontrar ali. Pedi sua autorização para, em ocasião futura, com mais planejamento, voltar para pesquisar mais detidamente aquele material. De pronto, ele aceitou. Entretanto, eu deveria esperar o fim da reforma de sua casa. Voltei novamente em janeiro de 2017, mas a reforma ainda não havia acabado, e livros, cadernos e outros papéis se espalhavam por mais de um cômodo da propriedade. Ele chegou a propor que eu levasse algo comigo para meu ambiente de trabalho, mas eu não estava preparado para isso. Escolhi, então, esperar mais e fazer uma busca em jornais do estado de São Paulo — *Folha de S. Paulo* e *O Estado de S. Paulo* — e de Campinas — *Correio Popular* — que pudessem ter repercutido o caso.

Quando finalmente tive acesso aos documentos de Bispo, a experiência abrangeu momentos de interação, escuta, perguntas e respostas, troca de referências, almoços, cafés, histórias. Bispo construiu a casa justamente para assegurar isso. É uma residência que eu definiria como chácara, um espaço para morar com a família, onde há um tanque com uma pequena criação de carpas, piscina, um espaço para hortas e várias árvores frutíferas.

Esse tipo de relação, embora pouco objetiva, permitiu que eu separasse o material na presença de Bispo, que de imediato sanava qualquer dúvida que me ocorresse, como no caso de um documento da Frente Negra para Ação Política de Oposição (Frenapo), que tinha poucas informações concretas e nenhuma identificação. Quando perguntei de que se tratava o documento, ele me informou os autores e os conflitos que os envolviam. Na presença de um ator direto do contexto registrado pelos documentos, a coleta do material ganhou maior dinamismo. Nessa experiência foi de imensa valia, portanto, poder interpelar um interlocutor acerca dos registros à mostra, documentos de um contexto do qual ele foi participante ativo, sendo capaz de acionar a memória com maior eficácia.

A documentação de Ivair Augusto dos Santos foi, sem dúvida, a mais fácil de acessar, pois já era pública e estava catalogada como parte do acervo da Unidade Especial de Informação e Memória (UEIM) do Centro de Educação e Ciências Humanas da Universidade Federal de São Carlos (UFSCar). Lá, pude encontrar registros variados, que datavam desde o final da década de 1970 até 1995, ano em que Ivair foi atuar em Brasília, no governo Fernando Henrique Cardoso.

O material de Ivair se destaca porque ele participou de espaços institucionais desde os primeiros anos da redemocratização, como no governo Franco Montoro (1983-1986), o que mostra que a atuação do movimento negro adentrava os espaços públicos estatais desde muito cedo. Além disso, Ivair é um dos que não pode ser associado ao que se convencionou chamar de esquerda socialista, ou mesmo esquerda, durante os anos 1990, quando se vinculava ao governo FHC.

Contudo, Ivair sempre circulou muito bem em meio à esquerda negra, aos acadêmicos negros e, sobretudo, em espaços de governo. Quando o conheci, por intermédio da professora Petronilha Beatriz Gonçalves e Silva, na cidade de São Carlos, em 2006, Ivair era do Conselho Nacional de Direitos Humanos, e eu, gestor de igualdade racial em São Carlos. Anos depois, em 2009, eu o reencontrei em Brasília: ele estava no mesmo cargo e eu era consultor do Conselho Nacional de Juventude (Conjuve). Tratava-se de um evento que falava do genocídio da juventude negra, o qual descrevo na minha dissertação de mestrado (Ramos, 2014), e me lembro de um momento em que ele pediu para falar comigo e disse que alguém precisava contar aquela história que estava se desenrolando ali, na reunião ministerial que mencionei na introdução deste livro.

Os documentos da coleção de Flávio Jorge, por sua vez, foram coletados na sede de sua organização política, a Soweto Organização Negra, que fica próxima à praça da Sé, no centro de São Paulo. Levou um bom tempo para que Flávio compreendesse em que tipo de documento eu estava interessado. Mesmo sem dar mostras de que havia entendido o que eu queria, nos encontramos na sede da Soweto em uma tarde de 2017. Ele me apresentou algumas caixas de documentos e disse: "Está aí, veja se é disso que você precisa".

Eram três caixas com muitos e variados documentos, a mesma variedade de tipos — panfletos, cartazes, jornais, recortes de jornais, relatórios, boletins do movimento negro — que eu havia encontrado na casa de Reginaldo Bispo. Precisei ao todo de três visitas para fazer a triagem do que necessitava. Combinei com ele que lhe devolveria os documentos limpos, catalogados e organizados em uma pasta. Também propus a ele me engajar em algum tipo de projeto para organizar toda a documentação da Soweto, uma vez que a entidade já dispunha de uma sede, uma lista de presença de visitantes e um fluxo fixo e organizado de divisão de tarefas.

Flávio levou mais de dois anos para sentir segurança nos meus propósitos com sua documentação. Na verdade, isso não dependia apenas do aval dele; a Soweto também precisava estar de acordo. Ele começou sua militância política nos primeiros anos da chamada abertura política, em meados de 1974, na Liga Operária (LO), um grupo clandestino que atuava no movimento estudantil. Flávio conta que no grupo havia um Núcleo Negro Socialista, organizado por Astrogildo Pereira, Milton Barbosa, Hamilton Cardoso e Rafael Pinto. A partir desse núcleo, Flávio relata que sempre procurou atuar casando as questões de raça e classe ao longo de sua militância.

Em sua documentação, nota-se o seguinte desenvolvimento: a participação em uma organização socialista de atuação no movimento estudantil; a criação do Grupo Negro da Pontifícia Universidade Católica (PUC), onde estudou; a organização de entidades guarda-chuvas; a articulação com o estado de São Paulo e, depois, com o Brasil; a criação da Conen; e, por fim, sua relação com a Central Única dos Trabalhadores (CUT) e participação no PT, onde atuou como membro da executiva nacional por mais de um mandato.

Em 2007, ano em que o conheci, ele era diretor financeiro da Fundação Perseu Abramo. Foi quando lhe apresentei um projeto de organização da juventude negra do partido para o qual pedíamos financiamento. Desde então, mantivemos uma relação de parceria e, sendo ele uma figura de expressão no movimento negro e no PT, minha circulação no partido em espaços nacionais era associada a seu nome: eu era o "Paulo, do grupo do Flávio Jorge". Conto isso para mostrar que a proximidade política não me garantiu livre acesso a seus documentos, como aconteceu com Reginaldo Bispo.

O acesso à coleção de Milton Barbosa me foi facultado após uma breve conversa por telefone. O maior obstáculo era chegar até ela fisicamente, uma vez que estava guardada por uma terceira pessoa, em caixas fechadas e lacradas no sótão de uma casa no bairro do Butantã, na capital paulista. Para cada consulta ao acervo, eu deveria agendar a visita com Milton, que faria o mesmo com a dona da casa, e então íamos juntos. Eu o encontrava no metrô, tomávamos um ônibus e seguíamos até essa casa, onde eu tinha que subir por uma escada, retirar as caixas e fazer a triagem. Milton Barbosa tem um perfil de atuação muito intensamente ligado ao MNU, não só por ter sido ele a presidir o mítico ato do dia 7 de julho de 1978 mas também por se dedicar diuturnamente à organização.

Sua atuação teve início no movimento estudantil, na Liga Operária; assim como Flávio Jorge, participou do Núcleo Negro da LO. Nos anos 1980, atuou em sindicatos, na categoria dos metroviários, e no PT, partido pelo qual chegou a ser candidato a deputado federal em 1982; não conseguiu se eleger, como outras lideranças da esquerda.

Ao longo das coletas e da triagem de documentos, notei que havia um diálogo entre eles e que cada acervo refletia a circulação de seus portadores, sua trajetória institucional, seus interlocutores, suas referências, conflitos etc., de modo que é possível contar a história de terceiros. A exceção são os documentos de circulação interna de cada organização a que esses atores pertenciam: Reginaldo e Milton, do MNU; Flávio Jorge, da Conen; e Ivair dos Santos, do Conselho da Comunidade Negra, por exemplo.

Esses quatro atores individuais representam posições bem distintas no espectro político do movimento negro. Reginaldo Bispo tem uma posição pública bastante reticente às organizações partidárias, sendo um defensor da autonomia e da independência dos movimentos de negros; é considerado uma pessoa de esquerda socialista, mas não se aproxima de governos considerados de esquerda nem de mandatos legislativos. A história de militância política de Ivair dos Santos vem do movimento estudantil universitário nos anos 1960 e passa pelo Movimento Democrático Brasileiro (MDB), em 1970, partido no qual se manteve quando este se tornou o Partido do Movimento Democrático Brasileiro (PMDB), até associar-se ao Partido da Social Democracia Brasileira (PSDB) nos anos 1990, chegando a ocupar um cargo no governo FHC. Flávio Jorge Rodrigues da Silva iniciou sua militância nos grupos socialistas de resistência à ditadura nos anos 1970, é filiado ao PT desde a sua fundação e é de uma organização chamada Campo Democrático Popular, articulada com organizações como a CUT e o Movimento dos Trabalhadores Rurais Sem Terra (MST). Milton Barbosa, também de origens socialistas, está na direção nacional do MNU desde a sua fundação.

Seguindo os critérios de selecionar documentos que fizessem menção à violência do Estado — violência policial, prisões, execuções, extermínio, esterilização, genocídio —, a coleta dos acervos, ao longo das quatro décadas analisadas, foi se tornando mais rarefeita conforme se aproximava do presente. Isso pode decorrer do impacto da internet nas formas de comunicação utilizadas pelo ativismo, com a ampliação das possibilidades de acesso a e-mails desde o final dos anos 1990; da chegada das redes sociais, como blogs, vlogs e YouTube, no início dos anos 2000; e da massificação dos aplicativos de redes sociais em celulares do tipo smartphone, após 2010. Essa virada tecnológica alterou a forma como os movimentos sociais de modo geral, e o movimento negro em particular, faziam circular suas ideias. Assim, recorremos também aos registros sistematizados de 2011 até 2013 pelo Comitê contra o Genocídio da Juventude Preta Pobre e Periférica, que reunia as mais importantes lideranças e organizações do movimento negro do Brasil em atuação na cidade de São Paulo.

A seleção dos documentos

Conforme assinalado anteriormente, pode-se dizer que os documentos que recolhi são, quase em sua totalidade, de autoria coletiva, pois seu processo de escrita passou por mais de uma pessoa. São produtos de discussão coletiva, além de serem enunciados como documentos de determinada organização, não de uma pessoa em específico. Coletei aqueles que davam destaque aos termos "violência policial", "violência estatal", "violência racial", "genocídio" e "extermínio". Cada documento foi escaneado em qualidade de imagem fotográfica, convertido ao formato PDF, e então recebeu um código, perfilando sua data, sua origem e o título da mensagem que carregava (por exemplo: 20031120MB-Dia da Consciência Negra).

Para a análise, fiz um primeiro teste elaborando perguntas para responder com a leitura de cada documento. Todas as respostas foram registradas em uma planilha inicial. Como os registros de Excel eram limitados demais para o trabalho qualitativo, foi necessária a utilização de um programa próprio para a análise de dados com as palavras de ordem. Para trabalhar com os documentos em sua totalidade e aproveitar os recursos do software Nvivo, primeiramente foi feito um trabalho de reconhecimento óptico de caracteres; mas com documentos antigos, muitas vezes, com palavras apagadas, às vezes rasuradas, datilografadas de modo incorreto ou mesmo impreciso ou despadronizado, muita coisa seria perdida, então foi necessária a digitação de todo o material a ser analisado.

Pela observação feita durante a coleta de documentos e durante o primeiro teste, foi possível notar como essas palavras-chave se comportavam e apareciam nos documentos, e foi importante perceber como outras questões surgiam concomitantemente. Utilizando o Nvivo, foi possível observar a frequência das palavras em geral, mas também dos termos citados em específico, bem como sua ramificação, com o instrumento "árvore de palavras", que mapeia os vocábulos que aparecem antes e depois de cada termo escolhido. Outro trabalho foi o de controle das palavras de ordem, que nos possibilitou observar não só como elas foram se transformando, misturando e trocando de lugar ao longo do tempo, mas também sua relação com o tema específico da violência policial.

A codificação dos documentos foi orientada pelas variáveis, pensando na agenda, nos atores, nos anos, nas vítimas, de modo que os anos foram marcados por quarenta códigos e a agenda foi traduzida em temas (racismo, desigualdade, mulheres, violência etc.). As ferramentas de consulta fornecidas pelo programa Nvivo permitiram testar a relação entre as pontes semânticas e suas interações entre os vários códigos, sendo que o principal achado foi a prevalência de determinadas expressões e palavras de ordem ao longo das décadas.

O gráfico 1 apresenta as codificações no Nvivo nos 167 documentos que mencionam as expressões-chave. Os documentos foram elaborados entre 1978 e 2013. Nota-se a frequência marcante, ao longo dos anos, das expressões que chamo de pontes semânticas. "Discriminação racial" está fortemente presente nos anos 1980; "violência racial", nos anos 1990; e "genocídio negro", a partir dos anos 2000. O termo "violência racial" está mais concentrado nos anos 1990, mas "genocídio" aparece também pontualmente desde 1982, assim como "discriminação racial", que predomina no início do período estudado, mas retorna pontualmente, deixando de se destacar em anos determinados. Para os anos após 2013, utilizamos muitas informações constantes em postagens de redes sociais digitais e troca de e-mails que envolviam os casos de violência policial.

Adicionalmente, para a reconstrução dos casos de violência policial, fizemos um levantamento de notícias em acervos

Gráfico 1: Variação das pontes semânticas (1978-2013)

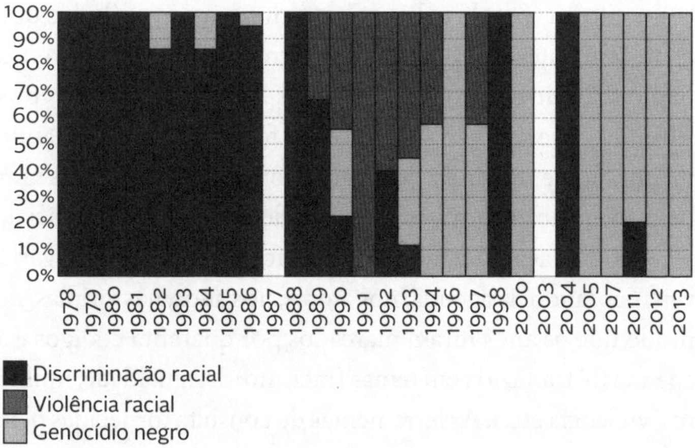

digitais de grandes jornais (*Folha de S. Paulo* e *O Estado de S. Paulo*), e fomos mais bem-sucedidos no primeiro banco, que pareceu reportar mais do que o segundo os casos a que nos dedicamos. O caso de Benedito Ezequiel, por ter ocorrido numa cidade do interior, teve mais cobertura do jornal local, *Correio Popular*, cujo acervo não está digitalizado, de modo que a pesquisa precisou ser intermediada por um funcionário que fazia as buscas dos termos a ele requisitados.

Por fim, realizamos entrevistas a fim de complementar a memória revelada pelos documentos, bem como captar as percepções e os entendimentos dos atores e atrizes políticos que se envolveram na mobilização dos casos. São pessoas ligadas a diversas esferas de atividades políticas, como organizações negras, majoritariamente, além de assessorias parlamentares e ativismo no campo das artes e da cultura (no caso de Roberta Estrela d'Alva).

Quadro 3: Entrevistadas(os)

Entrevistada/o	Atuação	Cidade	Formato
Ângela Guimarães	Unegro	Salvador	Chamada virtual
Deise Benedito	Assessoria parlamentar	Brasília	Escrita
Douglas Belchior	Uneafro	São Paulo	Presencial
Edson França	Unegro	São Paulo	Chamada virtual
Markão	DMN	São Paulo	Presencial
Flávio Jorge R. da Silva	Conen	São Paulo	Presencial
Ivair A. Alves dos Santos	ABPN	São Paulo	Presencial
Rafael Pinto	Conen	São Paulo	Presencial
Reginaldo Bispo Pereira	OLPN (ex-MNU)	Campinas	Presencial
Roberta Estrela d'Alva	Frente 3 de Fevereiro	São Paulo	Troca de mensagens/ áudios

As entrevistas envolviam perguntas sobre a trajetória militante do entrevistado, sua relação com o tema da violência policial e sua percepção sobre o desenvolvimento do debate político ao longo dos anos analisados, considerando a ampliação dos meios disponíveis, a avaliação do enfrentamento da violência policial pelo movimento negro e o papel de instituições como a academia, os partidos políticos e as próprias polícias.

Os capítulos seguintes seguirão a sequência histórica na qual se desenrolou o protesto contra a violência policial entre

1978 e 2018, com base nas expressões predominantes: nos anos 1980, "discriminação racial" (capítulo 5); nos anos 1990, "violência racial" (capítulo 6); e, após 2007, "genocídio negro" (capítulo 7). Essa segmentação, surgida de propósitos empíricos e teóricos, se mostrou interessante para que o protesto pudesse ser mais bem observado no tempo. Essas expressões de problemas sociais qualificadas por um marcador racial/negro são as pontes semânticas sobre as quais os atores, os temas, os conflitos, as campanhas e as reportagens relacionados às vítimas da violência policial saem do mundo da vida para alcançar a esfera da política. Cada capítulo procura dar conta do contexto, dos casos emblemáticos, das campanhas e das interações da agenda do protesto negro com os eventos chamados "gerais" da agenda política, como a campanha pela Constituinte, o impeachment etc.

5

Discriminação racial (1978-1988)

Este capítulo pretende demonstrar de que modo a ponte semântica da discriminação racial normatizou moralmente o protesto negro, dando guarida à pauta da violência policial e associando-a a outras pautas e lesões morais. O entendimento da discriminação racial atualizou a luta do movimento negro que ressurgiu nacionalmente no final da ditadura militar e pautou as questões que deviam ser enfrentadas no momento. Afirmar a existência de discriminação racial na sociedade brasileira ia de par com a desconstrução do mito da democracia racial, autorizava os atores e atrizes a fazerem denúncias públicas e permitia uma nova leitura conjuntural da sociedade brasileira e do histórico problema da desigualdade racial. Essa ponte semântica atravessou a década de 1980 e acompanhou as principais lutas das organizações negras, tanto as ligadas a educação, trabalho, saúde etc. quanto aquelas relacionadas à Campanha Nacional contra a Violência Policial, à campanha pela Assembleia Constituinte e à comemoração do centenário da abolição da escravidão.

Quando o país vivia uma ditadura militar decadente, e havia uma ebulição de movimentos sociais que pressionavam por democracia, sob o signo do termo "discriminação racial" surge o Movimento Unificado contra a Discriminação Racial. Trata-se de um termo que refletia diretamente um ato da vida social e era resultado da prática do preconceito racial. O termo ganha lastro na produção sociológica da época, desde os estudos da chamada Escola Paulista de Sociologia até o livro *Discriminação e desigualdades raciais no Brasil* (1979), de Carlos Hasenbalg, contemporâneo à criação do Movimento Negro Unificado (MNU). A partir desse ano, o termo "discriminação racial" passa a englobar o conjunto das experiências de desrespeito expressas pelo protesto negro.

Do ponto de vista da luta política, amplia-se o leque de espaços a serem questionados, pois a discriminação não incide unicamente na dimensão das classes sociais mas também em relações sociais que a luta de classes, exclusivamente, não acionará. Uma vez que a discriminação é um mecanismo que desfruta de certa autonomia em termos históricos, as amarras da história e do passado já não precisam mais ser sempre retomadas sem que isso acarrete perda de materialidade, sendo o próprio racismo a materialidade em si. Nesse sentido, como afirma Hasenbalg, a raça,

> como atributo socialmente elaborado, está relacionada principalmente ao aspecto subordinado da reprodução das classes sociais, isto é, a reprodução (formação-qualificação-submissão) e a distribuição dos agentes. Portanto, as minorias raciais não estão fora da estrutura de classes das sociedades multirraciais em que as relações de produção capitalistas — ou outras relações de produção, no caso — são as dominantes. Outrossim, o racismo, como articulação ideológica incorporada em e realizada através de um conjunto de práticas materiais de discriminação, é o determinante primário da posição dos não brancos dentro das relações de produção e distribuição. Como se verá, se o racismo (bem como o sexismo) torna-se parte da estrutura objetiva das relações ideológicas e políticas do capitalismo, então a reprodução de uma divisão racial (ou sexual) do trabalho pode ser explicada sem apelar para preconceito e elementos subjetivos. (Hasenbalg *apud* Gonzalez, 2020, p. 34)

Sintonizados com as necessidades de transformação do regime político do Brasil à época, os diversos ativistas negros escolheram denunciar o mito da democracia racial. O mito se apresentava como social por meio da representação de uma sociedade brasileira que não vivia problemas de cunho racial, ao contrário de realidades aparentemente mais expressivas nesse sentido, como a África do Sul, que vivia o *apartheid*, ou os Estados Unidos, onde até pouco antes vigoravam leis de segregação racial e movimentos supremacistas brancos, como a Ku Klux Klan. No Brasil, por sua vez, a ausência de discriminação de raça foi abordada em estudos como o de Freyre (2006 [1933]) e reforçada por Pierson (1962); a ausência de conflitos de ódio racial e linchamentos — sempre trazendo os Estados Unidos como comparativo — também é apontada por Pierson (1962) e Andrews (1991).

O movimento negro de então deu prioridade estratégica para descortinar essa falsa imagem que certa sociologia associada às autoridades brasileiras produziram para o país: a de que o conjunto dos três povos que viviam no Brasil se relacionava em harmonia e equilíbrio. Uma vez que essa imagem tomava a forma de uma mentalidade cultural hegemônica (Hanchard, 2001), era necessário travar o combate. Quebrar a vigência dessa hegemonia cultural implicava dizer que o pacto social sobre o qual estavam assentadas as relações sociais no Brasil era desarmonioso, desigual, desequilibrado, pois existia discriminação racial. Foi assim que a violência policial foi expressa durante uma década de protesto negro, como uma forma de denunciar a inexistência de harmonia racial — ou seja, a violência policial contra negros era uma comprovação dramática da existência de discriminação racial.

Por isso, os militantes negros tomaram a decisão concertada de reagir à morte de Robson Silveira da Luz, pois ela era representativa não só de aspectos da vida cotidiana de negros nas cidades brasileiras mas também de uma estrutura institucional que legitimava essas violências, como nos conta, em entrevista, Deise Benedito:

> Fui criada em um bairro operário na periferia de São Paulo. Durante a minha infância e adolescência as incursões policiais eram constantes, bem como o aparecimento de corpos na região das matas onde eu morava. Não foram poucas as vezes que víamos a chegada da polícia e suas abordagens truculentas, destacando-se as ações da Rota, principalmente na zona sul de São Paulo, nos bairros da Vila Joaniza, Santa Catarina, Jabaquara, Diadema, Jardim Campanário, Vila Guarani. Sempre me chamou a atenção a forma com que a polícia fazia as abordagens e a violência utilizada, sem uma razão específica. As agressões que presenciei eram gratuitas. E os programas de rádio como *O Homem do Sapato Branco*, com o locutor Jacinto Figueira Júnior, o do Gil Gomes, o do Afanásio Jazadji ilustravam as cenas do dia a dia da violência policial nos anos 1970 e 1980, banhadas de sangue pelos jornais, principalmente o jornal *Notícias Populares*. (Benedito, 2020)

No Brasil, à época, coexistiam vários grupos do movimento negro, que atuavam sobretudo na área da cultura. Na cidade de São Paulo, militantes como Eduardo Oliveira e Oliveira, Oswaldo de Camargo, Aristides Barbosa, Clóvis Moura, Solano Trindade, Odacir de Matos etc. promoviam a socialização de jovens negros no universo do ativismo, com reuniões em casa, em espaços de recreação como a Casa de Portugal ou mesmo em locais públicos como a Praça da República, o Viaduto do Chá, a Praça da Liberdade, em bailes etc. Rafael Pinto narra sua experiência com a militância em cursos preparatórios para vestibular:

> No apartamento do Eduardo Oliveira e Oliveira nós conhecemos o Michael Mitchel, e o Michael Mitchel faz uma roda de

> conversa conosco. E essa roda de conversa gera muita coisa, e já passamos a ter contato com a dona Iracema de Almeida, que era uma médica negra que morava na Vila Prudente e fazia encontros com negros, estudantes universitários. Ela tinha uma relação com o consulado americano e os afro-americanos que vinham pra cá, e fazia uma recepção na casa dela, com o Mitchel e John Hope Franklin. [...] E ela estrutura um grupo, o Grupo de Trabalho de Profissionais Liberais e Universitários Negros. Outra coisa que ela já fazia, aí já ligada ao Aristocrata Club, era recepcionar os calouros negros. [...] e a tia Vanda fazia um Baile de Calouros Negros; alugava a Casa de Portugal e fazia o baile. [...] A nossa preocupação à época era estudar a questão do negro, a história da África, era um tempo em que você vai ver que nós falávamos muito em conscientização. Depois é que vamos falar em consciência negra. [...] isso foi em meados dos anos 1970, quando nós podemos dizer que havia espaços de negros, diferente do que você tem hoje. (Pinto, 2020a)

Nesse contexto de "socialização", a política sempre esteve presente, pois

> toda esta velha guarda que nos antecede eram militantes de esquerda, que tinham passado por organizações de esquerda. Qual o diferencial que ocorre? Ao irmos para a universidade, nós vamos ter contato com a resistência de esquerda, começam a retornar todos estes militantes, eram militantes de esquerda, nós éramos formados por militantes de esquerda.
>
> Na primeira metade dos anos 1970, nós começamos a construir vários grupos culturais, atuando com os clubes negros. Há uma pulverização de grupos culturais negros que se expressam ainda no Festival Comunitário Negro Zumbi (Feconezu). Em 1976, nós fizemos o Encontro de Entidades Negras Rio-São Paulo. Este encontro na Baixada Fluminense foi onde nós tivemos o

> contato com uma cópia do Manifesto ao Palmares feito em 1973 pelo Grupo Cultural Palmares, do Oliveira Silveira, de Porto Alegre [...]. Aí o debate que surge [é] sobre a questão do 13 de maio, sobre a princesa Isabel. [...]
>
> Depois dos clubes sociais negros, que estavam já esgotando seu papel político, o que que nós fizemos? Tínhamos feito o encontro Rio-SP de entidades negras, tínhamos que ampliar esse debate. E fatos começavam a acontecer, a violência policial aconteceu, a discriminação racial aconteceu [o Clube de Regatas Tietê proibiu quatro atletas negros de utilizarem a entrada social, como todos os atletas do clube faziam]. Então, em 1978, esse clima nos levou a chamar uma longa mobilização (e nós já tínhamos a experiência dos dias nacionais de luta) para o Dia Nacional da Consciência Negra. Você veja, os fatos ocorreram em maio, e em novembro nós fizemos o Dia da Consciência Negra. Veja que é um processo rápido entre o acontecimento dos fatos e a organização do ato. [...] e o que nós tínhamos que fazer naquele momento [...]? Era atacar o mito da democracia racial. (Pinto, 2020a)

O caso de discriminação racial a que Rafael se refere foi o ocorrido com quatro atletas negros, de treze a quatorze anos, do time de vôlei do Clube de Regatas Tietê. Como atletas admitidos na agremiação, eles teriam o direito a usar o clube como qualquer outro sócio, mas, para isso, eles precisariam de uma carteira que os identificasse como sócios militantes (categoria de associação para os atletas do clube). Como os documentos dos rapazes nunca ficaram prontos, o técnico foi tentar descobrir o que acontecia. Ele soube que as fotos dos garotos tinham sido perdidas, mas acabou concluindo que, por ordem do presidente do clube, o pedido dos cartões de identificação dos rapazes fora desautorizado. Enquanto isso, os atletas teriam se dedicado por semanas a enganar o porteiro para poder treinar, até que a ordem veio expressa: os meninos "de cor" não poderiam treinar.

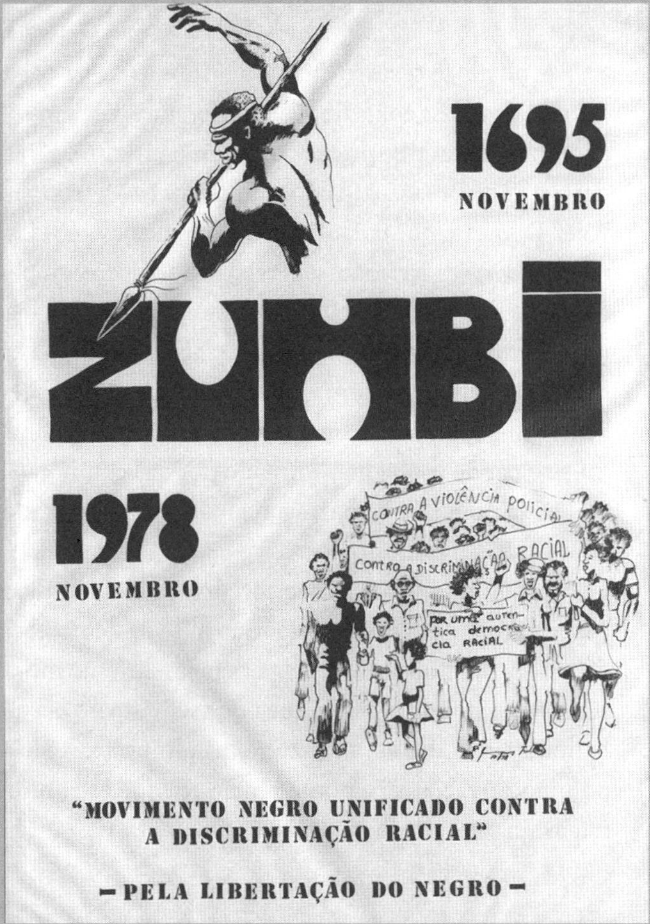

Figura 1: Cartaz do MNU para a primeira comemoração do 20 de novembro. Fonte: Acervo de Reginaldo Bispo, 1978.

Revoltado, o técnico chamou uma entrevista coletiva; os garotos, dando-se conta do acontecido, entristeceram-se, alguns choraram. O time mirim decidiu, como protesto, parar de treinar e perdeu uma partida do Campeonato Metropolitano de Vôlei. Disseram que fariam isso novamente nas partidas seguintes caso os colegas não fossem reincorporados à equipe. Todos os atletas e técnicos de vôlei do clube assinaram um manifesto repudiando as medidas. O caso ganhou as páginas dos jornais, e os militantes, que vinham em uma curva ascendente de mobilização, passaram a se dedicar ao fato. Assim, constitui-se o par de problemas formado por discriminação racial e violência policial que passa a ocupar o topo da pauta de reivindicação do protesto negro.

Mais do que a violência policial, foi a ideia da discriminação racial que sustentou o ataque ao mito da democracia racial, de modo a englobar outras experiências de lesão moral sobre pretos e pardos no Brasil, o que pode ser visto no debate sobre o mundo do trabalho, a educação, a cultura etc. A ideia de discriminação racial foi a ponte semântica que estruturou esses temas no período de 1978 a 1988 (figura 1).

Robson Silveira da Luz e o ato fundacional

É emblemático, portanto, que os atos que marcaram a reorganização do movimento negro — chamado de contemporâneo até no início do século XXI — tenham tido como grande mote dois fatos: um envolvendo uma estrita discriminação racial — atletas negros barrados na entrada social do Clube de Regatas Tietê, onde treinavam — e outro envolvendo a morte de Robson Silveira da Luz. Enquanto o primeiro fato chegou ao conhecimento dos militantes por intermédio da imprensa, o segundo guardava conexões familiares com militantes que desempenhavam papel central na organização do Movimento Unificado contra a Discriminação Racial, que depois se tornaria o Movimento Negro Unificado.

Embora tenha havido amplo uso da discricionariedade policial na prática de tortura, soube-se que grupos de extermínio estiveram envolvidos na morte de Robson. Nesse episódio, um determinado conjunto de emoções e estruturas sentimentais e cognitivas esteve presente na ação de um grupo de atores — vizinhos e polícia — que se colocava contra outros. O que Monsma (2016) chama de *habitus* racial corresponde a uma estrutura de dominação racial que justifica e orienta o enredo desta história: um pequeno conflito entre vizinhos se institucionalizou na figura da Polícia Civil, incorrendo na tortura de pessoas negras e culminando na morte de um dos envolvidos. Imbuídos desse *habitus* racial, os policiais — brancos — sentiram-se autorizados, ou talvez compelidos, a agredir, a violentar Robson da Luz e outras pessoas de seu círculo.

Robson foi acusado de roubar frutas na madrugada do dia 23 de abril de 1978. Ele voltava com os amigos de uma festa de final de semana e, em clima de molecagem, levou, junto com seus colegas, algumas caixas de frutas do caminhão de um feirante que morava em uma rua próxima à sua. Uma vizinha viu a cena e contou ao feirante o que acontecera. O feirante colocou a polícia à caça do rapaz. Como Robson passava os dias de semana no centro da cidade, em um bar que administrava com o pai, a polícia passou a investigar seu paradeiro em seu círculo de amigos.

Depois de torturar um de seus amigos, a polícia passou vários dias em busca de outros envolvidos no caso, chegando até mesmo a deter sua esposa, Sueli Alves da Luz, para conseguir informações sobre o marido. No dia 29 de abril, encontraram Robson em um ônibus ainda de manhã e o levaram para o 44º Distrito Policial, onde o torturaram durante horas, a tal ponto que os presentes no recinto puderam ouvir seus gritos, e o homem foi levado desacordado para o Pronto Socorro de São Miguel, bairro da zona leste de São Paulo. Robson passou por uma cirurgia de retirada de um dos rins, mas não resistiu às lesões — seu crânio e sua caixa torácica estavam comprometidos, e ele perdera um dos testículos — e faleceu no dia 4 de maio de 1978.

Com ampla sensibilização, o caso recebeu boa cobertura jornalística, que revelou detalhes de como os fatos se sucederam: desde a inocente arruaça de jovens na vizinhança, passando pelo engajamento policial na perseguição a um ladrão de frutas de ocasião, até a morte do jovem. Afinal, o que levou uma equipe de policiais a torturar um rapaz, bem como algemar e colocar uma mulher grávida no camburão para obter informações sobre um ladrão de frutas? Os policiais ficaram uma semana atrás de Robson até encontrá-lo por acaso dentro de um ônibus, o que mostra a busca pelo ladrão de frutas. Jornalistas entrevistaram vizinhos, inclusive a vizinha que o denunciara e outros que o conheciam. Segundo sua esposa, Robson confirmou que de fato havia levado algumas frutas, mas disse que pagaria o "seu Joaquim e pronto".

> Robson, apesar de ser avisado de que a polícia o procurava, ainda não dava muita importância ao problema das frutas [três caixas de frutas: laranja, abacaxi e mexerica]. Pagaria ao "seu" Joaquim e pronto. Na sexta-feira veio buscar as roupas limpas e a chuteira para um jogo pelo "Império do Samba F.C.", um time organizado por ele com o pessoal das redondezas do bar, lá no Ipiranga.
>
> Com o pacote debaixo dos braços, tomou o ônibus de volta. Mas uma pessoa o havia seguido: o guarda Eros — um policial

> aposentado também conhecido por Boca Torta, por causa de um defeito nos lábios. Dentro do ônibus, Robson percebeu Boca Torta na calçada, anotando a placa do ônibus. Boca Torta também não gosta de preto. Ao se negar a dar entrevistas aos repórteres que o procuraram na semana passada, chegou a afirmar que "não queria nem saber daquele neguinho".[18]

No dia 5 de maio, sua esposa, Sueli da Luz, grávida, foi denunciar o delegado na Vara Distrital de Itaquera, e o caso veio a público em 6 de maio. Foi aberta uma sindicância, e o então secretário de Segurança Pública, Erasmo Dias, encaminhou representação à Delegacia-Geral de Polícia para instauração de inquérito, com participação do Ministério Público e procedimentos para exame de corpo de delito. As palavras do delegado Luiz Alberto Abdala, responsável pelo 44º Distrito Policial, defendiam a versão fantasiosa de que Robson fora ferido ao tentar fugir e, na fuga, caíra de um barranco. Juridicamente, o caso se arrastou por anos entre idas e vindas, na maioria das vezes em favor dos policiais formalmente acusados, o delegado Luiz Alberto Abdala e seus subordinados José Maximino Reis e José Pereira de Matos.

Isso tudo ocorria às vésperas da agenda comemorativa dos noventa anos de abolição da escravidão no Brasil. O movimento negro passou a dar atenção especial ao caso, por meio das organizações existentes no momento e dos instrumentos de que dispunham, entre eles a coluna Afro-Latino-América, no *Jornal Versus*. Nesse veículo estavam reunidos os principais militantes do grupo socialista trotskista Liga Operária (que em breve se tornaria a Convergência Socialista), que transitavam entre vários grupos (Pinto, 2020a) e depois formariam o núcleo diretivo do futuro Movimento Negro Unificado. Dias

18 "Negro tem que ir pro pau", *Folha de S. Paulo*, 14 maio 1978.

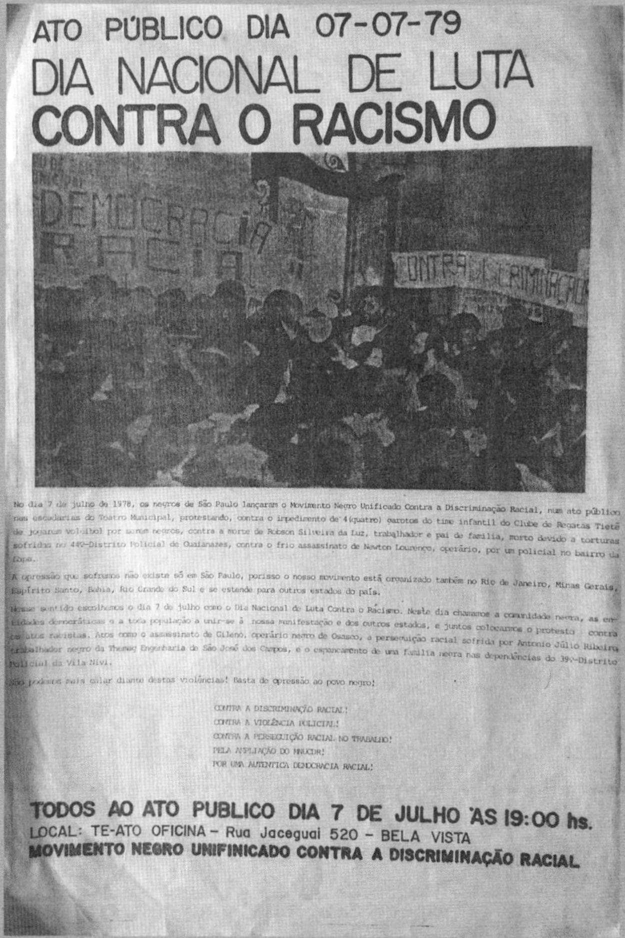

ATO PÚBLICO DIA 07-07-79

DIA NACIONAL DE LUTA CONTRA O RACISMO

No dia 7 de julho de 1978, os negros de São Paulo lançaram o Movimento Negro Unificado Contra a Discriminação Racial, num ato público nas escadarias do Teatro Municipal, protestando, contra o impedimento de 4(quatro) garotos do time infantil do Clube de Regatas Tietê de jogarem voleibol por serem negros, contra a morte de Robson Silveira da Luz, trabalhador e pai de família, morto devido a torturas sofridas no 44º-Distrito Policial de Guaianazes, contra o frio assassinato de Newton Lourenço, operário, por um policial no bairro da Lapa.

A opressão que sofremos não existe só em São Paulo, porisso o nosso movimento está organizado também no Rio de Janeiro, Minas Gerais, Espírito Santo, Bahia, Rio Grande do Sul e se estende para outros estados do país.

Nesse sentido escolhemos o dia 7 de julho como o Dia Nacional de Luta Contra o Racismo. Neste dia chamamos a comunidade negra, as entidades democráticas e a toda população a unir-se à nossa manifestação e dos outros estados, e juntos colocarmos o protesto contra os atos racistas. Atos como o assassinato de Gilenô, operário negro de Osasco, a perseguição racial sofrida por Antonio Júlio Ribeiro, trabalhador negro da Themag Engenharia de São José dos Campos, e o espancamento de uma família negra nas dependências do 39º-Distrito Policial da Vila Nivi.

Não podemos mais calar diante destas violências! Basta de opressão ao povo negro!

CONTRA A DISCRIMINAÇÃO RACIAL!
CONTRA A VIOLÊNCIA POLICIAL!
CONTRA A PERSEGUIÇÃO RACIAL NO TRABALHO!
PELA AMPLIAÇÃO DO MNUCDR!
POR UMA AUTENTICA DEMOCRACIA RACIAL!

TODOS AO ATO PUBLICO DIA 7 DE JULHO ÀS 19:00 hs.
LOCAL: TE-ATO OFICINA - Rua Jaceguai 520 - BELA VISTA
MOVIMENTO NEGRO UNIFINICADO CONTRA A DISCRIMINAÇÃO RACIAL

Figura 2: Panfleto do ato público do Dia Nacional de Luta contra o Racismo.
Fonte: Acervo de Milton Barbosa, 1979.

depois, o operário Newton Loureiro foi assassinado no bairro paulistano da Lapa, também por ação da polícia; na sequência, aconteceu o caso de discriminação dos atletas no Clube Tietê.

Assim, após todos esses eventos de grande repercussão, o Movimento Unificado contra a Discriminação Racial foi fundado em reunião em 18 de junho de 1978. Como parte de seu calendário de lutas, ficou estabelecido que, no dia 7 de julho, fariam um ato público para denunciar todos esses casos de evidência do racismo em um espaço central da capital paulista, o Theatro Municipal. Isso garantiria tempo suficiente para que militantes de outras cidades e estados comparecessem ao ato. Ao longo dessa movimentação, ocorreu a formação de uma gramática coletiva, que envolvia a violência policial, com elevado destaque para a ideia de discriminação, de modo a abarcar outros problemas sociais (Pinto, 2020b).

Como nos relata Rafael Pinto, um dos principais organizadores do ato de 7 de julho de 1978, nem todas as organizações aderiram formalmente à manifestação, mas lá estavam as principais organizações do associativismo negro. Algumas, a exemplo do Centro de Cultura e Arte Negra (Cecan), decidiram não aderir ao protesto, seja porque achavam que o movimento negro não tinha que lutar contra a violência policial, seja porque as denúncias de discriminação e desigualdade não eram as suas prioridades, ou mesmo por entender que estavam partidarizando o movimento negro na luta contra a ditadura militar (Santos, 1992; Silva, J. M. F., 2012). Contudo, a força do evento acabou abrindo espaço para que se pudesse falar mais e mais profundamente do assunto nos termos evocados pelo evento em si e na agenda desencadeada por ele. A ideia de um movimento unificado formado e liderado por negros e negras em luta contra a discriminação racial era o que estava nos planos dos ativistas. Desse modo, mesmo que muitas organizações não tivessem formalizado a decisão de estar presentes, acabaram por se fortalecer e se legitimar com a força que emanava dos protestos. Sueli Carneiro, em entrevista a Alberti e Pereira (2007), comenta a tese política do ato inaugural de edificação do movimento negro contemporâneo:

> Acho que o fato político mais importante do movimento negro contemporâneo foi aquele 7 de julho de 1978, porque tudo o que ocorre depois se referencia a este ato inaugural de refundação, digamos assim, do movimento negro contemporâneo. Muitas das organizações que existem hoje são releituras das teses que existiam, porque a visão estratégica que foi colocada naquele momento orienta até hoje. Não foi criada uma outra grande tese tão abrangente como a que Ono traz e provavelmente é possível dizer que ela teve e tem uma influência política maior do que a do próprio MNU enquanto instituição. No tempo, as teses acabaram sobrevivendo mais do que a própria instituição tal como foi concebida originalmente. (Carneiro *apud* Alberti & Pereira, 2007, p. 148)

O movimento se nacionalizou, interiorizou e capitalizou, mesmo com as variadas formas de organizações negras no Brasil todo, e manteve uma agenda estabelecida e discutida nas assembleias e reuniões posteriores ao ato. É assim que muitas agendas ganharam também unidade e força, como a agenda contra a violência policial, por emprego e trabalho, além dos temas ligados à educação e à cultura negra. Dessa forma, entre conflitos e consensos, o movimento negro, cujo maior expoente passou a ser o MNU, articulava uma rede com ramificações Brasil afora, estabelecendo um modo próprio de tratar dos mesmos assuntos, por meio de uma gramática coletiva compartilhada e assentada na ponte semântica da *discriminação racial* (figuras 3 e 4). Assim é que podemos acompanhar o protesto desencadeado pela morte de Benedito Ezequiel Pereira Filho, anos mais tarde.

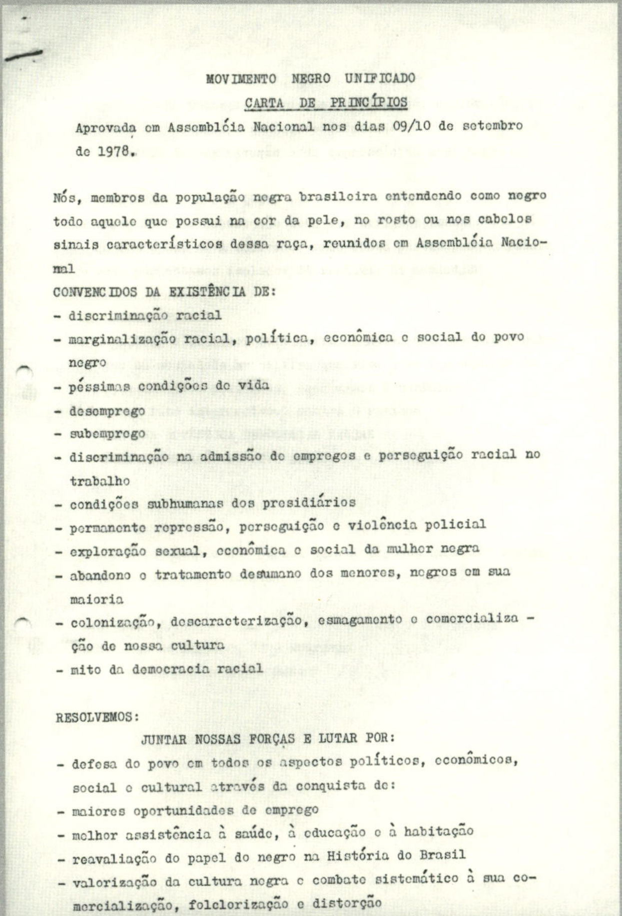

MOVIMENTO NEGRO UNIFICADO

CARTA DE PRINCÍPIOS

Aprovada em Assembléia Nacional nos dias 09/10 de setembro de 1978.

Nós, membros da população negra brasileira entendendo como negro todo aquele que possui na cor da pele, no rosto ou nos cabelos sinais característicos dessa raça, reunidos em Assembléia Nacional

CONVENCIDOS DA EXISTÊNCIA DE:

- discriminação racial
- marginalização racial, política, econômica e social do povo negro
- péssimas condições de vida
- desemprego
- subemprego
- discriminação na admissão de empregos e perseguição racial no trabalho
- condições subhumanas dos presidiários
- permanente repressão, perseguição e violência policial
- exploração sexual, econômica e social da mulher negra
- abandono e tratamento desumano dos menores, negros em sua maioria
- colonização, descaracterização, esmagamento e comercializa - ção de nossa cultura
- mito da democracia racial

RESOLVEMOS:

JUNTAR NOSSAS FORÇAS E LUTAR POR:

- defesa do povo em todos os aspectos políticos, econômicos, social e cultural através da conquista de:
- maiores oportunidades de emprego
- melhor assistência à saúde, à educação e à habitação
- reavaliação do papel do negro na História do Brasil
- valorização da cultura negra e combate sistemático à sua comercialização, folclorização e distorção

Figura 3: Carta de princípios do MNU (frente).
Fonte: Acervo de Reginaldo Bispo, 1978.

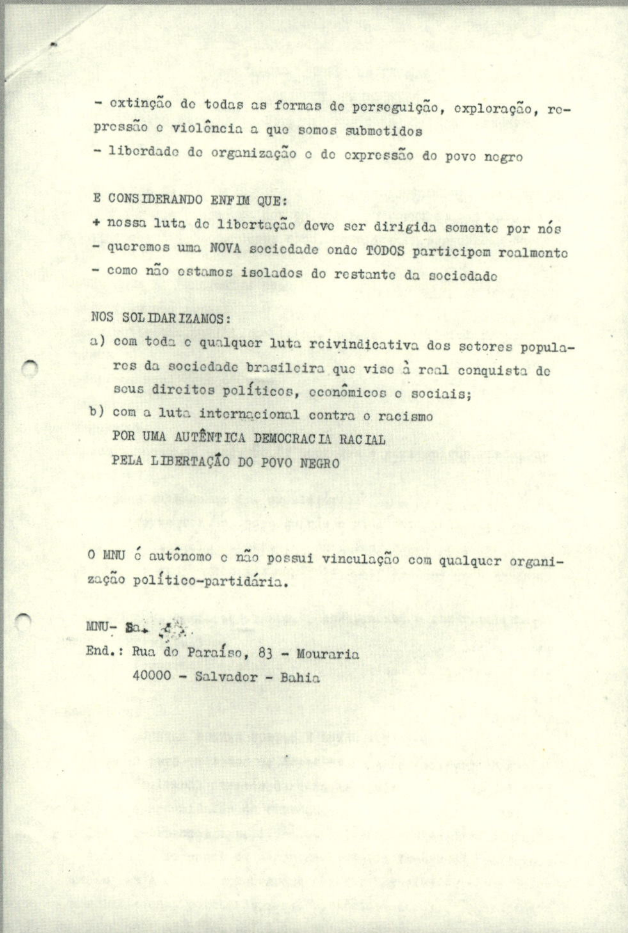

- extinção de todas as formas de perseguição, exploração, repressão e violência a que somos submetidos
- liberdade de organização e de expressão do povo negro

E CONSIDERANDO ENFIM QUE:

+ nossa luta de libertação deve ser dirigida somente por nós
- queremos uma NOVA sociedade onde TODOS participem realmente
- como não estamos isolados do restante da sociedade

NOS SOLIDARIZAMOS:

a) com toda e qualquer luta reivindicativa dos setores populares da sociedade brasileira que vise à real conquista de seus direitos políticos, econômicos e sociais;
b) com a luta internacional contra o racismo

POR UMA AUTÊNTICA DEMOCRACIA RACIAL
PELA LIBERTAÇÃO DO POVO NEGRO

O MNU é autônomo e não possui vinculação com qualquer organização político-partidária.

MNU- Sa.
End.: Rua do Paraíso, 83 - Mouraria
40000 - Salvador - Bahia

Figura 4: Carta de princípios do MNU (verso). Fonte: Acervo de Reginaldo Bispo, 1978.

A Campanha Nacional contra a Violência Policial

Campanhas, de modo geral, sempre foram um conhecido e revisitado instrumento de ação coletiva dos movimentos sociais. Elas podem ter o objetivo de arrecadar recursos financeiros para uma organização, mobilizar pessoas para comparecerem a um evento, como eleições, ou conscientizar sobre determinado tema. As campanhas ligadas à violência policial foram dedicadas a dar visibilidade ao assunto e a mantê-lo na pauta do debate.

Realizar uma campanha contra a violência policial foi a proposta do grupo que integrava a Frente Negra para Ação Política de Oposição (Frenapo) em documento intitulado "Campanha Nacional contra a Violência Policial: o segundo passo". Curiosamente, o documento não fala de discriminação racial de modo central, mas opta por descrever com riqueza o cenário econômico da época, encaixando o problema da violência policial e aprofundando sua análise até abarcar o impacto psicológico no indivíduo negro submetido à violência policial. O texto já descreve os expedientes extralegais e discricionários de que a polícia se vale para lesar a população negra, como o conhecido Esquadrão da Morte e a exigência de "carteira profissional assinada sob ameaça de enquadramento por vadiagem", além do fato de que "as pessoas são levadas sem mandado judicial para as delegacias a pretexto de averiguação e constantemente mofam nas celas".

O documento reflete a situação vivida por Robson da Luz, a qual segue convergindo para a vivência de negros e negras que demandam mais ações de propaganda e mobilização. Proposta pelo MNU e pela Frenapo, a campanha se torna realidade, com eventos Brasil afora e articulações entre organizações negras e entidades que não necessariamente faziam parte do movimento negro *strictu senso*. Um balanço da campanha publicado na *Revista do MNU*, na página 9 da edição de setembro/outubro, trazia mais informações sobre o que foi realizado (figura 5).

Sem mais registros sobre a campanha, ela parece ter sido proscrita pela agenda subsequente da política nacional, com a primeira eleição direta após o fim do bipartidarismo, realizada entre partidos expressamente democráticos de oposição à ditadura militar, como era o caso do Partido dos Trabalhadores (PT), do Partido do Movimento Democrático Brasileiro (PMDB) e do Partido Democrático Trabalhista (PDT), entre outros. Muitos militantes do movimento negro foram candidatos e/ou se engajaram em campanhas eleitorais.

Dispersão da agenda sobre violência policial

Após Robson Silveira da Luz, outras vítimas da violência policial também apareceram no protesto negro, como Newton Lourenço, no mesmo ano de 1978, dias após Luz. Ainda no balanço da campanha (figura 5), foi listada uma série de abusos por parte da polícia em Campinas:

> 14 out. 1980 — Jacinto, funcionário da Unicamp, preso ilegalmente em horário de trabalho e torturado no 1º Distrito para que confessasse um arrombamento que não praticou. Uma semana depois, dois membros do MNU foram detidos por denunciar as arbitrariedades contra Jacinto;
> 8 nov. 1980 — Sandra Aparecida, presa sob a acusação de tentativa de roubo, juntamente com alguns menores, foi torturada no 1º Distrito;

Balanço da Campanha Nacional Contra a Violência Policial

A violência policial continua solta agredindo os trabalhadores e de forma especial a população negra. Nos últimos meses houve um recrudescimento da violência, acompanhada por uma forte campanha de atemorização da classe média, promovida pelo governo e pela grande imprensa (veja matéria — "Desemprego e Marginalidade" na seção política nacional).

Em São Paulo e Campinas a Campanha vem ganhando novos adeptos, e já se recolheu mais de 8.000 assinaturas. Em Belo Horizonte, Porto Alegre, Salvador e Rio de Janeiro a campanha vem sendo levada através de boletins e folhetos, reuniões e passagem do abaixo-assinado Contra a Violência Policial.

Em todos estes estados o MNU se encontra na coordenação da Campanha, recebendo adesão, a simpatia e a solidariedade da população, e das entidades populares e democráticas. A campanha foi estendida até o final de maio e os abaixo-assinados serão entregues ao ministro da Justiça em meados de Junho, com a participação das entidades negras e parlamentares.

A participação, a solidariedade e a contribuição da população tem sido fundamental nesta luta, através da denúncia pública de todos os casos de violência policial, exigindo-se a punição dos policiais agressores (leia denúncia dos atos de violência policial em Campinas ao lado).

BASTA DE VIOLENCIA POLICIAL

As entidades abaixo, vem a público denunciar mais um ato de Violência Policial, ocorrido na noite do dia 19 último, quando tres membros do Grupo Teatral MIROBERFRAN, foram espancados e ofendidos moralmente e de forma racista por três policiais ocupantes do Tático Móvel I-2329, às 23 hs, próximo ao Viaduto Miguel Vicente Cury, quando retornavam de um ensaio no Teatro Castro Mendes.

Esta ação arbitrária da polícia é a reafirmação da forma violenta que a população, em particular, a população Negra vem sendo tratada há muito pelos órgãos policiais. Apenas nestes últimos cinco meses foram denunciados na imprensa local os seguintes casos:

14/10/80 - Jacinto, Funcionário da UNICAMP, preso ilegalmente em horário de trabalho e torturado no 1º Distrito para que confessasse um arrombamento que não praticou. Uma semana depois, dois membros do MNU foram detidos por denunciar as arbitrariedades contra Jacinto;

08/11/80 - Sandra Aparecida, presa sob a acusação de tentativa de roubo, juntamente com alguns menores, foi torturada no 1º Distrito;

17/11/80 - Paulo Sergio Martins, foi detido e barbaramente espancado por ocupantes do TM-873, por não acatar "ordem" dos policiais, de que parasse.

03/12/80 - Um flagrante fotográfico do Diário do Povo em pleno Convívio. James Claudio foi agredido e preso por não pedir desculpas a um PM do TM-871, que o esbarrou, os PMs além de errados abusaram da autoridade;

Após uma briga no jogo de futebol na Fazenda São João, Nivaldo Xavier da Silva, João Aparecido dos Santos e Valdir de Oliveira foram presos e violentamente espancados, Xavier ferido gravemente por PMs do TM - 873;

O pedreiro Devanir Felix, preso em Americana e torturado para que confessasse haver falsificado a própria assinatura em cheques que havia comunicado a perda ao banco; além de outros casos não denunciados ou passado despercebidos. Dos 13 casos, 10 das vítimas são negras, o que caracteriza o componente racista das prisões.

Enquanto isto o governo e a grande imprensa propagandeiam a "Violência Urbana" como forma de aterrorizar e esconder do povo as reais causas do aumento da marginalidade (a inflação de 120%, os salários e o desemprego), e assim ganhar a simpatia da população para legitimar a Violência Policial indiscriminada contra a população trabalhadora.

Conclamamos o povo, bem como as entidades populares, associações sindicatos, igreja e outras, a se solidarizarem nesta luta, unindo e organizando a população, a protestar, a denunciar, processar e inclusive exigir a punição dos Agressores de modo a lembrá-los que são pagos com nosso dinheiro e devem nos respeitar.

EXIGIMOS:

- FIM DAS DETENÇÕES DE PESSOAS POR NÃO PORTAREM DOCUMENTOS
- FIM DA VIOLÊNCIA POLICIAL.
- PUNIÇÃO AOS POLICIAIS AGRESSORES

MNU - MOVIMENTO NEGRO UNIFICADO
FECANTA - FEDERAÇÃO CAMPINEIRA DE TEATRO AMADOR
ASSUC - ASSOCIAÇÃO DOS SERVIDORES DA UNICAMP

9

Figura 5: Balanço da Campanha Nacional contra a Violência Policial. Fonte: Acervo de Milton Barbosa, 1981.

17 nov. 1980 — Paulo Sergio Martins foi detido e barbaramente espancado por ocupantes do tático móvel (TM) 873, por não acatar "ordem" dos policiais, de que parasse;
3 dez. 1980 — Um flagrante fotográfico do *Diário do Povo* em pleno Convívio, James Claudio foi agredido e preso por não pedir desculpas a um PM do TM-871, que o esbarrou, os PMs além de errados abusaram da autoridade.

Após uma briga no jogo de futebol na Fazenda São João, Nivaldo Xavier da Silva, João Aparecido dos Santos e Valdir de Oliveira foram presos e violentamente espancados, Xavier ferido gravemente por PMs do TM-873;

O pedreiro Devanir Felix, preso em Americana e torturado para que confessasse haver falsificado a própria assinatura em cheques [cuja perda ele] havia comunicado ao banco; além de outros casos não denunciados ou passado despercebidos. Dos treze casos, dez das vítimas são negras, o que caracteriza o componente racista das prisões.

Em abril de 1981, outra morte de um homem negro é denunciada: o músico Mário Oswaldo dos Santos, ex-integrante da escola de samba Vai-Vai e sambista da escola de samba Fio de Ouro.

Em meados de 1981, foi morto Olivaldo Francisco de Oliveira, fato que aparece no documento "Um tiro na nuca", assinado pelo MNU (figura 6): "Um tiro na nuca. Este foi o preço que o estudante e trabalhador Olivaldo Francisco de Oliveira, 14 anos, pagou por não ter obedecido às ordens do policial Mauro Nunes de Freitas, durante um tumulto na Rua Fernando Weine, no Parque São Lucas". O mesmo documento, finalizado com as palavras de ordem "CONTRA A VIOLÊNCIA POLICIAL! PELA PUNIÇÃO DOS ASSASSINOS! CONTRA A DISCRIMINAÇÃO RACIAL!" também apresentava outras vítimas:

> É a mesma mentalidade que vitimou Robson Silveira da Luz, trabalhador, casado, que foi assassinado sob torturas no 44º D. P. de Guaianases; José Antônio, trabalhador, casado, 20 anos, assassinado com "um tiro acidental" por policiais da Rota na Cidade Ademar; Aézio da Silva Fonseca, servente, morto sob torturas no 16º D. P. do Rio de Janeiro; Márcia Joaquim Gomes, 16 anos, atingida por uma "bala perdida" de um policial militar na Mangueira; Clodomiro A. de Oliveira, 22 anos, vendedor de sapatos, morto com vários tiros em Caxias; e José Paulino Filho, 15 anos, estudante, sequestrado, torturado e encontrado morto com 10 tiros, também em Caxias (RJ) [...] Paulo F. S. Filho, feirante; morto com treze tiros em Belford Roxo (RJ).

Isso ocorreu apenas três anos após o assassinato de Robson da Luz. Os casos relatados se limitam a Rio e São Paulo, o que de alguma forma demonstra a intensa interlocução ocorrida nesse eixo, bem como a capacidade dessa articulação de reportar casos de violência policial em seus protestos. A maioria dos casos citados ocorreu com homens, envolvendo de torturas a execuções sumárias. Outros elementos presentes em ocorrências posteriores já se apresentam nesse pequeno excerto, como a noção do "engano" alegado pelos policiais ou as "balas perdidas" que atingem civis. A descrição do crime, apresentada no documento (figura 6), é ainda mais emblemática:

> Segundo o policial "tinha um grupo de rapazes descendo; da viatura, fiz um disparo para o ar para amedrontar e o rapaz moreno e alto saiu correndo. Pensei que se tratasse de um marginal... Aí fiz o segundo disparo, que atingiu a cabeça dele".
>
> Ao invés dos policiais socorrerem Olivaldo, entraram na viatura e fugiram com as luzes apagadas. Além desta flagrante omissão criminosa de socorro, a desculpa dos policiais é inaceitável.
>
> É a velha mentalidade racista que orienta o sistema policial, vendo em cada negro um marginal, um ser sem direito à vida.

UM TIRO NA NUCA

Este foi o preço que o estudante e trabalhador Olivaldo Francisco de Oliveira, 14 anos, pagou por não ter obedecido as ordens do policial Mauro Nunes de Freitas, durante um tumulto na Rua Fernando Weine, no Parque São Lucas.

Segundo o policial "tinha um grupo de rapazes e descendo da viatura fiz um disparo para o ar para amedrontar e o rapaz moreno e alto saiu correndo, Pensei que se tratasse de um marginal...aí fiz o segundo disparo, que atingiu na cabeça dele".

Ao invés dos policiais socorrerem Olivaldo, entraram na viatura e fugiram com as luzes apagadas. Além desta flagrante omissão criminosa de socorro a desculpa dos policiais é inaceitável.

É a velha mentalidade racista que orienta o sistema policial, vendo em cada negro um marginal, um ser sem direito à vida.

É a mesma mentalidade que vitimou Robson Silveira da Luz, trabalhador, casado, que foi assassinado sob torturas no 44º D.P. de Guaianazes; José Antonio, trabalhador, casado, 20 anos, assassinado com "um tiro acidental" por policiais da rota na Cidade Ademar; Aézio da Silva Fonseca, servente, morto sob torturas no 16º D.P. do Rio de Janeiro; Márcia Joaquim Gomes, 16 anos, atingida por uma "bala perdida" de um policial militar na Mangueira; Clodomiro A. de Oliveira, 22 anos, vendedor de sapatos, morto com vários tiros em Caxias e José Paulino Filho, 15 anos, estudante, sequestrado, torturado e encontrado morto com 10 tiros, também em Caxias-RJ.

Os assassinos destas vítimas são amparados pela omissão das autoridades governamentais, policiais e por uma justiça que sempre abre brechas para a impunidade dos acusados. Exemplo disto é a brava luta de Marli Soares, negra, empregada doméstica que há oito meses vem tentando identificar os assassinos de seu irmão, Paulo F.S.Filho, feirante, morto com 13 tiros em Belford Roxo, RJ. E quando está quase conseguindo seu objetivo, é suspenso o reconhecimento dos culpados, o delegado encarregado do inquérito é afastado e uma juiza é obrigada a ameaçar o próprio comandante da PM de enquadramento no Código Penal por impedir que Marli reconhecesse os assassinos.

Nós negros, não podemos confiar numa justiça que até hoje nunca mandou esses assassinos para a cadeia. A organização da população negra torna-se uma necessidade vital na medida que a sua juventude está sob ameaça constante de policiais que sem culpa alguma nos deixa mofando nas delegacias para "averiguações" ou com o dedo no gatilho, a bel prazer, decidindo sobre nossa vida.

Nesse sentido chamamos todos os irmãos e irmãs, os setores democráticos e o conjunto da população a se posicionar frente a escalada da violência policial e buscarmos formas de garantirmos O NOSSO DIREITO Á VIDA!

- CONTRA A VIOLÊNCIA POLICIAL!
- PELA PUNIÇÃO DOS ASSASSINOS!
- CONTRA A DISCRIMINAÇÃO RACIAL!

MOVIMENTO NEGRO UNIFICADO

Figura 6: "Um tiro na nuca", texto do MNU. Fonte: Acervo de Reginaldo Bispo, 1982 (ano estimado).

Era o ano de 1981, e a "mentalidade racista" do sistema policial era chamada de velha pelo movimento negro. A justificativa da polícia era tal que correspondia à piada racista de que "negro parado é suspeito, correndo é ladrão".

Também em 1982, outro documento do MNU de Campinas relata um caso de tortura:

> JACINTO RODRIGUES DA SILVA, negro, foi sequestrado do seu local de trabalho por policiais do subdistrito de Barão Geraldo. Levado ao primeiro distrito, onde foi submetido a tortura (entre outras coisas pendurado num pau de arara) sob a acusação de haver encontrado seus documentos (perdidos há um mês) numa casa arrombada em Barão Geraldo.

Tais eventos demonstram a extraoficialidade e a extraordinariedade da atividade policial em sua relação com a população negra, deixando mais claro que, quando se trata de atuar em periferias e lidar com sujeitos subalternizados na hierarquia racial dos territórios onde trabalham, os policiais não precisam cumprir regras, protocolos, pactos. Eles podem agir como se estivessem além das fronteiras de onde o pacto de gerenciamento das vidas é válido.

Nem todo problema social se converte em problema político — e é essa a orientação deste livro. Por isso procuramos verificar como um se torna o outro. Também é verdade que nem todo evento da vida social se torna um evento da vida política. Para que isso ocorra, é necessário haver uma série de atos consequentes, que devem atravessar muitos filtros até se converterem em um fato que receba a atenção de muitas pessoas através dos meios de comunicação e dos poderes constituídos (Gusfield, 1984). Isso nos indica que a recorrência dos atos de violência policial é maior do que expressam os documentos.

Não obstante, a força do MNU passou a ser questionada por não ter agregado tanto quanto as lideranças planejavam agregar, funcionando como uma organização de todas as organizações, seja pelo resultado eleitoral de 1982, quando os candidatos e as candidatas da organização não obtiveram o desempenho esperado, seja porque houve dissidências internas que levaram ao afastamento voluntário de militantes.

Assim, surgiram iniciativas que buscavam construir estratégias de ação — ainda que não unificadas, ao menos coordenadas —, como encontros de sindicalistas negros, surgimento de grupos de negros e negras dentro de partidos políticos (PT e PDT, por exemplo) e encontros de entidades negras, como a Coordenação de Entidades Negras do Estado de São Paulo (Cenesp), criada pelo Encontro em Defesa da Raça Negra, em 23 e 24 de maio de 1981, na Pontifícia Universidade Católica de São Paulo (PUC-SP). Em documento assinado por dezenas de entidades, apresentavam o seguinte programa:

- Contra o racismo; contra a marginalização do negro.
- Contra a divisão racial no trabalho; contra o desemprego e a perseguição racial.
- Contra a violência policial.
- Contra as condições sub-humanas de vida dos presidiários, em sua maioria negros.
- Contra a violência imposta aos menores abandonados, em sua maioria negros.
- Contra a comercialização, folclorização e distorção da cultura negra.
- Contra a discriminação racial nas escolas.
- Pela inclusão da disciplina "História da África e do negro no Brasil".
- Contra a exploração sexual, social e econômica da mulher negra.
- Por quadras para escolas de samba, blocos, afoxés e cordões.

- Pela garantia das leis trabalhistas às empregadas domésticas, em sua maioria negras.
- Pela luta internacional contra o racismo.

Aos poucos, vai se consolidando um arco temático em torno do qual converge a noção de discriminação racial, e de cada tema obtém-se uma interpretação do que é a experiência social negra nas várias instituições sociais, como a escola, o trabalho, os meios de comunicação, a saúde.

Durante esse período, a ditadura militar estava em seu último estágio, e o ditador João Batista Figueiredo (1979-1985) fazia uma transição "lenta, gradual e segura"[19] para a democracia. O sistema partidário já possuía vários partidos de inspiração popular, era ideologicamente amplo, da esquerda à direita, comportando até a atuação de ex-exilados políticos do regime. Em 1982, tais partidos disputariam sua primeira eleição pelo voto direto, e muitos atores que protagonizaram o início do processo de contestação do regime e de abertura seriam candidatos a vários cargos (figura 7). Entre eles, estava Milton Barbosa, que quatro anos antes fora dos principais organizadores do ato fundacional do MNU.

Na agenda de comprometimento que Milton Barbosa assumia, destacavam-se a discriminação racial, o trabalho/emprego, a violência policial e os valores de liberdade, democracia e igualdade. Essa agenda era reproduzida de maneira um pouco mais ampliada no programa do PT para o governo do estado de São Paulo, na chapa encabeçada por Luiz Inácio Lula da Silva, no documento "O negro e o Partido dos Trabalhadores", que terminava com as seguintes palavras de ordem, bastante

19 Eram esses os termos usados pelos canais oficiais do governo federal ao assumir o processo de transição rumo à democracia formal.

Lula Governador

Hélio Bicudo Vice-Governador

Jacó Bittar Senador

Lélia Abramo Suplente de Senador

Milton Barbosa

Deputado Federal

Milton Barbosa foi um dos fundadores do Grupo Decisão, principal grupo que rearticulou o Movimento Negro na década de 70. Atuou junto aos trabalhadores metroviários, tendo sido conselheiro da Associação dos Empregados da Companhia do Metropolitano do Estado de São Paulo, hoje Sindicato dos Metroviários. Em 7 de julho de 1978 o Movimento Negro Unificado foi lançado publicamente, do qual Milton Barbosa é fundador e ex-membro da Comissão Executiva Nacional. Através da participação na Comissão de Negros do PT, vem contribuindo para esclarecer o Partido em relação à situação do negro e a buscar, com a população negra, qual é o papel que o Partido tem que cumprir para contribuir na luta contra o racismo e a exploração.

Hamilton de Souza

Deputado Estadual

Hamilton Octavio de Souza é jornalista profissional, trabalhou em "O Estado de S. Paulo", no "Diário do Povo" de Campinas e na "Folha de S. Paulo". Tem apoiado a imprensa alternativa e sindical e já colaborou com "Movimento", "Brasil-Mulher", "Folha Bancária" e "Jornal da Vila", entre outros. Em 1981, recebeu o prêmio Vladimir Herzog de Direitos Humanos, outorgado por entidades sindicais e democráticas. Há vários anos participa das lutas de oposição e do movimento sindical e popular. Foi membro da diretoria executiva do Sindicato dos Jornalistas, de 1975 a 1978.

Participou da campanha pela Anistia e dos comitês de solidariedade às greves do ABC. Atualmente faz parte da coordenação do CBS — Comitê Brasileiro de Solidariedade aos Povos da América Latina — e é professor de jornalismo na Universidade Católica de São Paulo.

PT

Figura 7: Candidaturas de Milton Barbosa e Hamilton de Souza. Fonte: Acervo de Reginaldo Bispo, 1982.

semelhantes às reivindicações do documento do Encontro em Defesa da Raça Negra, citado anteriormente:

- Contra a discriminação racial.
- Contra o desemprego.
- Contra a divisão racial do trabalho.
- Contra a violência policial.
- Contra a violência ao menor abandonado.
- Contra as condições sub-humanas de vida dos presidiários.
- Por melhores condições de moradia.
- Pela inclusão da história da África e do negro no Brasil nos currículos escolares.
- Por quadras para escolas de samba, blocos, afoxés e cordões.
- Contra a comercialização, folclorização e distorção da cultura negra.
- Contra a exploração racial, sexual e econômica da mulher negra.
- Pela garantia de direitos trabalhistas às empregadas domésticas.
- Pela luta internacional contra o racismo.

A violência policial é novamente abarcada pela ponte semântica da discriminação racial, que expressa o conjunto das experiências de desrespeito à população negra e é associada a outras dimensões da vida social, como o trabalho, a educação, a moradia, o cárcere, as relações de gênero etc. O tema do trabalho passa a ser fortemente associado ao problema da violência policial e, ao longo dos anos, ganha proeminência e uma agenda mais efetiva do ponto de vista da elaboração de políticas e soluções.

O fato é que passou a haver uma elaboração muito interessante entre violência policial e o mundo do trabalho, como mostra o documento "Trabalhador negro, de escravo a desempregado":

> O trabalhador negro, a partir daí [da assinatura da Lei Áurea], foi alijado do mercado de trabalho através da violência e da perseguição

policial aos negros, à discriminação racial na produção e na concessão de direitos e privilégios à população imigrante da Europa. Em nenhum momento os patrões e governadores da época cogitaram dar terras aos ex-escravos, dar-lhes formação técnica para uma participação igual no mercado de trabalho, permitir-lhes a organização livre e independente. Ao trabalhador negro restou a marginalidade na produção, os piores cargos, o subemprego e desemprego, os piores salários e a repressão e violência ante qualquer esboço de organização.

Trabalhador negro que nos dias atuais também sofre o reflexo da crise econômica que se abate sobre o país. Basta perguntar ao seu amigo negro, observar uma família negra ou então olhar as fotos publicadas nos jornais durante os recentes quebra-quebras que começaram em Santo Amaro; somos uma comunidade em busca de empregos; uma legião onde uma grande parcela está desempregada e começa a ficar desesperada com esta situação. Situação que se agrava porque é vista como caso de polícia:

UM HOMEM SEM CARTEIRA ASSINADA, PARA A POLÍCIA É UM MARGINAL.

E SE FOR NEGRO, ENTÃO... PAU NELE!

É este o trabalhador negro, quem sofre discriminação na admissão do trabalho, [e] só é admitido nas piores funções. Isto, hoje, é reconhecido por organismos do próprio governo, pois recentemente o Sine — Sistema Nacional de Emprego, do Ministério do Trabalho, em matéria publicada na *Folha de S. Paulo* (15 abr. 1983), reconheceu estar "encontrando dificuldades para colocar trabalhadores negros nas vagas oferecidas pelas empresas". Segundo os funcionários daquele organismo, "por mais eficiente que seja, não adianta mandar trabalhador negro para empresas que não aceitam negros. Ele será fatalmente recusado".

O documento se encerra com as palavras de ordem: "Que a barreira da discriminação racial para o acesso aos empregos comece a ser derrubada pela classe trabalhadora. Contra a discriminação racial na admissão de empregos! Contra o desemprego!". E é assinado pelas organizações que compõem a Cenesp:

> Movimento Negro do Instituto Metodista — São Bernardo do Campo
> Movimento Sócio-Cultural da Comunidade Negra de São José dos Campos
> Centro Afro-Brasileiro André Rebouças — Carapicuíba
> Movimento Negro Unificado — Campinas
> Movimento Negro Unificado — São Paulo
> Grupo Negro da PUC — São Paulo
> Movimento Negro de Piracicaba
> Comissão de Negros do Partido dos Trabalhadores — São Paulo
> Movimento Negro do PDT — São Paulo
> Grupo de Arte Negra de Araraquara (Gana)
> Frente Negra de Ação Política de Oposição (Frenapo) — São Paulo
> Escola Cultura Áurea Brasileira Artes e Ofícios (Ecab) — São Paulo

Essa agenda também está presente na atuação do Conselho da Comunidade Negra, criado em 1983 pelo governador Franco Montoro, valendo-se da facilidade de institucionalizar uma agenda que possui um alto grau de regulamentação desde a criação do Ministério do Trabalho e da sanção da Consolidação das Leis do Trabalho. Da mesma forma, deve haver contribuído para isso a estrutura sindical presente no Brasil daquele momento, cuja institucionalização provia o sustento financeiro aos sindicatos e propiciou a ascensão bem-sucedida de novas lideranças que se destacavam nas greves desde 1976.

Assim, a formação de consensos e a dispersão dos atores é um elemento da gramática racial contra a violência policial. O que pode ser visto como divisão ou desentendimento entre os agentes pode também ser interpretado como uma autorização para atuar por outros meios de representações de modo legítimo, uma vez que os termos da luta estão dados. Por isso é que temas como desigualdade racial no mundo do trabalho ou a própria violência policial ganham desdobramentos em outras organizações e espaços, mesmo institucionais, como veremos a seguir.

CPDCN: a primeira experiência de institucionalização

> O início de uma agenda propositiva para o problema da violência policial só começa com o Conselho quando nós começamos a pensar possibilidades para esse tema. Mas isso morreu ali naqueles quatro anos. E depois, os que entraram, eles não falaram mais desse assunto... por limitações etc., mas não falaram mais. E quando o pautam, só pautam reagindo, não pautam como uma coisa que precisa ser trabalhada sistematicamente.
>
> É um assunto desconfortável, duro e não há muito espaço para isso. É um assunto difícil de trabalhar. Quando eu estava no Ministério da Justiça, tinha mais possibilidade, porque a relação era outra. Mas fui percebendo que os caminhos que nos oferecem para trabalhar são muito estreitos... É curso de direitos humanos... Eu fui um dos críticos, porque não funcionam. Você tem que acoplar isso a alguma coisa que condicione a mudança de comportamento dos policiais. Sempre me lembro do que um cara me falou, um coronel negro, chamado Jorge da Silva. Ele disse o seguinte: "Você acha mesmo que policial não sabe que ele não pode esculachar o negro, você acha que ele precisa de

> informação para dizer que isso é errado? Claro que ele sabe! Por que que ele não faz, então, essa que é a pergunta, por que é que ele não faz?" (Santos, 2020)

As eleições em São Paulo em 1982 deram a vitória a André Franco Montoro, candidato do PMDB, partido de oposição moderada ao regime, cujo programa político era inovador para a época e cujas políticas públicas são, até os dias atuais, consideradas exemplares em vários aspectos, inclusive no que tange a participação social e segurança pública. Uma das medidas do governo Montoro foi criar o Conselho de Participação e Desenvolvimento da Comunidade Negra (CPDCN), vinculado ao governo de São Paulo.

Criado em 1983 e inicialmente presidido pelo economista Hélio Santos, ativista do movimento negro, o CPDCN era composto por membros da sociedade civil organizada, basicamente dos movimentos negros, e por representantes do poder público. A entidade existe até hoje, mantendo-se atuante, e funcionou como um instrumento de interlocução dos movimentos negros com o governo democraticamente eleito. Embora fosse uma instituição mormente estatal, por vezes podia ser confundida com o movimento social por falar ao governo.

Sua agenda não se distanciava muito do que o movimento negro em geral discutia, apesar de haver divergências. Grande parte da unidade que se formou em torno do MNU estava concentrada em partidos como PT (que reunia militantes da esquerda socialista) e PDT, que trazia em seus quadros Abdias do Nascimento, em torno do qual outros militantes gravitavam. Havia, ainda, os militantes do antigo MDB, que, desde meados de 1970, já possuía uma militância institucional, com práticas de construção partidária e disputas eleitorais.

Embora houvesse certo distanciamento, as alianças também existiam, com diálogo direto e mesmo indireto. Como é possível notar, há diferenças nas agendas do CPDCN ao responder a episódios de violência policial ou no desenvolvimento de uma agenda de debates sobre o combate à discriminação racial na área do trabalho ou da educação — isto é, sempre associando pautas de caráter econômico e cultural.

De acordo com Ivair dos Santos (2020), um dos articuladores do CPDCN, a ideia surgiu da experiência das mulheres que estavam procurando fazer o mesmo. A proposta de criar conselhos que estabelecessem uma relação entre governo e sociedade civil surgiu também na área da segurança, quando a Secretaria Estadual de Segurança Pública passou a incentivar a criação do Conselho Comunitário de Segurança Pública (Conseg), que tinha entre seus objetivos aproximar a polícia da comunidade e promover o policiamento comunitário.

Uma vez estabelecido, o CPDCN passou a criar comissões de trabalho, entre as quais se destacava a comissão com foco nas relações de trabalho, cuja interlocutora principal era Maria Aparecida da Silva Bento Teixeira. A comissão deixou documentada sua plataforma de ação, um planejamento, seminários, pesquisas, relatórios etc., além de atuar junto ao Grupo de Orientação em Situação de Discriminação Racial no Trabalho na Secretaria de Relações de Trabalho, que cuidava das queixas de pessoas que passavam por processos de discriminação racial no ambiente laboral. Um dos desdobramentos disso foi, inclusive, a criação de uma organização não governamental que já trazia a questão no próprio nome: Centro de Estudos Étnicos e Relações do Trabalho (Santos, 2020).

A parceria na agenda do CPDCN incluiu também o Sindicato dos Metalúrgicos de São Paulo, por meio de seu presidente, Joaquim dos Santos Andrade,[20] e suscitou a produção de rela-

20 Joaquinzão, como era conhecido, comandou por décadas o Sindicato dos Metalúrgicos de São Paulo, chegando ao cargo de presidente por meio de intervenção federal, em 1965.

tórios bem elaborados, com precisão de diagnósticos e objetividade ao traçar os caminhos a seguir. Soube-se, então, que, por mais burocratizadas que fossem as relações de trabalho no Brasil, inclusive por haver um código próprio e uma justiça em separado — a Justiça do Trabalho —, problemas ligados à discriminação racial não podiam ser encaminhados dentro dos arranjos existentes.[21] Além disso, devido à ausência de serviços jurídicos especializados na questão racial, esses órgãos passaram a ser acionados para resolver problemas relativos a todas as questões ligadas a ofensas e conflitos envolvendo injustiças contra pessoas negras. No médio prazo, esse acúmulo acabou servindo à construção legislativa da Constituinte, junto aos debates sobre a Lei Afonso Arinos, no processo político pela inclusão do crime de racismo no Código Penal, pela Lei Caó.[22]

A violência policial continuou a ser tematizada de modo reativo no CPDCN, por meio da ponte semântica da discriminação racial, como aponta este trecho do documento "Plano de ação governamental", de 1985:

> Quanto à situação encontrada pelo Conselho, é de extrema gravidade no que se refere à discriminação racial nos seguintes setores:
>
> Mercado de Trabalho;
> Segurança Pública e Justiça;
> Promoção Social (de maneira especial o menor abandonado);
> Educação e
> Meios de Comunicação.

21 O material sobre o assunto é muito mais detalhado do que o exposto aqui e renderia, sem dúvida, insumos para uma respeitável agenda de pesquisa.
22 A Lei Afonso Arinos e a Lei Caó versam sobre a discriminação racial. A primeira, de 1956, é mais branda, e a segunda, de 1988, pune a discriminação racial como crime inafiançável.

Ou neste trecho de 1986, extraído de matéria publicada no *Jornal do* CPDCN:

> Para o trato da violência policial denunciada como suspeita de discriminação, foi ordenado às duas corporações policiais que instituíssem, nos seus currículos, palestras sobre o problema, esclarecendo sempre que o negro, hoje, nos estabelecimentos penais do estado de São Paulo, não constitui maioria do educando, como normalmente se supõe, fato este que inclina as pessoas a verem no negro o estereótipo do praticante contumaz de atos antissociais.

Ou, ainda, no seguinte trecho do documento "Procedimento", de 1986 (figura 10):

> Que seja incluído no processo de Formação e Reciclagem: palestras [e] debates sobre discriminação racial e violência policial, na Polícia Militar e na Polícia Civil com membros do Movimento Negro e do Conselho de Participação e Desenvolvimento da Comunidade Negra.

Como dissemos, o CPDCN atuava de forma reativa quanto à violência policial, respondendo por meio de manifestações públicas e promoção de reuniões entre movimento negro e autoridades do governo, como no caso do assassinato de Benedito Ezequiel, ocorrido em 1984, sobre o qual discorreremos adiante.

Em 1985, o CPDCN foi acionado para lidar com um problema que acometeu um de seus membros. O episódio não acabou em mortes, mas a polícia agiu de modo violento, espancando o conselheiro Romeu Macedo porque este tentou agir em defesa de um conhecido. A agressão ocorreu quando policiais foram até a Rua Silveira Martins e invadiram uma festa familiar, promovendo "um cenário de guerra", ferindo várias pessoas, levando outras para a delegacia, chegando a prender um dos presentes e deixando outro hospitalizado.

Ainda que o documento esteja sem assinatura, ele serviu de base para a articulação de uma reunião com Michel Temer, então secretário de Segurança Pública de São Paulo, e várias organizações negras:

- Conselho da Comunidade Negra;
- Grupo Acorda Negro;
- Juventude Negra de Mogi;
- Banda-Lá;
- Assessoria de Assuntos Afro-Brasileiros da Secretaria da Cultura;
- Conselho Nacional de Cine-Clubes;
- Grupo Negro da PUC;
- Associação Brasileira de Mulheres da Carreira Jurídica;
- Casa da Mulher;
- Ordem dos Advogados do Brasil (OAB);
- *Voz da Unidade* [jornal];
- Movimento Negro Unificado (MNU);
- Comissão do Negro do PT;
- Coletivo de Mulheres Negras;
- Conselho da Condição Feminina;
- Convergência Socialista;
- Comissão de Justiça e Paz;
- Associação de Sociólogos do Estado de São Paulo (Asesp);
- Associação de Sociólogos do Brasil (ASB).

Na ocasião, outras autoridades estiveram presentes, como os parlamentares Benedito Cintra (PMDB) e Eduardo Suplicy (PT), além do próprio secretário de Segurança Pública (figuras 8 e 9).

A sequência dos eventos e a agenda de proposições na área das políticas de formação policial foram registradas pelo CPDCN no documento "Procedimento" (figura 10).

Figura 8: Ivair dos Santos (de gravata) recebendo Adir Nogueira (braço enfaixado), que sofreu violência policial, para reunião com Michel Temer. Fonte: Acervo Edgard Leuenroth/ Unicamp, Fundo Voz da Unidade.

Negros reivindicam a Temer melhor tratamento policial

Utaro Kanai

Temer recebe representantes do Movimento Negro

Durante a manhã de ontem, representantes do Movimento Negro, do Conselho de Participação e Desenvolvimento da Comunidade Negra, e membros de partidos políticos, como Eduardo Suplicy (PT) e o deputado Benedito Cintra (PMDB), estiveram reunidos com o secretário da Segurança, Michel Temer, para reivindicar uma conscientização da Polícia em relação ao tratamento dispensado para com os negros, discriminatório, segundo eles.

Segundo um dos componentes do Conselho, Romeu Macedo, no último dia 19, quando dava uma festa em sua casa, foi abordado por um policial, na entrada de seu apartamento, sob a alegação de que ali estava havendo uma briga. "Ele subiu comigo e viu que não havia nada, nem vitrola ligada não tinha e sim crianças, brincando. Quando desci para fechar a porta, um amigo estava sendo abordado por outro policial. Fui saber o que estava acontecendo e perguntei se tinham um mandato de prisão para levar meu amigo. Aí fui agredido e espancado".

Em seguida, ele contou que a Polícia chamou reforço e todas as pessoas que estavam na festa (homens e mulheres) e que haviam descido para ver o que acontecia, foram espancados. "Exceto as crianças que assistiram tudo e foram agredidas, psicologicamente".

Um dos rapazes, José Pereira, foi levado para o 1.o Distrito Policial e solto, posteriormente, mediante o pagamento de uma multa de 10 mil cruzeiros, segundo Romeu Macedo.

"A partir daí, começamos a mobilizar todos os setores de movimentos sociais e partidos políticos para vir na Secretaria de Segurança, reivindicar que o secretário Michel Temer tome medidas concretas em relação a este e outros casos semelhantes. Não queremos ser diferente, e sim, ter o mesmo tratamento que as demais pessoas", finalizou Romeu Macedo.

O secretário Michel Temer afirmou que vai apurar o caso de agressão e prometeu estudar um plano para atender as reivindicações dos negros, que hoje voltam a se reunir com ele, para apresentar sugestões.

Figura 9: Reportagem "Negros reivindicam a Temer melhor tratamento policial".
Fonte: Acervo de Ivair dos Santos (UEIM-UFSCar).

PROCEDIMENTO

19/01/86 Ocorre o incidente

20/01/86 Contatadas as entidades do Moviemnto Negro para tirar mos um plano de ação!***

21/01/86 Feito o Boletim de Ocorrencia e encaminhamento para o 7º Batalhão

***

1 - Aparato Juridico e elaboração do B.O.

2 - Marcar audiência com Secretário Michel Temer

3 - Elaboração de um dossie sobre violências anteriores

4 - Apresentar ao Secretário Michel Temer duas propostas:-

a - Que seja incluido no processo de Formação e Reci - clagem :- Palestras Debates sobre discriminação ra- cial e violência Policial, na Policia Militar e na Policia Civil com membros do Movimento Negro e do Conselho de Participação e Desenvolvimento da Comu- nidade Negra.

b - Que seja feita na Secretária da Segurança uma Cen- tral de atendimento aos casos de discriminação ra cial e violência Policial, 24(vinte e quatro)hs/por dia.

22/01/86 Fazer contato com imprensa e entidades da Socieda de Civil e do Movimento Negro para ato na Secreta ria.

24/01/86 Ato na Secretaria da Segurança entrando uma Comis são para falar com o Secretário Michel Temer e a presentação da proposta do Movimento Negro

Figura 10: "Procedimento", documento do CPDCN. Fonte: Acervo de Ivair dos Santos (UEIM-UFSCar), 1986.

Mas nem sempre o CPDCN e as organizações negras conseguiam reagir a tudo. Prova disso é a escassez do registro de denúncias contra a violência policial de 1985 até 1988. Certamente, isso ocorre devido à interação do movimento negro com as agendas gerais do país, que naquele momento estavam mobilizadas para a construção da Assembleia Constituinte, em 1985.

Benedito Ezequiel: reconhecimento público e negação da justiça

Os anos de 1983 e 1984 foram um período marcado nacionalmente por uma grande mobilização popular nas ruas pelo fim da ditadura então encabeçada por João Batista Figueiredo. Como estava planejado, cumpria ao governo de turno fazer a transição para a democracia, o que significava basicamente que o próximo presidente da República precisava ser um civil (não militar). A grande questão girava em torno da forma como esse representante seria eleito, se pelo voto popular ou por um colegiado. A campanha Diretas Já pedia que as eleições fossem realizadas de modo direto por cada cidadão, mas acabou derrotada pelo Congresso Nacional, que negou o processo de eleições diretas para a escolha do presidente da República, delegando-a a um colégio de líderes. O presidente eleito foi Tancredo Neves, que acabou falecendo antes de assumir; seu vice, José Sarney, encabeçou o primeiro governo civil, entre 1985 e 1989.

As organizações negras estavam envoltas em agendas de mobilização cultural, na articulação com sindicatos, em interlocuções com governos constituídos e mandatos parlamentares. Foi com esse pano de fundo, marcado por um ânimo geral em que os movimentos sociais ganhavam mais musculatura, que ocorreu o assassinato de Benedito Ezequiel.

Benedito Ezequiel Pereira Filho nasceu, cresceu e morreu em Campinas, a mais importante cidade do interior do estado de São Paulo. Filho de uma família estruturada de classe média, tinha sete irmãos e morava em um bairro bem localizado. Começou a trabalhar como guardinha aos vinte anos na Companhia Paulista de Força e Luz (CPFL), onde ascendeu à posição de desenhista, ofício para o qual havia estudado.

No dia 13 de julho de 1984, após voltar do trabalho, Benedito saiu de casa, passou pela portaria do seu prédio e trocou algumas palavras com o vigia, a quem disse que ia dar uma volta. Num tempo em que a telefonia não era um serviço tão comum nas casas brasileiras, ele certamente iria ao encontro de sua colega de trabalho e namorada, que foi a testemunha ocular do homicídio. Depois daquela noite, Benedito não voltou mais para casa. Foi morto com um tiro na boca disparado por um policial militar.

Trata-se de um caso em que — assim como aconteceu com Flávio F. Santana em 2004, que analisaremos no capítulo seguinte — a vítima parecia não corresponder ao que se espera de um jovem negro, e sua circulação num espaço não negro gerou um ruído no entendimento dos policiais que o abordaram. É como se Benedito, ao apresentar-se sem roupas de trabalhador, postando-se na posição de vizinho ou consumidor, quebrasse algum pacto informal que separa as raças e rompesse com a harmonia do lugar. Diante de tal ruído, de tal crise, os policiais se sentiram autorizados a usar a força para restituir a ordem e o pacto racial. Benedito Ezequiel foi punido por romper os limites do seu lugar de negro (Gonzalez, 1982).

Contudo, o crime trouxe ampliada comoção à cidade de Campinas. Benedito era um jovem negro de 24 anos, a quem amigos, familiares e colegas tinham em alta consideração. Gostava de praticar esportes, tinha um bom emprego em uma reconhecida empresa e estava galgando posições no trabalho. Sua família era conhecida em Campinas, e um dos seus irmãos era dono de um salão de beleza com bastante projeção na comunidade negra campineira.

Pelo que indicaram as apurações do crime, o rapaz estava voltando para sua residência quando dois policiais militares, o cabo Luis Carlos Canoa de Oliveira e o soldado Floriano Camilo Baena, o abordaram a pretexto de exigir-lhe que apresentasse seus documentos, mas Benedito não os levava consigo, pois tinha apenas ido até a esquina para uma saída rápida. Os PMs estavam nas redondezas fazendo a segurança de dois estabelecimentos comerciais, a farmácia Dominique e a padaria Moraes Salles, cujo proprietário prestou depoimento contra os policiais e informou que estes trabalhavam "uns dias com, outros dias sem fardamento". Sem apresentar seus documentos, Benedito foi perseguido, recebeu pontapés e depois foi arrastado por mais de duzentos metros, segundo contou sua namorada ao jornal *Correio Popular*. A vinte metros de sua casa, um dos policiais encerrou o conflito atirando na boca de Benedito — a bala atravessou-lhe o crânio. A dupla de PMs levou a vítima para o hospital já em estado grave; no dia seguinte, o jovem desenhista faleceu.

A versão dos policiais, publicada no jornal, era a de que Benedito Ezequiel Pereira Filho estava embriagado, resistiu às ordens da abordagem policial e investiu fisicamente contra os homens da lei. Ainda de acordo com eles, Benedito Ezequiel portava um revólver calibre .38 com o qual teria atirado nos policiais e, em luta corporal com os dois, de alguma forma, atirou na própria boca.

O único tiro presente nesta contenda foi ouvido pelo vigia do prédio de Benedito, que foi informado por membros da vizinhança que seu conhecido havia sido a vítima do disparo. Um carro que por ali passava foi parado pelos policiais e conduziu os três — os dois PMs e a vítima — para o Hospital Irmãos Penteado. Testemunhas que viram os policiais levando Benedito ao hospital reportaram que eles não escondiam a pressa, o afobamento e mesmo alguma alteração de consciência, aparentando estar "embriagados" e "nervosos". A dupla deixou o corpo da vítima na entrada do hospital com expressa falta de zelo, partindo, logo em seguida, no mesmo veículo em que chegaram.

O evento repercutiu na imprensa local um dia após a morte de Benedito. Ainda com informações imprecisas, o jornal impresso campineiro dava a manchete, em 15 de julho de 1984, "Desenhista da CPFL morre em luta com policiais militares", reportando a versão dos policiais segundo a qual o tiro que matou Benedito fora disparado por ele próprio. Dois dias depois, o jornal trouxe em sua primeira página que "Morte de desenhista da CPFL gera revolta entre colegas", contestando a versão dos policiais.

Àquela altura, a questão alcançou o comando do 8º Batalhão da PM, com o major Germano Denizale defendendo seus subordinados. À versão dos PMs se contrapunham os testemunhos do vigia do prédio, da namorada de Benedito e do motorista do Fiat que transportou os três até o hospital.

O jornal registrou que o MNU organizava protestos contra a morte do desenhista, que o Departamento de Recursos Humanos da CPFL havia soltado nota à imprensa defendendo a imagem de seu funcionário, bem como o fizeram os próprios funcionários da CPFL em carta aberta à população, descrevendo "Benê" como uma pessoa querida por todos e com um passado inatacável. Com os protestos da comunidade negra, liderados pelo MNU, o caso recebeu a atenção de diversas autoridades, entre elas o então senador Fernando

Henrique Cardoso, que dez anos depois se tornaria presidente da República, e Ulysses Guimarães, deputado federal "altamente comprometido com os anseios populares" (figura 11).

O caso mexeu com os ânimos da sociedade campineira, como consta das descrições das reportagens publicadas no *Correio Popular*, espalhando revolta e desconfiança entre a população e os envolvidos. O vigia do prédio, tido por principal testemunha contra os policiais, chegou a desaparecer por alguns dias, levando muitos a dar por certa sua morte e creditá-la à lavra do cabo Canoa (*Correio Popular*, 21 jun. 1984, p. 1), em cujo currículo constavam ao menos quatro mortes e a suspeita de outras tantas.

Como esperado, a família de Benedito Ezequiel buscou justiça, procurou canais de denúncia e formas de apoio. O modo como os policiais inicialmente justificaram a morte de Benê, caracterizando-o como um "marginal", atacara a honra da família e incomodara os amigos, chegando ao Movimento Negro de Campinas e à empresa onde o jovem trabalhava, a CPFL, bastante respeitada na comunidade. Ao longo da cobertura pela imprensa, é possível acompanhar diversos gestos em defesa da honra da vítima.

Em 1984, o Movimento Negro de Campinas já possuía uma atuação destacada no estado de São Paulo e no Brasil. Com um acúmulo que ia de movimentos culturais à organização sindical e partidária, o Movimento Negro Unificado era a organização que mais legitimidade portava para reverberar os protestos da comunidade negra da cidade, pois vinha ganhando força desde sua organização, em 1978. Desde o início, o MNU trouxera consigo a bandeira do enfrentamento à violência e à discriminação racial promovidas pelas polícias, como conta Reginaldo Bispo:

> Já em 1974 a gente detectava uma certa... uma incidência constante da ação da polícia contra qualquer movimento... Contra jovens negros. Claro que não era só isso. Os caras reprimiam

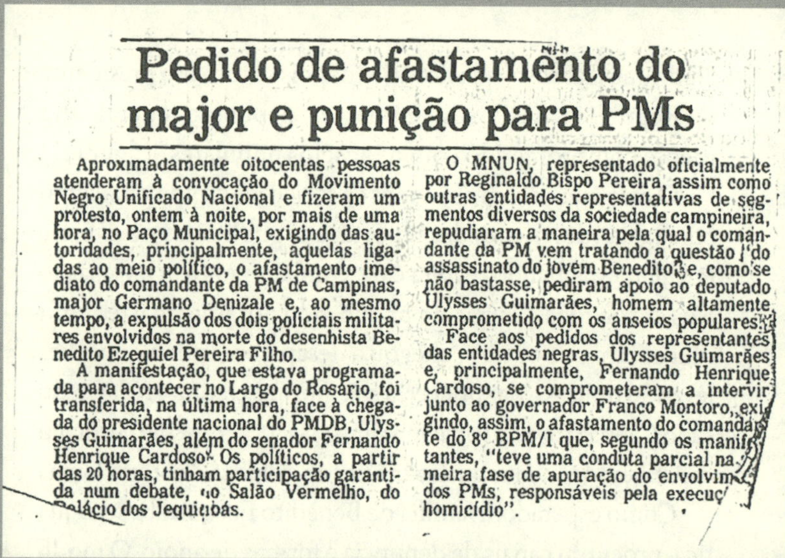

Pedido de afastamento do major e punição para PMs

Aproximadamente oitocentas pessoas atenderam à convocação do Movimento Negro Unificado Nacional e fizeram um protesto, ontem à noite, por mais de uma hora, no Paço Municipal, exigindo das autoridades, principalmente, aquelas ligadas ao meio político, o afastamento imediato do comandante da PM de Campinas, major Germano Denizale e, ao mesmo tempo, a expulsão dos dois policiais militares envolvidos na morte do desenhista Benedito Ezequiel Pereira Filho.

A manifestação, que estava programada para acontecer no Largo do Rosário, foi transferida, na última hora, face à chegada do presidente nacional do PMDB, Ulysses Guimarães, além do senador Fernando Henrique Cardoso. Os políticos, a partir das 20 horas, tinham participação garantida num debate, no Salão Vermelho, do Palácio dos Jequitibás.

O MNUN, representado oficialmente por Reginaldo Bispo Pereira, assim como outras entidades representativas de segmentos diversos da sociedade campineira, repudiaram a maneira pela qual o comandante da PM vem tratando a questão "do assassinato do jovem Benedito", e, como se não bastasse, pediram apoio ao deputado Ulysses Guimarães, homem altamente comprometido com os anseios populares.

Face aos pedidos dos representantes das entidades negras, Ulysses Guimarães e, principalmente, Fernando Henrique Cardoso, se comprometeram a intervir junto ao governador Franco Montoro, exigindo, assim, o afastamento do comandante do 8º BPM/I que, segundo os manif[estantes], "teve uma conduta parcial na [pri]meira fase de apuração do envolvim[ento] dos PMs, responsáveis pela execuç[ão do] homicídio".

Figura 11: Notícia sobre a morte de Benedito Ezequiel. Fonte: *Correio Popular*, 21 jun. 1984, p. 1.

umbanda e candomblé, os caras reprimiam… Em 1974, os caras tentaram impedir o ensaio da [escola de samba] Rosas de Prata lá em Campinas, na Vila Castelo Branco. A galera enfrentava a polícia… Então tem vários casos em que a polícia agia, e na verdade ela nunca deixou de agir contra a população negra.

> Mas saltava aos olhos nossos a forma como a juventude negra era abordada na rua, a toda hora. Estando em mais de um era inevitável, mas até sozinho ocorria também abordagem. Uma vez eu perguntei a um PM: "E aí, qual é? Por que eu?". E ele me respondeu: "É… No dia em que você for assaltado, você vai saber". [risos] Para você ver o conceito que os caras tinham, isso já em 1974. […]

> E no contexto da fundação do MNU, o sentimento de revolta e de repulsa e tal já estava latente, mas não estava organizado. Ele se organiza na véspera do 7 de julho, um mês antes começa a discussão por conta do racismo no Clube de Regatas Tietê, e quando vai se aproximando do 7 de julho [ato de fundação do MNU], ocorre o caso da prisão e morte do Robson Silveira da Luz em Guaianases. E essa história que é detonadora da história que junta o racismo sofrido pelos atletas com o assassinato do Robson. (Bispo, 2020)

Em 1984, quando o MNU completava seis anos de existência, a violência policial era pauta de destaque na luta contra a discriminação racial. Em meio à campanha pelas Diretas Já, em panfleto sobre o aniversário da abolição da escravidão, o tema se sobressaía:

> Devido a tudo isso é que nós negros REPUDIAMOS o caráter festivo da data 13 de maio, e as glorificações dadas à princesa Isabel e o seu papel histórico na libertação do negro.
>
> CONTRA O RACISMO
>
> CONTRA A VIOLÊNCIA POLICIAL
>
> PELA REAVALIAÇÃO DO PAPEL DO NEGRO NA HISTÓRIA DO BRASIL
>
> PELAS ELEIÇÕES DIRETAS JÁ

"Suspeição e cor da pele" foi o título de um artigo de Oracy Nogueira publicado na *Folha de S. Paulo*, no início do ano, assim como a violência policial foi tema do seminário "Seis anos de luta pelo fim do racismo", realizado de 29 de junho a 8 de julho de 1984, na capital paulista. Contudo, apesar dos anos de luta contra a violência de Estado, em meados de julho foi necessário novo levante do ativismo negro. Reginaldo Bispo comenta:

> Esse caso do Benedito Ezequiel, eu lembro de tudo com detalhes porque eu organizei todo o processo de manifestações. É um caso esdrúxulo! Porque nós temos aí um jovem negro de classe média que, de certo modo, [era] empregado estável da CPFL, que tinha um salário legal e morava num bairro legal, no Cambuí, em Campinas. E esse cara é abordado quase em frente ao prédio em que ele morava por dois PMs à paisana, dizendo que ele tinha roubado não sei o quê, ali no Cambuí. E como o cara era um cara grande, um cara forte, ele reagiu de modo que, "não, sai daí, eu não conheço vocês!", e o Benê jogou os dois no meio da rua.
>
> Esses dois PMs foram protegidos pelo comando da PM e pelo governo do estado na época, e pelo secretário de Segurança Pública, ninguém mais ninguém menos do que o Michel Temer. E, na hora de organizar o protesto, o pessoal do Conselho da Comunidade Negra, como fazia parte do governo Montoro, até foi lá com a gente tal. Campinas inteira estava lá, nós reunimos mais de mil pessoas, numa manifestação no dia em que o Fernando Henrique estava lá, cercamos a prefeitura, fizemos um puta barulho [...]. A gente exigia a prisão dos dois caras e a remoção do comandante da PM local!
>
> O Temer centriou. O presidente do Conselho da Comunidade Negra centriou. Os membros eram nossos amigos, mas centriaram. Hélio Santos... e Ivair [dos Santos] era vice na época... Quem mandava era o Hélio. O PSDBista de quatro costados era o Hélio Santos. Diante da cobrança da gente, eu fiquei muito

> puto com os dois. Me afastei dos dois a partir daí. Mas não teve jeito... A única pessoa que estava conosco era o delegado regional Armandio Malheiros, para quem depois a gente foi prestar solidariedade, porque o prefeito atacava e todo mundo estava atacando ele. O governo todo protegendo a polícia. (Bispo, 2020)

O principal ato foi chamado para o dia 28 de julho de 1984 (figura 12), quando estava marcada uma importante visita à cidade por políticos de oposição à ditadura militar, como Ulysses Guimarães e Fernando Henrique Cardoso. Mas não parou por aí. Com uma ampla aliança em torno da defesa das bandeiras que levantava, o panfleto (figura 13) era assinado por dezenas de organizações e pedia a punição dos policiais envolvidos, a responsabilização de outras instâncias da polícia em Campinas e o fim da discriminação racial e da violência policial.

Tamanho arranjo de forças acabou alcançando certo nível de institucionalidade na cidade de Campinas. Com as forças engajadas na defesa da memória de Benedito e contra a injustiça cometida pela Polícia Militar, a luta despertou "comoção geral" em "toda a sociedade" campineira, como apontou o noticiário local. Assim, da Câmara dos Vereadores da cidade veio a proposta de que Benedito Ezequiel deveria tornar-se nome de logradouro no município. Três meses após seu falecimento, o jovem desenhista em carreira ascendente na prestigiada Companhia Paulista de Força e Luz, assassinado injustamente pela Polícia Militar com um tiro na boca, em frente à própria casa, em um bairro de classe média alta de Campinas, virou nome de praça pública no Jardim Santa Lúcia. Foi no dia 21 de julho de 1984 que a Câmara dos Vereadores recebeu um pedido da Associação de Moradores do Jardim Santa Lúcia para que a praça pública do bairro fosse batizada com o nome da vítima. O protocolo, recebido em 8 de agosto de 1984, pedia justiça e solicitava a denominação do

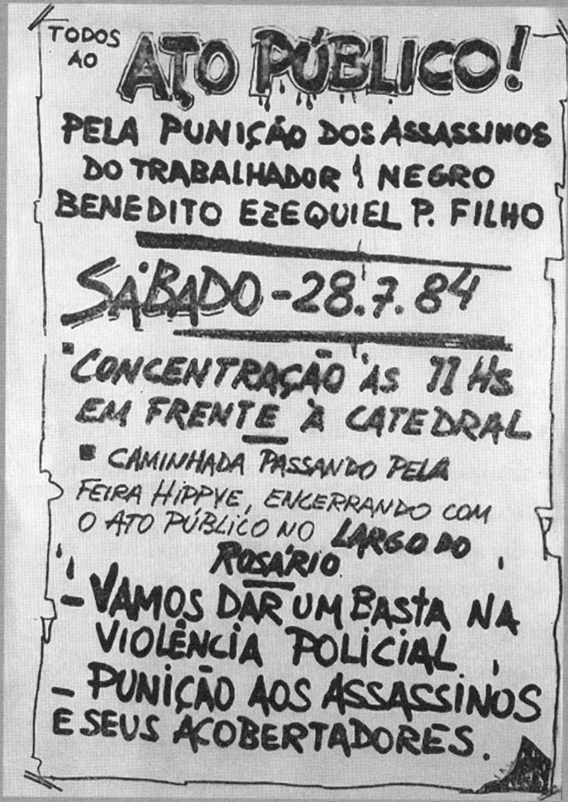

Figura 12: Chamamento para ato.
Fonte: Acervo de
Reginaldo Bispo, 1984.

PUNIÇÃO AOS ASSASSINOS DE BENEDITO EZEQUIEL

As entidades abaixo, vem a público denunciar mais um ato de VIOLÊNCIA POLICIAL, ocorrido na noite do dia 13 último, quando o jovem trabalhador negro BENEDITO EZEQUIEL PEREIRA FILHO foi baleado por policiais militares (cabo Luiz Carlos CANOA de Oliveira e soldado FLORINDO Camilo Baena), – que prestavam serviço particular a uma farmácia – resultando sua morte.

Fatos como esse, causa revolta em toda população trabalhadora e é uma reafirmação da forma violenta que a população, em particular, a população negra, vem sendo tratada há muito pelos órgãos policiais.

E mais ainda, temos que repudiar a atitude do Comandante do 8º B.P.M., Major Germano DENIZALI, que vem tentando de todas as formas, acobertar e proteger os policiais assassinos, bem como a todo comando da PM por atitude semelhante.

Convocamos o povo, bem como as entidades populares, associações, sidicatos, igreja e outras, a se solidarizarem nesta luta, para a REALIZAÇÃO DE UMA CONCENTRAÇÃO dia 28/07/84 às 11 horas em frente à Catedral de Campinas e CAMINHADA passando pelo Jardim Carlos Gomes encerrando com um ato público no Largo do Rosário para exigir a PUNIÇÃO dos policiais ASSASSINOS, e de seus acobertadores, de modo a lembrá-los que são pagos com dinheiro do povo, para proteger a população e não para assassiná-la.

– PUNIÇÃO AOS POLICIAIS ASSASSINOS, COM JULGAMENTO NA JUSTIÇA COMUM.
– DEMISSÃO DO MAJOR DEMIZALE E TODO O COMANDO DA PM EM CAMPINAS!
– FIM DA DISCRIMINAÇÃO RACIAL!
– FIM DA VIOLÊNCIA POLICIAL!

Apoiam:

Movimento Negro Unificado; Comissão Funcionários da CPFL; Entidades Negras: Liga Humanitária dos Homens de Côr, Coord. Entid. Negras do Est. S.Paulo, Soc. Negros Muçulmanos do Brasil, Centro de Cultura Afro-brasileira, Aliança Afro Brasileira, Movimento de Integração Social; Escolas de Samba: Assoc. Escolas de Samba de Campinas, Quilombo de Palmares, Renascença, Rosas de Prata, Estrela Dalva; Grupos: Afro-Soul, Luanda, Stars Blacks, Mi-Roberfram, Liberdade Canto e Dança-Ballet Afro; Sociedades e Associações de Moradores: P. Tropical, Mauro Marcondes, São Vicente, P. Universitário, Jd. Sta. Lucia, Pe. Manoel da Nóbrega, V. Rui Novais, Jard. C. Lourenço, V. Costa e Silva; Sindicato e Associações Profissionais: Bancários, Eletricitários, Gráficos, Petroleiros, Servidores da Unicamp, Assistentes Sociais do Est. S. Paulo, Vigilantes: Associação Moradores de Favelas: Jd Bandeiras, S. Quirino, Nogueira, D. Pedro II - Núcleo Iporã, Vila Brandina, V. Georgina, Pq. Universitário – Núcleo N. Parque, Jd. Anchieta, Real Parque, Jd Aeroporto, Sta Lúcia; FECANTA – Federação Campineira de Teatro Amador; JOC – Juventude Católica Operária; Jomac – Jovens Mensageiros de Cristo; DCE-Pucamp; União de Mulheres de Campinas; Centro de Defesa dos Direitos Humanos; Comissão de Justiça e Paz; Jornais: Em Tempo, Convergência Socialista, Tribuna Operária; Movimento Revolucionário 8 de Outubro; PT e Comissão de Negros do PT; PDT e Movimento Negro do PDT; PMDB; PTB.

Figura 13: Panfleto de ato público pela punição dos assassinos de Benedito Ezequiel. Fonte: Acervo de Reginaldo Bispo, 1984.

logradouro como homenagem não só a Benedito Ezequiel mas também a outros jovens negros que morreram de forma semelhante. Por meio do Decreto Municipal nº 8.241, de 19 de outubro de 1984, a Câmara oficializou o pedido.

Em fevereiro de 1985, alegando falta de provas, a Justiça Militar estadual absolveu os policiais envolvidos. O movimento negro esboçou reação a esta absolvição no ato de 21 de março (Dia Internacional pela Eliminação da Discriminação Racial), talvez de modo mais tímido, em um ato-debate chamado "Dia Internacional pela Eliminação do Racismo: um Brado pela Prisão dos Assassinos de Benedito Ezequiel!", que ocorreu no Sindicato dos Metalúrgicos de Campinas, em que pediam a prisão dos assassinos do jovem. O documento, assinado por apenas cinco grupos — o que demonstrava a dificuldade de prosseguir com a mobilização —, fazia uma comparação com a situação da África do Sul e afirmava:

> Mais um trabalhador negro inocente é morto, ficando os assassinos militares impunes, graças aos privilégios de que gozam os "homens da lei".
>
> Segunda-feira, 25 de fevereiro último, ficará marcada na consciência da população campineira como o dia da farsa, em que a cúpula militar do estado declarou absolvidos e inocentes dois notórios assassinos — o cabo Luís Carlos Canoa de Oliveira e o soldado Florindo Camilo Deana —, mesmo diante de todas as provas e confissões dos dois indivíduos.
>
> E é com indignação por mais este ato imoral e também criminoso do Tribunal Militar de São Paulo, que as entidades abaixo relacionadas vêm a público denunciar o que entendem estes senhores por justiça e por onde pretendem trilhar após o fim destes vinte anos de arbítrio da ditadura militar. Conclamamos, assim, a comunidade negra, os trabalhadores, os jovens e a população em geral a cerrarem as fileiras na luta contra o

racismo e a violência policial e a repudiarem, de forma veemente, a atitude dos covardes que lavaram as mãos ou foram coniventes, tentando acobertar os culpados deste bárbaro assassinato. E, nesse sentido, exigindo o fim do fórum privilegiado para os militares que praticam crimes contra civis e julgamento civil para os assassinos de Benedito Ezequiel. Além de prestar, nesta data, solidariedade à luta contra o regime racista da África do Sul e exigir providências do governo estadual e federal para esses problemas.

PRISÃO PARA OS ASSASSINOS DO BENEDITO EZEQUIEL

FIM AO FORO PRIVILEGIADO PARA OS POLICIAIS MILITARES

ROMPIMENTO DE TODAS AS RELAÇÕES COM O GOVERNO DA ÁFRICA DO SUL

POR UMA AUTÊNTICA DEMOCRACIA RACIAL!

A imprensa local cobriu os desdobramentos judiciais do caso até dois anos depois do ocorrido, quando aparentemente houve a última condenação de um dos policiais, em 5 de junho de 1986. Eles foram julgados pela Justiça Militar e, apesar de ambos terem sido desligados da corporação, chegaram a ser absolvidos em 25 de junho de 1985. A decisão repercutiu até mesmo na CPFL, cujo presidente, Rogério Cerqueira Leite, engajado na defesa de seu finado funcionário, recorreu aos "melhores advogados" no processo (figura 14).

Já em 1984 Florindo foi demitido, e Canoa, sobre quem pesavam outras acusações, foi expulso da corporação. Em 1985, a decisão da 3ª Auditoria da Polícia Militar, como chamou a atenção a imprensa, contrariou até mesmo a tese da defesa, que sustentava a versão do homicídio culposo, e o veredicto absolveu os acusados com alegação de falta de provas. Mas, no ano seguinte, em 7 de junho de 1986, o *Correio Popular* informava: "Pela morte de Benê, dois anos de prisão para o ex-cabo Canoa".

Recurso contra sentença

O físico Rogério Cerqueira Leite, presidente da Companhia Paulista de Força e Luz — CPFL —, anunciou ontem em Campinas que a empresa pretende contratar "os melhores juristas e criminalistas do País" para atuar no recurso que será interposto contra o resultado do julgamento dos ex-soldados Florindo Camilo e Cabo Canoa, da PM, que no ano passado assassinaram o desenhista Benedito Ezequiel Pereira Filho, funcionário da empresa. Os PMs foram absolvidos anteontem sem São Paulo durante julgamento na Terceira Auditoria Militar, mesmo depois de ambos terem confessado a autoria do homicídio. "O que está em caso não é exclusivamente o episódio em si, mas muito mais do que isso: a impunidade dos responsáveis. Afinal, a PM é uma instituição que lida com civis e por civis deveria ser julgada" — afirmou Cerqueira Leite.

Figura 14: Notícia relatando que presidente da CPFL recorre de sentença. Fonte: *O Estado de S. Paulo*, 27 fev. 1985.

O protesto não foi adiante em razão da busca por privacidade que a família de Ezequiel reclamou a certa altura do litígio, mas o caso ganhou amplitude. Certamente, os vetores de raça e classe se cruzam nesse evento, em que policiais brancos assassinam um homem negro num bairro de classe média alta numa grande cidade do interior de São Paulo. Os policiais não alegaram a busca de um bandido nem confusão ou engano. É provável que a ação violenta dos policiais tenha sido informada pelo *habitus* racial (Monsma, 2016), que torna a presença de um indivíduo negro naquele bairro um incômodo para os policiais brancos com quem compartilhava o espaço em condições desiguais — Benedito, negro, como consumidor e morador; os PMs, brancos, como seguranças. Talvez os policiais tenham se sentido incomodados por ter que prestar um tipo de deferência a uma pessoa negra, ou talvez tenham sido informados de que a presença de um homem negro ali não era bem-vinda pela vizinhança, ou a junção das duas coisas. Como as cenas descritas por Monsma (2016), esse tipo de conflito acaba sendo algo previsível.

Ainda assim, conforme os registros mostram, foi rápida a reação articulada do protesto negro, bem como o reconhecimento público de que Benedito Ezequiel era inocente. Essa mobilização contou com amplo arco de alianças, desde as várias reportagens a respeito dele no jornal da cidade, passando pelas homenagens públicas prestadas por vereadores, até a adoção de seu nome para logradouros municipais. Inicialmente, os policiais seguiram o protocolo extralegal, acusando a vítima de tentativa de homicídio, burlando a cena do crime ao "plantar" uma arma e atribuir sua posse à vítima. Entretanto, as forças contrárias aos policiais foram muitas, desde as testemunhas que acompanharam as cenas fatais, os donos dos estabelecimentos comerciais aos quais prestavam o serviço de segurança (a farmácia e a padaria), até os colegas de trabalho de Benedito Ezequiel, seus chefes e a cúpula da prestigiada empresa da cidade onde trabalhava.

Os policiais *confessaram* o crime, e, mesmo assim, o julgamento ficou restrito à Justiça Militar e os juízes custaram a julgá-los culpados. A forma como o caso foi tratado pela Justiça indica que o grande fator que condenou os policiais, ao final, foi a comoção e a repercussão pública do caso, resultado também da atenção e do esforço de organizações negras. Isso significa dizer que, para a Justiça, o evento poderia não ser julgado como crime, como conflito, como algo a ser judicializado, como se o encerramento do ciclo de vida de um indivíduo negro por parte de um agente do Estado não fosse uma quebra do pacto social, da ordem. É impossível escrever a história no futuro do pretérito; contudo, se o fato foi tratado como conflito, como litígio, foi por obra da comoção social que emergiu da rede de relações da vítima, uma rede que abarcava inúmeras associações e várias esferas da vida política. Benedito Ezequiel tinha uma vida plena, uma vida que foi encerrada pela ação do Estado.

A Constituinte e o obstáculo das agendas gerais

A ideia de uma campanha contra a violência policial foi bem fundamentada em vários documentos produzidos pelas organizações negras, mas a urgência de acompanhar o processo de democratização afastou a possibilidade da sua concretização e futuras formulações de superação do problema. A articulação do movimento negro durante o processo constituinte ocupou grande parte da agenda de sua atuação, que começou focando a reivindicação de um representante negro no grupo de notáveis montado por José Sarney em julho de 1985, meses após sua posse, pois a primeira versão do grupo que trabalharia em um documento-base para apresentar à Assembleia Nacional Constituinte não tinha nenhum representante negro. Por pressão do movimento negro, José Sarney encontrou um entendimento indicando Hélio Santos, economista que integrava o CPDCN de São Paulo, e Gilberto Freyre.

Um dos primeiros debates que ocorreu nesse sentido foi encabeçado pelo escritor Luiz Cuti em 1985, com o tema "Menor abandonado — negro e a educação". O CPDCN percorreu o estado de São Paulo, promovendo palestras sobre a Constituinte. Em Campinas, em novembro de 1985, foi realizado o maior evento sobre o tema, a Jornada do Negro pela Assembleia Constituinte, com todas as principais organizações e lideranças negras e apoio da Fundação Ford, da CPFL, do Ministério da Cultura e da Secretaria Municipal de Cultura de Campinas. Em 1986, houve o Encontro de Negros Pró-Constituinte.

O processo amplamente participativo da Assembleia Nacional Constituinte legou muitos avanços para a questão racial, como a introdução da questão quilombola, a ampliação da dimensão cultural, o voto dos analfabetos e a criminalização da discriminação racial (Neris, 2015). Contudo, como demonstram Guerra e Machado Filho (2018), e como relata Ivair dos Santos em entrevista concedida ao autor, a Polícia Militar e a Segurança Pública passaram de certa forma ilesas pela mobilização popular. A subcomissão que tratava do assunto foi frequentada por militares, tendo apenas uma participação civil em um único dia — a de Márcio Thomaz Bastos, então presidente da OAB.

PC RAMOS: Você estava dizendo que, durante a Constituinte, nem a Segurança Pública e nem o SUS receberam uma atenção estratégica do movimento negro.

IVAIR DOS SANTOS: Não.

PC RAMOS: Esses são os dois capítulos da Constituição que versam diretamente sobre a gestão da vida...

IVAIR DOS SANTOS: A gente elegeu a questão da segurança, mas faltou a questão do genocídio, e já tínhamos elemento para poder falar de genocídio, pois o Abdias já tinha nos alertado sobre isso. (Santos, 2020)

Assim é reforçado o caráter reativo do protesto negro contra a violência policial, mas não só. A Polícia Militar não era um problema exclusivo dos movimentos negros. Embora fosse a população negra que mais sofresse com a polícia, havia um incômodo do setor civil como um todo que era rescaldo da ditadura militar. No entanto, esse incômodo de todos os lados não se converteu em agendas propositivas, pressão e transformação institucional.

A forte movimentação de negros em torno dessa agenda teve como principais resultados a base do reconhecimento da terra como propriedade legítima de populações remanescentes de quilombos, bem como a Lei nº 7.716, de 5 de janeiro de 1989, que define os crimes resultantes de preconceito de raça ou de cor, basicamente criminalizando os atos de discriminação racial.

É verdade que houve interlocuções institucionais, como as reuniões com autoridades do governo do estado, como secretários e parlamentares progressistas e representantes do Conselho da Comunidade Negra. Contudo, não foi possível questionar as bases institucionais da ação policial. Na década de 1980, os atores ainda possuíam motivos para creditar a problemas de cunho individual — como o preconceito — o fato de policiais civis ou militares terem problemas com indivíduos negros. Naquele momento, foi possível apenas sugerir melhorias na formação dos agentes de segurança pública, incrementando os currículos com conteúdos ligados aos direitos humanos.

Ao longo do período de 1978 a 1988, uma investida das organizações negras apontou a existência de discriminação racial para que uma "verdadeira democracia racial" fosse construída quando emergisse um novo pacto democrático no Brasil. Contudo, com o suporte da ponte semântica da discriminação racial, o protesto negro parece ter privilegiado a promoção da punição penal de um tipo de relação social que configurasse o desrespeito a indivíduos negros nas suas redes de sociabilidade, logrando criminalizar os atos de discriminação racial na tipificação do crime de racismo. Foi um marco não apenas legal mas simbólico, uma vez que permitiu às vítimas de racismo buscar a Justiça e dialogou com a denúncia da falibilidade do mito da democracia racial.

O debate sobre outras pautas avançou, como o da cultura, com a criação da Fundação Cultural Palmares, e o acúmulo de debates sobre relações de trabalho permitiu que posteriormente se criasse uma ONG dedicada exclusivamente a isso, o Centro de Estudos das Relações de Trabalho e Desigualdades, em São Paulo. A questão de gênero em torno da mulher negra teve o mesmo encaminhamento.

Quanto à violência policial, a agenda careceu de formulação positiva com impactos positivos. As investidas dos atores do movimento negro junto às autoridades governamentais não surtiram efeito, e as polícias não foram reformadas pelo processo de democratização constitucional, restando intocadas em suas práticas formais e informais.

A ação do movimento negro acabou por valer-se das oportunidades de abertura institucional presentes no processo constituinte; contudo, voltou-se a questões outras que não o aparato policial e as instituições de repressão — a bem da verdade, até mesmo reforçando uma delas, com a criação de uma nova tipificação penal. Certamente, isso se deu em razão de se tratar de uma estrutura institucional cujas raízes legais, políticas e culturais estão mais profundamente arraigadas do que as de outros problemas enfrentados durante a década.

O problema da polícia contra a população negra, como revelam as pontes semânticas construídas nas décadas seguintes, é razão da radicalização e do aprofundamento crítico da semântica do protesto negro. Nos anos posteriores à democratização constitucional, a violência policial se agravou por variados meios e formas, e a resposta do movimento negro foi elevar o tom da denúncia, abandonando o vocábulo da discriminação para falar de violência.

6

Violência racial (1989-2006)

Este capítulo se dedica a explorar o período em que o protesto negro contra a violência policial se desenrolou sob a ponte semântica da violência racial. Geralmente usado para falar de eventos nos quais uma pessoa negra é vítima da polícia, nesse período o termo passa a servir como um arco de significados que abarca todo o conjunto de experiências de reconhecimento recíproco não logradas pela população negra. Assim, segundo a gramática negra, seu significado é ampliado para todo o conjunto de violações às quais as vidas das pessoas negras são submetidas.

Além de levantar uma crise no pacto democrático recém-instalado no Brasil, a atenção às formas como a polícia atuava contra a população negra deixava explícita a continuidade dos poderes formais e informais das corporações militares que atuavam nas periferias das grandes cidades sem que fossem respeitadas as convenções legais da Constituição de 1988.

A República Federativa do Brasil nasceu em 1889, um ano após a assinatura da lei que abolia a constitucionalidade do regime de trabalho escravocrata, sob a batuta de militares de republicanismo duvidoso, de modo que os dois primeiros presidentes brasileiros foram marechais. Até 1930, vigeu no Brasil uma Constituição civil, até que um oficial militar com mandato de deputado federal, Getúlio Vargas, deu um golpe, assumiu a Presidência da República e lá ficou por quinze anos consecutivos; ele se afastou então por cinco anos (de 1945 a 1950) e voltou à Presidência pelo voto direto. Após seu suicídio, em 1954, houve mais dez anos de Constituição civil e sufrágio livre, até que, em 1964, um novo golpe militar interrompeu o processo democrático, e cinco presidentes militares eleitos indiretamente governaram por 21 anos.[23]

Com todas essas interrupções, mesmo nos períodos em que houve sufrágio livre e eleição direta para a Presidência da República, não se pode afirmar que a população negra tivesse de fato direito de voto, uma vez que esse direito lhe era indiretamente vedado. Até a Constituição de 1988 não podiam votar os analfabetos, situação de grande parte da população negra. Assim, com a Constituição de 1988, esse tipo de voto se tornou legal, fazendo da Nova República o primeiro momento de democracia em que o voto é altamente inclusivo. A expectativa, como propagava o discurso pró-democracia, era de que a formalização democrática traria mais liberdade e menos repressão; com democracia, haveria mais igualdade e, com menos desigualdade, menos violência.

Contudo, o que se viu foi o aumento constante dos homicídios e do encarceramento. Foi nesse contexto que a violência policial também aumentou, com a atuação de grupos de extermínio, chacinas cometidas por policiais etc. Organizações do movimento negro passam a atuar mais fortemente em resposta a esses eventos, formatando a ponte semântica da *violência racial*, que passa a aparecer sistematicamente nos documentos do Movimento Negro Unificado (MNU). A União de Negros pela Igualdade, por sua vez, atuou fortemente na discussão sobre assassinatos de crianças. Emergiu ainda, da juventude negra urbana e periférica, o movimento hip-hop, cujas

23 Humberto Castelo Branco (1964-1967), Artur da Costa e Silva (1967-1969), Emílio Garrastazu Médici (1969-1974), Ernesto Geisel (1974-1979) e João Baptista Figueiredo (1979-1985).

canções engajadas faziam crônicas e denúncias da violência policial,[24] mantendo identificação com o movimento negro.

Ocorreu então um novo arranjo de coesão no movimento negro em nível nacional, por meio da relação entre partidos de esquerda e movimento negro, com a articulação da Coordenação Nacional de Entidades Negras (Conen). Entendia-se que o MNU não era mais um polo aglutinador das organizações do movimento negro porque não dava espaço para as agendas específicas das entidades negras espalhadas pelo Brasil, haja vista o surgimento de importantes organizações não governamentais como o Geledés — Instituto da Mulher Negra e o Centro de Estudos das Relações de Trabalho e Desigualdades (Ceert). Setores democráticos de origem popular galgaram posições no poder público por meio de eleições; surgiram várias campanhas de combate à violência policial; a crítica do protesto negro à democracia subiu o tom, saindo do âmbito da *discriminação racial* para a ideia de *violência racial*, e levando a violência policial ao centro do debate.

Em 1988, enquanto o Brasil debatia fortemente o centenário da abolição da escravatura, as populações negras das periferias das grandes cidades amargavam as mortes cometidas pela polícia e pelos grupos de extermínio. Por essa razão, organizações negras tomaram a iniciativa de fazer suas próprias contagens das mortes cometidas pela polícia. É marcante, outrossim, a pesquisa realizada pelo Núcleo de Estudos da Violência da Universidade de São Paulo (USP), em parceria com o Geledés, que mostrou em números o que o movimento negro já dizia: que havia uma preferência da polícia pelo assassinato de pessoas negras.

24 Por exemplo, nas canções "Quem é marginal, quem é a lei" e "Homens da lei", de Thaíde e DJ Hum.

Ao longo do processo, o protesto negro ganhou importância, verificada, por exemplo, em 1995, na Marcha Zumbi dos Palmares, quando dezenas de milhares de pessoas se manifestaram em Brasília; ou quando a proposta de cotas raciais/ações afirmativas nas universidades públicas abriu espaço para a questão racial no debate midiático. Trata-se de um período que começou com denúncias de violência racial e findou com a proposta e implementação de políticas de igualdade racial.

Dinâmica do movimento negro: convergências e dissensos

A passagem dos anos 1980 para a década de 1990 foi, para o movimento negro, um momento de retomada de forças. A comemoração do centenário da abolição formou uma grande comoção nacional em torno da "pauta racial". Em 1989, foi proclamada uma nova Constituição, que, além de reforçar a legalidade dos partidos políticos e dos movimentos sociais, assegurava o direito a ter direitos; o próprio movimento negro teve saldos positivos na Constituinte. Por fim, decidiu-se que o processo eleitoral para a Presidência da República teria dois turnos.

Um ano antes, 1988, a comemoração do centenário da Lei Áurea foi uma oportunidade de amplo debate da questão racial, ocupando desde espaços televisivos até a tematização no Carnaval. Foi um momento de coesionamento do debate racial, quando se questionou o caráter inconcluso da abolição da escravidão (França, 2020).

Assim, havia um caminho aberto para a atuação dos movimentos sociais em geral e do movimento negro em particular. Em decorrência disso, surgiram duas ONGs muito importantes para a atuação antirracista. Uma delas é o Geledés — Instituto da Mulher Negra, que aglutinou mulheres negras de várias formações (Almeida, 2010) a partir da experiência de organização do Coletivo de Mulheres Negras. Desde 1983, quando foi criado o Conselho da Condição Feminina no governo estadual de Franco Montoro em São Paulo, que não contava com a presença de mulheres negras, surgiu a necessidade de criação de um espaço voltado a esse tipo de representação.

Outra importante organização criada no período foi o Ceert, formado por militantes que já haviam atuado em comissões e grupos de trabalho no Conselho de Participação e Desenvolvimento da Comunidade Negra (CPDCN) do governo paulista e no MNU. Ao longo de alguns anos, foi discutido com profundidade o tema da discriminação racial no mercado de trabalho e a relação com sindicalistas negros. Assim, os frutos desse esforço foram empenhados na formação de uma organização que estruturou uma agenda de atuação com alto grau de complexidade, acumulando pesquisas, proposição de políticas públicas, formação e assessoria jurídica, todas voltadas ao tema do enfrentamento à discriminação racial no mundo do trabalho.

Em 1988 surgiu a União Nacional de Negros pela Igualdade (Unegro), em Salvador, com articulação nacional. Segundo seu ex-presidente Edson França, que ocupou o cargo de 2003 a 2015, a Unegro foi criada para lutar contra o racismo e contra o neoliberalismo, baseando-se no entendimento de que, no Brasil, a raça estrutura a classe. Com núcleos espalhados por todas as regiões do país, a entidade teve a base de sua articulação inicial ligada ao Partido Comunista do Brasil (PCdoB), mas é, desde o início, uma organização suprapartidária.

Em 1989, no Rio de Janeiro, foi criado o Centro de Articulação de Populações Marginalizadas (Ceap) por ex-internos da extinta Fundação Nacional do Bem-Estar do Menor (Funabem), com articulações com movimentos negros e feministas. Entre as motivações de sua criação estão as constantes violações dos direitos fundamentais das classes menos favorecidas, a defesa da liberdade religiosa, a formação continuada de professores etc. O Ceap esteve presente em muitos e importantes momentos do movimento negro.

De um desentendimento interno, surgiu, em 1992, a ONG Criola, voltada à questão da mulher negra. A instituição, de ampla atuação nacional e internacional, é especializada na promoção e na defesa dos direitos das mulheres negras.

O MNU seguiu organizado e realizou o seu 2º Congresso Extraordinário, em março de 1991, com representações de seis estados (SP, RJ, GO, PE, BA e MG) e do DF, fazendo o balanço de suas atividades, elegendo nova direção nacional e estabelecendo suas prioridades: a reformulação do Estatuto do MNU, o Encontro Nacional de Entidades Negras, a Campanha Nacional Reaja à Violência Racial e a eleição para composição de coordenação nacional e executiva nacional. As preocupações da organização eram, naquele momento, a disputa por hegemonia cultural, com a construção de um projeto político e a organização de uma campanha de mobilização. Havia, entretanto, uma preocupação com a chegada do 1º Encontro Nacional de Entidades Negras (Enen), como mostra a apresentação do relatório do congresso:

> (1) A realização, em novembro de 1991, do 1º Encontro Nacional de Entidades Negras (Enen). O processo de organização de tal evento vem explicitando, ainda mais, concepções políticas, senão opostas, extremamente divergentes em relação a como resolver a problemática racial. A começar pela própria

> proposição do encontro. O MNU precisava, portanto, definir qual a linha de atuação para sua militância no referido processo, bem como no próximo Enen.

Em 1991, surgiu a Conen, fruto do 1º Enen. O encontro foi realizado no estádio do Pacaembu, de 14 a 17 de novembro, com representações de treze unidades federativas. Em seu temário, havia uma breve descrição: "(1) Avaliação; (2) Concepções; (3) Desafios e perspectivas do movimento negro" (figura 15). Seu objetivo era fundar uma organização nacional que representasse entidades locais ou mesmo nacionais, acolhendo a participação destas desde que viessem como representações de seus estados, podendo até compor a executiva nacional, cujo número de representantes por estado pode ser conferida na figura 15.

Seus organizadores vinham de um longo processo de tentativas de realização de atividades nesse formato, cujas raízes remontam à Coordenação de Entidades Negras do Estado de São Paulo (Cenesp), no início dos anos 1980. Posteriormente, desenvolveu-se um processo de encontros regionais de entidades negras, no Norte/Nordeste, Centro-Oeste e Sul/Sudeste, que deram sustento a uma realização nacional (Rios, 2014, p. 139). Em São Paulo, seus principais articuladores estavam no Grupo Negro da PUC, composto por estudantes daquela universidade que posteriormente se juntaram para fundar a Soweto Organização Negra.

No texto-base do encontro, destacam-se assuntos de ordem programática, como a luta contra o extermínio de crianças e adolescentes no Brasil, a tentativa de esterilização em massa de mulheres negras e pobres, cinturões de pobreza, revisão constitucional, plebiscito da pena de morte, Conferência das Nações Unidas sobre o Meio Ambiente e o Desenvolvimento (Eco-92), quinhentos anos de invasão e conquista da América, nova ordem social e crescimento do racismo e eleições de 1992. Todavia, um elemento que norteou toda a atuação da entidade foi a relação entre movimento negro, Estado e partidos políticos, algo que estava enunciado no Encontro Regional de Entidades Negras do Nordeste, em 1989, cujo tema era "O negro e as relações de poder, o Estado e os partidos políticos".

Talvez essa seja a razão da preocupação do MNU, pois a Conen e seus militantes desenvolveram uma relação com partidos políticos que pode ter sido interpretada como uma relação não autônoma. Da mesma maneira, a Conen pode ter sido a organização política que mais exitosamente integrou quadros partidários e posições de gestão no Estado brasileiro, com destaque para a fundação da Secretaria de Políticas de Promoção da Igualdade Racial (Seppir), em 2003. Como diz Rafael Pinto (2020), o MNU teria tido uma contribuição "fundamental na luta pela derrubada do mito da democracia racial", enquanto a Conen protagonizou uma estratégia na estruturação de espaços institucionais de combate ao racismo nos partidos de esquerda e no Estado brasileiro.

Dispersão da pauta

Ao lado desse cenário de candente mobilização, outras vítimas não cessavam de surgir em jornais de grande circulação, em documentos do movimento negro ou das campanhas eleitorais de 1989, ano de eleições gerais no país. As forças do Estado eram contumazes em transgredir protocolos e ferir e matar jovens negros sem se preocupar com normas, demonstrando que os rigores de gestão da vida e

I ENCONTRO NACIONAL DE ENTIDADES NEGRAS-ENEN

DATA: 14 A 17 DE NOVEMBRO DE 1991

LOCAL: CIDADE DE SÃO PAULO GINÁSIO DO PACAEMBU

TEMÁRIO:
1) AVALIAÇÃO
2) CONCEPÇÕES
3) DESAFIOS E PERSPECTIVAS DO MOVIMENTO NEGRO

Critérios de Participação

1) Os delegados deverão ser tirados em assembléias convocadas publicamente, com esta única finalidade e com o conhecimento do Forum de Entidades Negras do Estado.

2) O quorum mínimo para a assembléia deverá ser de dez (10) participantes, o que dará direito a um (1) delegado. Após este número, a soma de cinco (5) participantes dará direito a dois (2) delegados, vinte (20) participantes a três (3) delegados e assim sucessivamente.

3) Apresentação de uma ata de assembléia, em papel timbrado da Entidade, constando os nomes e números dos documentos dos participantes.

4) Os membros da Coordenação Nacional — cinco (5) representantes de Entidades eleitos nos e pelos Estados — serão delegados natos ao 1º ENEN, devido às responsabilidades que assumem na organização do mesmo.

5) Cada pessoa só pode participar da assembléia de uma única Entidade.

6) Prazo para inscrições de delegados: 30 dias antes do 1º ENEN — 14 de outubro de 1991.

7) Só poderão participar Entidades criadas até seis (6) meses antes da realização do 1º ENEN — 14 de maio de 1991.

8) As Entidades de âmbito nacional (Ex. MNU, APN's...) participam de acordo com a organização nos Estados.

9) Em cada Entidade, as assembléias para a escolha de delegados devem ser convocadas especificamente para este fim precedidas de notificação ao Forum Estadual;

10) É possível a participação das Entidades que por alguma razão não tenham participado dos Foruns Estaduais, desde que estas os reconheçam como o legítimo canal de articulação, mobilização e organização do Encontro Nacional nos Estados e respeitem e acatem as deliberações oriundas deste processo.

Definição de Entidade Negra

Entidade e grupos de maioria negra, que tenham o objetivo específico de combater o racismo e/ou expressar valores culturais de matrizes africanas e que não tenham vínculos a estruturas governamentais ou partidárias.

Convidados do Encontro

Serão definidos pela Coordenação Nacional por intermédio de alguns critérios com os representantes de partidos políticos, parlamentares negros, Centrais Sindicais, entidades do movimento social, delegações estrangeiras etc.

Observadores

O 1º ENEN será aberto a observadores. Estes não terão direitos a voz, voto, alojamento e alimentação.

Composição da Coordenação Nacional

Cinco (5) representantes de Entidades por Estado.

Composição da Executiva Nacional

Critérios para a composição:.1) mobilidade; 2) representatividade; 3) estágio de organização da Entidade.

Executiva Nacional

A Executiva é composta por 22 membros com a seguinte distribuição:

Estado	Número de representantes
São Paulo	três
Rio de Janeiro	três
Bahia	três
Espírito Santo	dois
Minas Gerais	dois
Amazonas	um
Pará	um
Maranhão	um
Pernambuco	um
Paraná	um
Santa Catarina	um
Rio G. Sul	um
Centro-Oeste	dois

Figura 15: Panfleto do 1º Enen.
Fonte: Acervo de FlávioJorge, 1991.

da morte não são respeitados pelas instituições de repressão do Estado brasileiro.

Milton Barbosa, no artigo intitulado "Violência policial em S. Paulo", publicado em 1989 no *Jornal do* MNU, listou outras vítimas da violência policial. Àquela altura, o próprio movimento negro passou a fazer a contagem das vítimas da violência policial, e foi criado o Centro de Articulação das Populações Marginalizadas, em 1990. Milton Barbosa informa:

> O Conselho de Participação e Desenvolvimento da Comunidade Negra levantou alguns números sobre a violência policial em São Paulo. Segundo dados oficiais da própria PM, de 5 de janeiro a 30 de junho deste ano de 1989, 557 pessoas foram mortas pela PM em "choque entre polícia e bandido"; 380 eram "negros, mulatos e pardos"; 20% não tinham passagem pela polícia.
>
> O levantamento feito por membros da Frente Negra Nacional, Movimento Negro Independente e Conselho do Negro do Estado de São Paulo, nas cidades de Campinas, Santos, Ribeirão Preto e São Paulo, referente a 1.233 abordagens da PM de forma violenta e constrangedora, mostra que 70% dessas abordagens são feitas a negros, evidenciando bem o caráter discriminador da ação desenvolvida pela PM no estado de São Paulo.
>
> Os membros dessas entidades visitaram os órgãos de comando da PM e Polícia Civil 114 vezes, mas infelizmente em nada se alteraram as atitudes de violência e arbítrio da polícia em relação aos negros.

Assim, tornava-se premente a passagem do tema da violência a um degrau superior na agenda do movimento negro. Outros temas começaram a ser associados, como a esterilização de mulheres negras e outras facetas da violência letal, a exemplo das chacinas de crianças negras. Foi quando surgiram as palavras de ordem "Reaja à violência racial". A violência policial passou a atrair outras organizações e a violência racial, a ocupar o primeiro lugar na pauta programática do MNU, como se observa em documento da entidade entitulado "O que é", de 1990:

- Por um movimento negro independente;
- Pelo fim da violência policial e contra a "indústria" da criminalidade;
- Pelo fim da discriminação racial no trabalho;
- Por uma educação voltada para os interesses do povo negro e de todos os oprimidos;
- Pelo fim da manipulação política da cultura negra;
- Contra a exploração sexual, social e econômica da mulher negra;
- Pelo fim da violência racial nos meios de comunicação;
- Por uma Reforma Rural e Urbana;
- Pela solidariedade internacional à luta de todos os oprimidos.

A ideia de que a violência passou a ocupar espaço importante para o movimento negro é compartilhada por organizações que estão além da área de influência do MNU, como é o caso da Unegro, ou pelos militantes que assinaram o relatório em que a violência policial é o primeiro dos itens programáticos desenvolvidos.

Cristiane dos Santos Cruz — Comissão do Negro da Central Única dos Trabalhadores (CUT) Oeste — SP
Francisco de Carvalho — Subsecretária dos Negros Estadual do Partido dos Trabalhadores (PT-SP)
Valter Roberto Silvério — Universidade Estadual Paulista (Unesp)
Nádia Prestes — Comissão do Negro do PT Municipal de SP
Antônio Mário Ferreira (Toninho) — Comissão do Negro do PT Municipal de SP
Antônio Nonato (Giló) — Secretaria do Negro do Sindicato dos Plásticos — SP
Roberto Carlos — Diretor Cultural da Escola de Samba Vai-Vai — SP

Marcelo — Vice-Presidente da CUT — Estadual — RJ
Sebastião (Zizo) — Subsecretaria Nacional do Negro do PT — RJ
Denise — Coordenação Estadual de Mulheres Negras — MG
Edson Antonio Araújo (Jiboia) — Comissão do Negro da CUT Oeste — SP

Diziam eles que a violência racial era a prioridade para a construção de uma "hegemonia cultural" para o debate que conciliava raça e classe entre o grupo de sindicalistas negros, militantes culturais e partidários:

3. A construção de uma plataforma de luta

3.1. Violência racial

A luta e a mobilização contra o preconceito e a discriminação racial, até o presente momento, tem se dado em cima de denúncias relativas à violência racial praticada em relação aos negros, tanto do setor público (violência policial) quanto do setor privado (discriminação no mercado de trabalho), incluindo-se a violência sistemática praticada em relação ao menor abandonado, onde encontramos um número significativo de crianças negras.

Além da denúncia, é essencial para a unificação e estruturação do movimento a construção de uma plataforma de lutas com objetivos específicos, que permitam conquistas e articulem processos de mobilização localizados e unitários. Para isso, é necessário priorizar bandeiras que tenham maiores condições de mobilização com campanhas unitárias.

Essa priorização constituída num processo deve possibilitar o estabelecimento de um calendário para o movimento, que facilite a organização de campanhas e grandes mobilizações.

O Brasil realizava suas primeiras eleições gerais livres depois da ditatura militar. As forças políticas que se associaram em partidos e lutaram pela democracia se distribuíam entre

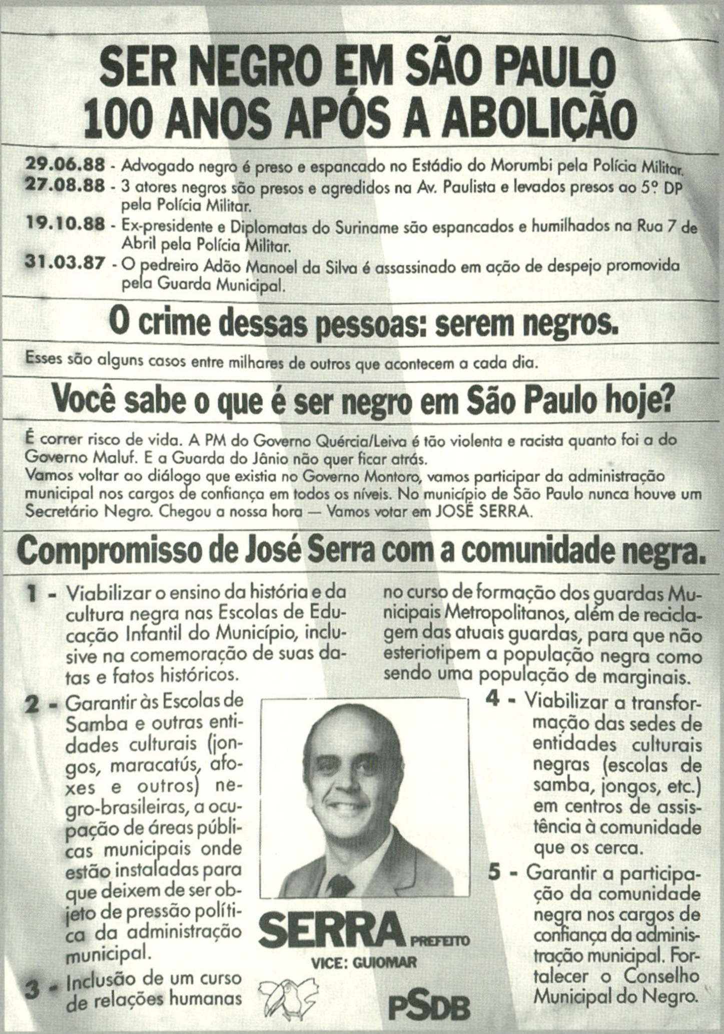

SER NEGRO EM SÃO PAULO
100 ANOS APÓS A ABOLIÇÃO

29.06.88 - Advogado negro é preso e espancado no Estádio do Morumbi pela Polícia Militar.
27.08.88 - 3 atores negros são presos e agredidos na Av. Paulista e levados presos ao 5º DP pela Polícia Militar.
19.10.88 - Ex-presidente e Diplomatas do Suriname são espancados e humilhados na Rua 7 de Abril pela Polícia Militar.
31.03.87 - O pedreiro Adão Manoel da Silva é assassinado em ação de despejo promovida pela Guarda Municipal.

O crime dessas pessoas: serem negros.

Esses são alguns casos entre milhares de outros que acontecem a cada dia.

Você sabe o que é ser negro em São Paulo hoje?

É correr risco de vida. A PM do Governo Quércia/Leiva é tão violenta e racista quanto foi a do Governo Maluf. E a Guarda do Jânio não quer ficar atrás.
Vamos voltar ao diálogo que existia no Governo Montoro, vamos participar da administração municipal nos cargos de confiança em todos os níveis. No município de São Paulo nunca houve um Secretário Negro. Chegou a nossa hora — Vamos votar em JOSÉ SERRA.

Compromisso de José Serra com a comunidade negra.

1 - Viabilizar o ensino da história e da cultura negra nas Escolas de Educação Infantil do Município, inclusive na comemoração de suas datas e fatos históricos.

2 - Garantir às Escolas de Samba e outras entidades culturais (jongos, maracatús, afoxes e outros) negro-brasileiras, a ocupação de áreas públicas municipais onde estão instaladas para que deixem de ser objeto de pressão política da administração municipal.

3 - Inclusão de um curso de relações humanas no curso de formação dos guardas Municipais Metropolitanos, além de reciclagem das atuais guardas, para que não esteriotipem a população negra como sendo uma população de marginais.

4 - Viabilizar a transformação das sedes de entidades culturais negras (escolas de samba, jongos, etc.) em centros de assistência à comunidade que os cerca.

5 - Garantir a participação da comunidade negra nos cargos de confiança da administração municipal. Fortalecer o Conselho Municipal do Negro.

SERRA PREFEITO
VICE: GUIOMAR
PSDB

Figura 16: Panfleto de campanha de José Serra a prefeito de São Paulo. Fonte: Acervo de Flávio Jorge, 1989.

várias agremiações, como o PT, o Partido Democrático Trabalhista (PDT), o PCdoB e o Partido do Movimento Democrático Brasileiro (PMDB). Como candidato a prefeito de São Paulo pelo Partido da Social Democracia Brasileira (PSDB), José Serra lançou uma plataforma direcionada especificamente à população negra da cidade, abordando vários temas, como educação, cultura e participação social, mas o principal deles era o fim da violência policial, encabeçando a peça de comunicação eleitoral (figura 16).

O dia 20 de novembro pode ser considerado o dia mais importante do calendário anual do movimento negro no Brasil, quando se rememora a morte de Zumbi dos Palmares, líder do Quilombo dos Palmares, assassinado em 1695 na Serra da Barriga, hoje estado de Alagoas. Em 1990, um documento do Grupo de Trabalho Olho Africano, do MNU do Distrito Federal, cravou politicamente essa data, abrindo o texto com o tema da violência contra crianças negras e da esterilização compulsória de mulheres negras, associando-as a condições de raça, classe e negação de direitos sociais. A ideia de violência, então, passou a ser relacionada a todo um universo, como indica uma convocatória do MNU:

> Convocamos os moradores da Grande São Paulo e municípios de todo nosso estado para fundarmos o CENTRO DE DEFESA DO NEGRO.
>
> Por quê?
>
> Após 500 anos de construção de casas ainda moramos nas favelas.
> Construímos escolas e universidades, mas não entramos nelas.
> Construímos estradas, mas não possuímos carros.
> Construímos hospitais, mas morremos por falta de saúde. [...]
> Construímos a paz, mas somos vítimas da violência:
>
> - da violência dos meio de comunicação,
> - da violência no sistema educativo,
> - da violência religiosa,

- da violência contra a mulher,
- da violência contra o menor de rua,
- da violência na seleção no emprego,
- da violência da mortalidade infantil,
- da violência da desnutrição e da fome,
- da violência policial,
- da violência institucional.

Marcelo Domingos de Jesus e hip-hop

Foi no início desse período transformador que ocorreu a reação ao homicídio de Marcelo Domingos de Jesus, de dezenove anos, ligado ao movimento hip-hop, assassinado na cidade de São Paulo em 23 de novembro de 1989. Como lembra o também rapper Markão (2019), em entrevista:

> Marcelo estava voltando de uma atividade de hip-hop aqui na Barra Funda. Antigamente a gente tinha costume de ficar batucando onde desse uma sonoridade de tambor, aí a gente ia fazendo rap, fazendo improviso. O pessoal estava indo para casa, eles pegaram o metrô e começaram a fazer um rap. O policial militar que estava dentro do vagão não gostou, achou que aquela música que estava sendo feita era para ele, e aí começou uma desavença. E ele não teve dúvida, deu um tiro e matou o Marcelo. Deu um tiro e matou. [...] Ele estava voltando de uma atividade do clube do rap da Chic Show, na Barra Funda.

Após a morte de Marcelo, mais jovens foram assassinados pela PM paulista, com repercussões parecidas na mídia. A repercussão de atores políticos à época encontrava-se muito ligada à Câmara Municipal, que parece ter mantido uma agenda de debates. No acervo de Milton Barbosa há uma matéria da *Folha de S. Paulo*, de 28 de novembro de 1989, cujo título é "Fleury diz que a polícia vai matar mais este ano", e que elencava quatro pessoas mortas pela PM, entre as quais estava Marcelo Domingos de Jesus (figura 17). Em busca no acervo do jornal que publicara a reportagem, confirmamos a informação de que é a mesma pessoa, por meio de entrevista com o então secretário de Segurança Pública do estado de São Paulo, dada a Fernando Lancha e publicada na data referenciada: "Amigos de Marcelo dizem que ele cantava e batucava no interior do vagão do metrô, o que irritou os policiais militares, um deles do batalhão feminino".

A reação oficial do governo do estado era a de que Marcelo teria ido agredir a policial militar mulher. "'Não foi isso', diz o coronel [Celso Feliciano]. 'Aquilo foi uma tentativa de agressão contra a policial feminina. Além de ser da PM, ela era mulher. O soldado não tolerou isso e foi em defesa dela'", conforme o texto jornalístico. Ou seja, rapidamente a vítima ganhou a suspeição atribuída pela força policial na palavra de um oficial, devidamente reportada pelo jornal de grande circulação.

O caso de Marcelo tem uma face dura de silenciamento, porque, apesar da repercussão na Câmara dos Vereadores, como veremos adiante, não ganhou grande cobertura da mídia. Sendo assim, a mobilização do protesto encontrou mais barreiras para prosseguir. Embora Marcelo fosse membro de uma rede com articulações e com certa capacidade de produzir ações de visibilidade, como é o hip-hop, seu caso não ganhou visibilidade. A cultura hip-hop em São Paulo naquele momento não era o fenômeno de massa e de mídia que se tornaria alguns anos mais tarde, mas seus representantes já eram devidamente vistos como suspeitos matáveis.

Fleury diz que a PM vai matar mais este ano

Da Reportagem Local

Em apenas uma semana policiais militares mataram quatro pessoas que não tinham nenhum antecedente criminal. Três dessas mortes aconteceram na cidade de São Paulo. O garoto L.A.M., 14, foi morto em uma favela da Vila Brasilândia (zona norte de São Paulo) quando tentava fugir, assustado com os policiais que invadiram sua casa. Os policiais que mataram o menor disseram que ele atirou. Testemunhas contestaram o depoimento dos policiais. Na noite da última quinta-feira, o soldado Fernando Simião matou, com um tiro na testa, o cantor de música "rapper" Marcelo Domingos de Jesus, 19, dentro de um trem do metrô, na estação Carrão (zona leste da cidade). Ontem, o PM Ulysses Pereira matou o menino Roberto Venâncio de Souza, de 12 anos, sob o viaduto Condessa de São Joaquim, na Liberdade (região central de São Paulo). Em Santo André (Grande São Paulo) depois de uma discussão em um ônibus, o rapaz conhecido como [illegible]

O secretário de Segurança de São Paulo, Luiz Antônio Fleury Filho, 40, não acredita que a Polícia Militar esteja mais violenta. Para ele, as mortes de um rapaz na cidade de Campinas (100 km a noroeste de São Paulo) e as três mortes que aconteceram na semana passada em São Paulo, provocadas desnecessariamente por policiais militares, foram "uma lamentável coincidência".

Segundo Fleury, o número de mortes de marginais provocadas pelo confronto com policiais deve aumentar. O secretário disse que com mais policiais nas ruas é natural que eles encontrem mais marginais e consequentemente aumentem o número de confrontos. Apenas neste ano, policiais militares mataram 518 pessoas, casos registrados como "resistência e morte". Um recorde na história da Polícia Militar. E as projeções da própria Polícia Militar apontam para um número de mortes próximo a 600 até o final do ano. No ano passado a PM matou 411 pessoas. Fleury, que defende a pena de morte, falou com exclusividade para a **Folha.**

Figura 17: "Fleury diz que a PM vai matar mais este ano". Fonte: Acervo de Milton Barbosa, 1989.

Constavam outros elementos contra o ganho de visibilidade do caso, como as outras mortes que ocorreram na sequência. O fato de os jornais reportarem respostas oficiais como a de que Marcelo teria provocado a ação do policial é também desmobilizador, pois não está no registro do ineditismo ou do extraordinário. Mas é fator preponderante na desmobilização o fato de que Marcelo não gozava de traços de classe que lhe conferissem o prestígio social necessário para que sua morte provocasse comoção social: ele era morador da periferia, foi morto no transporte público, num metrô, na zona leste de São Paulo. Esses marcadores de classe, além do fato de ser negro, o deslocam para uma posição cuja possibilidade de gerar comoção social é bastante diminuta.

Campanhas

As campanhas continuaram sendo um componente importante do protesto negro contra a violência policial durante as décadas de 1990 e 2000. Foram várias as que tematizaram o problema, como a Não Matem as nossas Crianças, da Unegro, a Reaja à Violência Racial e a Mano, Não Morra, Não Mate, ambas do MNU, em diferentes momentos. A ideia da violência entra na agenda de mobilização negra, seja por meio do tema da violência policial, seja pela agenda das desigualdades — entendidas como violência, pela via da morte de crianças, descritas pela gramática como "menores" —, seja pela questão de gênero, por meio do debate sobre a esterilização das mulheres negras (em que o termo "genocídio" aparece mais frequentemente na campanha do Ceap). O tema aparece tanto em reação a denúncias quanto no conteúdo dos protestos nas datas regulares, como o 21 de março, o 13 de maio e o 20 de novembro. As campanhas foram uma forma de dar sequência e consequência ao tema.

A Unegro, em dezembro de 1990, quando ainda estava se espraiando pelas principais cidades do Brasil, expôs os termos de sua missão militante (figura 18):

> o Estado brasileiro apresenta um programa de extermínio do povo negro. Esta ação do Estado [...] dá-se fundamentalmente hoje através da esterilização de mulheres negras e o assassinato de crianças e adolescentes nas periferias das grandes cidades. Como principal alvo do Estado, o povo negro vê ameaçada sua existência. [...]
>
> A Unegro [...] organiza-se na luta contra a discriminação racial e todas estas ações do sistema que visam eliminar o povo negro.

A partir desse par violento, outras desigualdades são problematizadas, como as de renda, de educação e condições de moradia.

Em São Paulo, já no início de 1991, o Fórum de Entidades Negras propôs a organização de uma campanha nacional cujo mote era o fim da morte de crianças, associando-a aos direitos do povo negro e pobre.

Como já mencionado, uma das datas do calendário do movimento negro brasileiro é o dia 13 de maio, que marca a promulgação da lei que tornou ilegal a escravidão no Brasil. Em São Paulo, a Unegro escolheu denunciar nessa data a legalização (iminente) da pena de morte, chamando essa medida de extermínio de negros e pobres.

O 2º Congresso Nacional do MNU empreendeu um esforço para a compreensão do que seria uma campanha contra a violência racial, delineando um tom mais grave sobre a interpretação das relações raciais no Brasil:

Surgiram algumas divergências de entendimento quanto ao significado do nosso trabalho em relação a esta questão. Pelo encaminhamento observado no RJ, SP e MG, Reaja à Violência Racial está sendo entendida como uma campanha clássica, ou seja, com prazo determinado, instrumentos de divulgação unificados etc. Entretanto, quando a ideia foi lançada, não tinha este caráter, mas visava, sobretudo, massificar a ideia da violência racial como nova forma de expressar o verdadeiro caráter das relações de brancos e negros no Brasil.

Ao lançar o conceito de violência racial nesta perspectiva, muda-se o caráter da luta, fazendo com que o MNU saia da defensiva e se organize para fazer com que o povo negro efetivamente reaja. Assim, a luta contra a violência racial deixa de ser episódica para ser um eixo da entidade. Tem, portanto, valor estratégico, e deve levar em conta manifestações que vão desde os atos de extermínio praticados pela polícia até as práticas mais dissimuladas de racismo que violentam o povo negro no seu cotidiano. De acordo com este entendimento, é possível aceitar como válidas as formas diferentes que a "campanha" tem assumido nos estados. É a dinâmica dos acontecimentos em cada estado que vai determinar o formato da REAÇÃO À VIOLÊNCIA RACIAL, conforme já vem ocorrendo na BA, DF, GO e PE.

Com isto, o que queremos salientar é que não estamos nesta luta para formalizar nossa existência perante outros setores do movimento negro ou diante de incertos aliados brancos. Pelo contrário, o que pretendemos é criar uma dinâmica efetiva de respostas à violência que nos credencie de forma efetiva junto ao povo negro, e isto pode se concretizar em ações contra a violência policial, pena de morte, esterilização de mulheres negras, casos de discriminação no trabalho, em locais públicos, e pela afirmação dos Centros de Defesa do Negro.

UNEGRO UNIÃO DE NEGROS PELA IGUALDADE - SP

LEVANTE E LUTE PELOS SEUS DIREITOS

"A ordem e o progresso que inspiram e determinam as relações sociais, econômicas e políticas fazem do Brasil a oitava economia do mundo ocidental; enquanto 70% da população é condenada a uma situação de miséria cada vez mais grave e alarmante. (...) O povo trabalha mais e participa menos da riqueza produzida."

D. Aldo Morelli

Decorrente de uma política econômica concentradora de riqueza combinada com uma política social ineficiente que agrava ainda mais as contradições sociais, como a miséria e a desigualdade social, o Estado brasileiro apresenta um programa de extermínio do povo negro. Esta ação do Estado, legitimada pelos meios de comunicação social, dá-se fundamentalmente hoje através da esterilização de mulheres negras e o assassinato de crianças e adolescentes nas periferias das grandes cidades. Como principal alvo do Estado, o povo negro vê ameaçada sua existência.

Os números confirmam esta tese. Em 1979, 54,3% das mortes de adolescentes entre 15 e 17 anos tinham sido provocadas por "causas externas" (envenenamentos, homicídios, suicídios). Este índice pulou para 65% em 1986. Perfil destas crianças: 70% são negras, 90% são semi-alfabetizadas, 70% nascidas em favelas ou barracos e 70% oriundas de famílias com renda per-capita inferior a 1 salário mínimo. Estatísticas recentes, subestimadas por se basearem em dados de órgãos oficiais, mostram que uma criança é assassinada por dia no Brasil pelos grupos de extermínio. Entidades internacionais, como a UNICEF, denunciam o tráfico de crianças de países do Terceiro Mundo, inclusive o Brasil, para Europa e Estados Unidos com o objetivo de serem assassinadas e aproveitados os seus órgãos para transplante. Uma operação rentável: calcula-se que o preço cobrado pelos traficantes chega a mil dólares o "quilo". O personagem bíblico Herodes volta à cena, agora com a sofisticação da "moderna tecnologia" e os lucros do "moderno capitalismo".

Ir direto à "fonte". Esta é a outra estratégia do sistema para exterminar o povo negro: esterilizar indiscriminadamente mulheres negras. Disfarçado sob o rótulo de "planejamento familiar", o Estado esconde o seu verdadeiro objetivo: acabar com o povo negro, impedindo até mesmo o nascimento de crianças negras. A Pesquisa Nacional por Amostragem Domiciliar (PNAD) de 1986 mostra que a média nacional de esterilização de mulheres é de 49%. Esta média aumenta nos estados onde há maior concentração de negros, como o Maranhão (79,8%) e diminui naqueles onde a maioria da população é branca, como o Rio Grande do Sul (22,7%).

Como Maiakowski, a **UNIÃO DE NEGROS PELA IGUALDADE DE SÃO PAULO (UNEGRO/SP)** quer **"ARRANCAR ALEGRIA AO FUTURO"**. A UNEGRO, entidade pluripartidária, pluri-religiosa composta por maioria negra, organiza-se na luta contra a discriminação racial e todas estas ações do sistema que visam eliminar o povo negro. Lutamos pela preservação e desenvolvimento da cultura negra; em solidariedade e apoio aos povos africanos e oprimidos de todo mundo no apoio e estímulo a participação dos negros na definição dos destinos do país. Lutamos pela AFIRMAÇÃO DO NEGRO COMO CIDADÃO, na construção de uma sociedade não excludente que se afirma na convivência das diferenças étnico-raciais.

A UNEGRO articula-se com o conjunto do movimento negro, nos sindicatos, nas entidades populares, de mulheres, de juventude, nos movimentos culturais, nos movimentos religiosos com vinculação com o povo negro, tendo a convicção de que **primeiro é preciso transformar a vida, para cantá-la em seguida.**

Coordenação Provisória da UNEGRO/SP - Dezembro de 1990

NÃO DEIXE DE LUTAR

Figura 18: Unegro — Levante e lute pelos seus direitos. Fonte: Acervo de Flávio Jorge, 1990.

Outras organizações também estavam atentas ao modo como o Estado tratava o povo negro, e o MNU conseguiu agregar uma ampla gama de entidades em torno da agenda. Como mostra a assinatura de um documento que anunciava um seminário da campanha Reaja à Violência Racial, houve a adesão de organizações do emergente movimento hip-hop, que se entendia como um movimento não só musical mas também político, que tem o movimento negro como ponto de partida:

> Movimento Negro Unificado (MNU);
> União de Negros pela Igualdade (Unegro);
> Centro de Defesa do Negro "Wanderley José Maria";
> Associação de Capoeira "Praia de Salvador";
> Movimento Negro de Rio Grande da Serra;
> Grupo União e Consciência Negra (Grucon);
> Centro de Cultura Negra do Campo Limpo;
> Comissão Cultural da CUT Regional Grande SP;
> Grupo "Tortura Nunca Mais";
> Grupo de Rap Racionais MC's;
> Grupo de Rap DMN;
> Associação Cristã Brasileira de Beneficência.

Com compreensões aproximadas, outras organizações, a exemplo da Unegro, foram se orientando no mesmo sentido, isto é, no de demonstrar o caráter violento das relações entre brancos e negros no Brasil.

Em 21 de março de 1992, em Campinas, o documento que marcava o Dia Internacional contra a Discriminação Racial é encabeçado pelas palavras "Racismo: reaja a esta violência", trazendo a ideia da violência como central para compreender uma série de experiências de desrespeito vividas por negros na cidade de Campinas. No item "Os números do racismo", o MNU passa a associar problemas de discriminação racial no mercado de trabalho à violência policial — assim, mesmo um problema que, nos anos 1980, era tratado com certa autonomia, passou a ser relacionado à violência policial e englobado pela violência racial.

Em outubro de 1992, ocorre um evento que marcaria para sempre a história da violência de Estado no Brasil. O governo de São Paulo tentou conter uma rebelião no presídio conhecido como Carandiru, na zona norte da capital paulista, enviando tropas da PM para dentro da casa de detenção. Os policiais, contudo, estavam fortemente armados e, em vez de atuar para conter os rebeldes, decidiram promover seu próprio levante contra os homens encarcerados. Foram 111 mortos numa única operação policial.

À época, apenas o movimento negro viu a investida policial contra os presos como um processo racializado, isto é, uma violência racial. Contudo, a postura da Justiça seguiu o padrão de tratamento dos réus policiais quando cometem violência contra pessoas negras, ao absolver ou prorrogar o julgamento, até os dias de hoje.

> A Polícia Militar paulista mantém em seus quadros os réus que respondem criminalmente pela morte de 111 cidadãos em privação de liberdade e pelas lesões a outros 92. A maioria dos réus de maior patente àquela época (tenentes-coronéis, majores e capitães) figura atualmente no portal da transparência do governo estadual como coronel, patente de hierarquia superior — o que indica que os procedimentos disciplinares ou não foram concluídos, ou, caso tenham sido, não deram ensejo à sanção de expulsão. Dois deles foram recentemente nomeados comandantes das Rondas Ostensivas Tobias de Aguiar (Rota) pelo governador do estado de São Paulo Geraldo Alckmin. A dúvida quanto à existência e ao desfecho dos processos disciplinares permanecerá enquanto não for franqueado acesso público aos autos desses procedimentos.

> O processo criminal que tramita perante o Tribunal do Júri em nenhum momento alcançou as pessoas que ocupavam as mais altas posições hierárquicas envolvidas na ordem de invasão do Pavilhão 9. Somente um dos dois únicos coronéis que figuraram como réus no processo criminal — cel. Ubiratan Guimarães — foi julgado. Condenado (a 632 anos de prisão) pelo júri, foi, no entanto, absolvido pelo Tribunal de Justiça de São Paulo cinco anos depois. Dezenas de réus denunciados no processo criminal devem começar a ser julgados na melhor das hipóteses somente a partir de 2013, uma vez que o processo esperou por dez anos que o Tribunal de Justiça de São Paulo confirmasse a decisão de pronúncia, que envia o caso ao plenário do júri. (Ferreira, Machado & Machado, 2012, p. 6)

Esse massacre ainda consta como grande incômodo polêmico nas hostes policiais[25] e nos meios de comunicação, e ainda é objeto de reportagens. Mesmo em ano de eleições municipais, a eloquência do evento, como se vê, foi capaz de manter mobilizada a agenda contra a violência racial, que seguiu forte nos anos seguintes, com o planejamento de novas ações para a campanha Reaja à Violência Racial, do MNU, no final de 1992 (figura 19).

Em 1993 novos casos surgem, como o de Reginaldo Aparecido Dias, baleado por um segurança do Banco Itaú na cidade de São Paulo. Naquele ano, a principal pauta das ações de rua ligadas à comemoração do dia 13 de maio e articuladas entre várias organizações dos movimentos negros e sociais em São Paulo foi justamente a violência racial.

A Câmara dos Vereadores de São Paulo passou a ser palco da atuação e articulação dos movimentos negros, valendo-se

25 Em setembro de 2016, participei de um grupo de trabalho no Seminário Anual do Fórum Brasileiro de Segurança Pública em que estavam presentes pesquisadores, advogados, policiais militares, entre outros profissionais. Quando se iniciou a apresentação de um trabalho que tratava do caso do Carandiru, todos os policiais militares presentes se levantaram e se retiraram da sala.

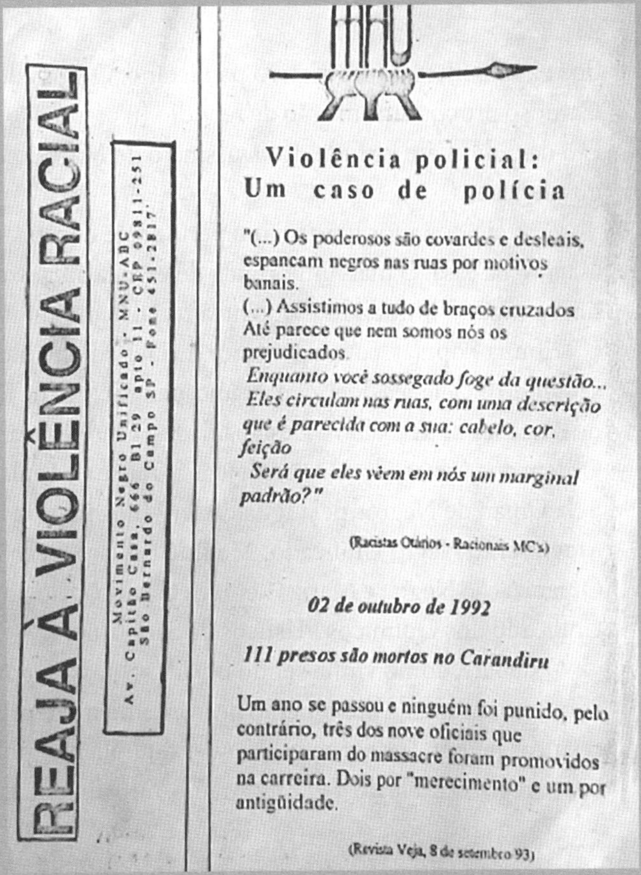

REAJA À VIOLÊNCIA RACIAL

Movimento Negro Unificado - MNU-ABC
Av. Capitão Casa, 666 Bl 29 apto 11 - CEP 09811-251
São Bernardo do Campo SP - Fone 451-2817

Violência policial:
Um caso de polícia

"(...) Os poderosos são covardes e desleais, espancam negros nas ruas por motivos banais.
(...) Assistimos a tudo de braços cruzados
Até parece que nem somos nós os prejudicados
Enquanto você sossegado foge da questão...
Eles circulam nas ruas, com uma descrição que é parecida com a sua: cabelo, cor, feição
Será que eles vêem em nós um marginal padrão?"

(Racistas Otários - Racionais MC's)

02 de outubro de 1992

111 presos são mortos no Carandiru

Um ano se passou e ninguém foi punido, pelo contrário, três dos nove oficiais que participaram do massacre foram promovidos na carreira. Dois por "merecimento" e um por antigüidade.

(Revista Veja, 8 de setembro 93)

Figura 19: Material de divulgação da campanha Reaja à Violência Racial. Fonte: Acervo de Milton Barbosa, 1993.

dos expedientes do legislativo paulistano. O vereador Ítalo Cardoso propôs uma moção de repúdio (nº 450/1989) à atuação da polícia em virtude do assassinato de Marcelo Domingos de Jesus.[26]

O início dos anos 1990 foi um período de debates sobre o assunto na casa. O mais importante deles foi a organização de um seminário intitulado "Violência racial e impunidade", na 4ª Tribuna Popular, com a presença de Deise Benedito, representando o Geledés; Joel Zito Araújo, pelo Centro de Estudos de Relações de Trabalho e Desigualdades; Celso Fontana, pela Ordem dos Advogados do Brasil; Juarez Tadeu de Paula Xavier, pela União de Negros pela Igualdade; Milton Barbosa, pelo Movimento Negro Unificado; Matilde Ribeiro, pela Soweto Organização Negra; e Maria Cleonice Coelho, pelo Sindicato Unificado dos Químicos Plásticos de São Paulo.

O debate, como vinha sendo o padrão, passou por todas as questões caras ao movimento negro, como o extermínio de crianças negras, "os aspectos morais, simbólicos e políticos", como registra a fala de Joel Zito Araújo, ou a disseminação da

26 "Repúdio à ATITUDE DA POLÍCIA MILITAR PELO ASSASSINATO DO JOVEM MARCELO DOMINGOS DE JESUS.

CONSIDERANDO que houve arbitrariedade e imprudência do Policial Militar ao assassinar o jovem Marcelo, pois sequer permitiu que a vítima se identificasse, e que este caso nos revela ainda o preconceito racial existente em nossa sociedade por parte da Polícia Militar, ao tratar o cidadão negro como suspeito até provar contrário;

CONSIDERANDO que, nestes últimos dias, mais três pessoas foram assassinadas sem acusação, e que a declaração feita pelo Secretário publicada no jornal *Folha de S. Paulo*, de que decorrido este ano mais mortes [terão sido] causadas pela PM, 'fica claro que ela está mais atuante', coloca em risco a vida dos cidadãos paulistanos;

PROPONHO, nos termos regimentais, o encaminhamento do protesto desta Câmara Municipal contra tal atitude, e a exigência de uma rigorosa apuração do caso e a punição dos culpados; solicitamos também à Mesa desta Egrégia Câmara que cópia desta Moção seja enviada à Secretaria de Segurança Pública, à CUT regional e estadual e à Comissão de Justiça e Paz. Sala das Sessões, 6 de dezembro de 1989.
ÍTALO CARDOSO"

aids, na fala de Juarez Xavier, ou a própria negação da existência do racismo, como na fala de Matilde Ribeiro.

O Movimento Negro Unificado desenvolveu a campanha por meio de seminários e boletins regulares (figuras 20 e 21). Os seminários eram usados para chamar a atenção de autoridades, intelectuais e demais atores políticos com os quais o movimento poderia se aliar. Os boletins, por sua vez, eram usados para divulgar seminários e outras atividades da campanha, além de registrarem casos de discriminação racial ou violência policial.

Certamente, a violência racial não saía da pauta, muito em virtude de ocorrer frequentemente, atingindo militantes do próprio movimento negro, como se vê em um panfleto que convoca para uma manifestação em outubro de 1993 (figura 22). O ato para o qual o documento chama é assinado por várias organizações negras e outros movimentos sociais, como MNU, Unegro, Sub-Comissão de negros da OAB, Pavilhão 9 (torcida organizada do Corinthians), entre outros.

O protesto negro, como se vê, prossegue fazendo alianças com vários atores políticos por meio da ponte semântica da violência racial, forjando um sentido político e coletivo das experiências de desrespeito advindas da discriminação racial. A programação de um seminário de formação da campanha Reaja à Violência Racial, cujo texto data de 1993, concretiza na ideia de violência racial outras experiências de desrespeito ao povo negro.[27] Quando vários temas são abrigados sob esse termo, modifica-se a forma de construir uma gramática coletiva para a organização da resistência. Os itens 3, 4 e 5 da seção III do

27 A ideia de reação à violência é recorrente na década de 1990, tanto que se repete em vários formatos. Um dos que ganharam força e autonomia foi o lema "Reaja ou será morto, reaja ou será morta", que surge em 1997, num congresso do MNU. Embora não tenhamos registro dessa mobilização aqui, é um dado importante, uma vez que essas palavras passaram a nomear uma organização do movimento negro na cidade de Salvador.

RACISMO: REAJA À ESTA VIOLÊNCIA

A Festa começou, o sambista, o negro é rei por quatro dias. Antes como foi? Depois como será? Vamos parar 5 minutos pra pensar... Depois é sambar, brincar, aproveitar tudo e na quarta encarar a real de novo. Por mais 360 dias.

Dia 20/11/91, um negro, fiscal de transporte da UNICAMP é abordado e revistado de forma humilhante, no centro de Campinas, por Policiais Militares, sob a vista de transeuntes, detido, é levado para o 1º Distrito, por questionar a razão do vexame que passou.

Dia 22/12/91, mulher negra é espancada pelos seguranças da loja BIG MODAS, em Campinas, quando pagava artigos que retiraria a seguir, (no momento não portava bolsa ou sacola), sob acusação de ser suspeita de furto.

Dia 05/01/92, Carrefour-Brasília, mulher negra é impedida por seguranças de entrar na loja, com bolsa que continha dinheiro, cheques e documentos, quando inumeras pessoas brancas o faziam com bolsas semelhantes.

Dia 21/01/92, Radialista negro de Campinas é vítima de Armação policial, que o acusavam de furto de carro, após 6 horas intimidação na rua e em delegacia, prova inocência. E os P.M.(s) foram punidos???

REAGIR À VIOLÊNCIA RACIAL

Felizmente estes fatos chegaram ao conhecimento da imprensa e do Movimento Negro para que denúncias e medidas jurídicas fossem tomadas. Contudo, milhares de casos continuam encobertos em todo o país sem que os racistas sejam denunciados e punidos por seus crimes, por medo, ignorância ou acomodação das vítimas e testemunhas, mas também pela hipocrisia e conivência de testemunhas e autoridades policiais, judiciais e governamentais.

OS NÚMEROS DO RACISMO

A maioria das 980 pessoas mortas pela Polícia Militar, na Capital em 1991, eram negras.

Dos mais de 3400 jovens, crianças e adolescentes mortos na Capital pelos Grupos de extermínios, no ano passado, mais de 2900 ou 86% eram negros.

De 116 pessoas negras pesquisadas por nós, que compraram no comércio de Campinas no último final de ano, 48 pessoas, 30%, sentiram-se observadas, seguidas, mal atendidas e constrangidas por seguranças e funcionários dos estabecimentos, e identificaram no fato motivos racistas.

Negros os primeiros a serem demitidos, em tempos de recessão e últimos a arranjar trabalho, depois da mesma, recebendo salários até 35% menor que outros trabalhadores.

Os jovens quase nunca conseguem o primeiro emprego.

Figura 20: Panfleto "Racismo: reaja a esta violência" (frente). Fonte: Acervo de Reginaldo Bispo, 1992.

A PRAZO OU A VISTA
BIG MODAS É RACISTA!

Com esta palavra de ordem, mais de 300 pessoas sairam de uma concentração no dia 8 de fevereiro, em frente da Catedral, em caminhada pela rua 13 de Maio, até a loja BIG MODAS, e alí realizaram ATO DE PROTESTO E DENÚNCIA, CHAMANDO A POPULAÇÃO A NÃO COMPRAR NA BIG MODAS RACISTA.

Este fato foi a coroação de um mês de intensas atividades de pesquisa, denúncia e mobilização realizada pelas entidades que Assinaram este boletim.

Movemos processos contra os seguranças e gerente agressores e racistas, e com estes procedimentos já conseguimos: O Sucesso da manifestação do dia 8, bem como a queda drástica das vendas daquela loja, o que significa de que a população aderiu ao repudio aos racistas da Big Modas, APESAR DO FAZ DE CONTAS QUE NÃO EXISTE da Imprensa campineira.

NEGRO, BRANCO, DIGA NÃO AO RACISMO
NÃO COMPRE NA BIG MODAS

DIRETORA RACISTA CONDENADA PELA 2ª VEZ

Recentemente obtivemos outra vitória. A diretora racista de Paulínia foi condenada no segundo processo por racismo contra uma professora da escola (o 1° foi contra 5 crianças), a cumprir sua pena de 1 ano prestando serviços num orfanato onde a maioria das crianças são negras, e impedida de sair de Paulínia pelos próximos 2 anos, se apresentando semanalmente à justiça.

Denuncie qualquer ato de racismo que sofrer ou testemunhar. Exija respeito à dignidade e ao direito de ser diferente da pessoas negra.

REAJA: Não se deixe matar!
- Prisão inafiançável para os racistas!
- Punição constitucional para os racistas da Big Modas!
- Pelo fechamento daquele estabelecimento!
- Prisão para os matadores de crianças e Jovens Negros!

PARTICIPE DE NOSSAS REUNIÕES
SINDICATO DOS VIGILANTES
Todas as TERÇAS-FEIRAS
às 19:30 Hs - R. Cônego Cipião, 316 (atrás do Concórdia)

•MOVIMENTO NEGRO UNFICADO •UNEGRO •GRUPO TEATRO SAVURU •SINDICATO DE VIGILANTES DE CAMPINAS •SINDICATO TRABALHADORES DA UNICAMP

PARTICIPE DE ATO DIA 21/03 - DIA INTERNACIONAL PELA ELIMINAÇÃO DO RACISMO - 10 Hs Em frente à CATEDRAL

Figura 21: Panfleto "Racismo: reaja a esta violência" (verso). Fonte: Acervo de Reginaldo Bispo, 1992.

VIOLÊNCIA POLICIAL E RACISMO

Dia 26 de setembro, um domingo à tarde, mais um ato de violência policial e de racismo foi praticado pela Polícia Civil do Estado de São Paulo.

Três policiais civis invadiram o bar do Mestre de Capoeira "Neninho de Obaluaiê", exigindo mãos pras paredes, como sempre fazem quando chegam em locais frequentados por negros.

O Mestre de Capoeira e Milton Barbosa, Coordenador Nacional de Relações Internacionais do Movimento Negro Unificado, contestaram a forma desrespeitosa dos policiais e foram agredidos.

Reagiram à Violência Racial se defendendo das agressões.

No 3º Distrito Policial, torturaram o Mestre de Capoeira "Neninho de Obaluaiê, em vista de testemunhas, que teve seu braço esquerdo fraturado em dois lugares, por sete policiais civis e um Policial Militar-PM (entrou de embalo).

REAJA À VIOLÊNCIA RACIAL

Dia 15 de outubro, na Praça Ramos, em frente às escadarias do Teatro Municipal, o Movimento Negro de São Paulo estará promovendo um ato contra a violência policial, contra o genocídio do negro no Brasil, que é realizado através de ações tipo a CHACINA DA CANDELÁRIA, onde oito crianças negras foram barbaramente assassinadas, por ações tipo a CHACINA DE VIGÁRIO GERAL, onde 21 trabalhadores foram covardemente assassinados, além das mortes dos meninos do ACARI e outros tipos de chacinas que fazem parte do dia a dia do negro brasileiro.

Neste ato, também, estaremos relembrando os mortos do PAVILHÃO 9, assassinados como bichos, há um ano atraz, sem direito à defesa.

Estas mortes fazem parte de um projeto de genocídio da população não branca deste país, que se manifesta na sua forma mais violenta através da matamça da juventude negra, por policiais civis e militares, e grupos de extermínio onde muitos desses policiais, inclusive, se fazem presente.

É necessário dar um basta a essas ações. Exigimos respeito e o direito à vida.

REAJA À VIOLÊNCIA RACIAL

Figura 22: Texto do MNU para divulgação de ato em São Paulo contra a violência policial e o racismo. Fonte: Acervo de Milton Barbosa, 1993.

documento da campanha de 1993 citado acima, "Pauta/temário", não deixam dúvidas:

(3) A violência racial no mercado de trabalho:

- processo seletivo;
- emprego e salário;
- desemprego e marginalização;
- subemprego/economia marginal;
- sindicalismo.

(4) A violência racial e o direito à vida (o genocídio do povo negro no Brasil):

(a) pena de morte extralegal (civil e estatal)

- extermínio de crianças e adolescentes negros;
- violência policial (execuções em massa: Carandiru, Vigário Geral).

(b) mulher negra (sexualidade/saúde/políticas públicas)

- esterilização;
- aborto;
- prioridades.

(5) A violência racial e a política:

- neonazismo
- separatismo;
- revisão constitucional;
- eleições de 1994.

De mercado de trabalho a eleições, de violência policial a sindicalismo, de pena de morte a separatismo, tudo estaria enquadrado na ideia de violência racial.

Trata-se de um período de ascensão do protesto negro, em que a violência policial era um problema evidentemente público, mas que ainda carecia de compreensão pública. Porém, aproximava-se uma campanha eleitoral em que todas as forças políticas nacionais moveriam esforços para um momento específico, e era grande a probabilidade de o protesto negro manter as atividades de campanhas de conscientização, como as da Reaja à Violência Racial. Outros casos de violência racial continuaram surgindo, novamente, no próprio seio do movimento negro.

As alianças começam a se repetir, sob as mesmas pontes semânticas, de modo a ir esboçando um nível de entendimento compartilhado.

O panfleto "Barrar o genocídio do povo negro no Brasil" (figura 23), que respondia a um fato específico, trazia consigo um entendimento radical sobre violência policial que associava genocídio e violência por meio de uma leitura histórica da realidade brasileira. O arco da aliança registrado na assinatura abarcava amplo espectro de organizações negras: sindicatos, associações profissionais de classe, ONGs e diferentes organizações nacionais. Essa era a aliança que se formaria em 1995 para a promoção da Marcha Zumbi dos Palmares.

Contudo, em relatório da reunião do Fórum Estadual de Entidades Negras de São Paulo, realizado em 10 de outubro de 1995, na Câmara Municipal de São Paulo, a pauta da "violência racial" não constava. Na ocasião, trataram de assuntos como arrecadação de livros, cursos de formação, campanhas contra as políticas de esterilização. Mais importante, trataram do assunto mais relevante do ano, que foi a marcha de trezentos anos da "imortalidade de Zumbi dos Palmares", e da marcha para Brasília, bem como de eventos preparatórios para o grande ato.

DIA 12 DE JULHO - TERÇA FEIRA À S 19:00 HORAS NA IGREJA DO ROSÁRIO

Barrar o Genocídio do Povo Negro no Brasil

1694 - 20 de novembro. Serra da Barriga. Assassinado o líder da resistência palmarina, Zumbi.

1835 - 25 de Janeiro. Salvador, Bahia. Assassinado os lideres da revolução dos malês.

1850 - Brasil. Assinada a Lei Euzébio de Queiroz. Inicia-se o projeto de genocídio programado do Povo Negro Brasileiro.

1864/1871 - Mais de 100 mil negros são eliminados na guerra do Paraguai, a maior limpeza étnica da América Latina.

1896 - Assassinados cerca de 25 mil homens, mulheres e criança no Arraial de Canudos, no sertão baiano, onde estava concentrada "a população do 13 de maio", como dizia as informações oficiais.

1992/93 - Assassinados homens, mulheres e crianças em vigário Geral, Candelária, Taboão da Serra, Acari, extermínio de crianças e adolescentes, esterilização de mulheres negras e pobres, miséria absoluta da população negra brasileira, assassinados 111 presos desarmados na Casa de Detenção no Carandirú.

1994 - Rio de Janeiro. Dia 12 de junho. Bairro da abolição. Assassinados Reinaldo Guedes Miranda e Hermógenes Almeida da Silva Filho. Assassinados por um membro de grupo de extermínio.

1994 - No dia 14 de junho, no mesmo dia do enterro dos dois militantes do movimento negro no Rio de Janeiro, foi assassinado Luis Carlos Silva Santos, historiador, membro do Núcleo de Estudantes Afro-brasileiros, (Neafro-PUC), em Simões Filho (BA). Luis Carlos foi fundador do Movimento Negro Unificado na Bahia.

A história do Brasil é a história do genocídio do povo negro. Pior: tem sido a história da impunidade da violência sobre o povo negro. Em todas as épocas. Em todo os tempos. No país, pratica-se a "limpeza étnica". Há mais de cem anos. A barbárie é total sobre a população negra no Brasil. As periferias tornaram-se lixeiras humanas. Lá, o povo negro é eliminado por todas as formas de violência.

Até quando o povo negro vai tolerar essa violência.

Até quando o povo negro vai assistir o genocídio e a impunidade?

ATO ECUMÊNICO

IGREJA DO2 ROSÁRIO: IRMANDADE DOS HOMENS PRETOS - Largo do Paissandú

EXIGIMOS A APURAÇÃO RIGOROSA E PUNIÇÃO DOS RESPONSÁVEIS

Movimento Negro Unificado
União de Negros pela Igualdade de São Paulo
Soweto - Organização Negra
Geledés - Instituto da Mulher Negra
Centro da Resistência Negra "Quilombo dos Palmares"
Quilombhoje
Agentes de Pastoral Negros
Subcomissão de Negros da OAB
Neafro-PUC
Entidades Sindicais

Figura 23: Panfleto "Barrar o genocídio do povo negro no Brasil". Fonte: Acervo de Milton Barbosa, 1994.

Marcha Zumbi dos Palmares

Indubitavelmente, a Marcha Zumbi dos Palmares contra o Racismo, pela Igualdade e a Vida foi o principal ponto de inflexão do protesto negro durante a Nova República (1988-2016). O ato reuniu elementos de coesão política e programática, focado em um objetivo: a exigência de que o Estado brasileiro reconhecesse a existência de racismo no país e promovesse políticas públicas voltadas à população negra. Trata-se de um momento no qual se esboça a formação da gramática da igualdade racial, muito atrelada às ações do poder público, ao mesmo tempo que se pretende desconstruir o mito da democracia racial.

A presença de ONGs de expressão nacional como Geledés e Ceert, entidades nacionais do movimento negro, coletivos locais e a aliança com o sindicalismo, selada na figura do então presidente da CUT, maior central sindical brasileira, garantiram uma ampla preparação da mobilização. Houve vários eventos prévios durante meses.

A comissão executiva da marcha foi composta por diversas organizações: Agentes de Pastoral Negros, Centro Nacional de Africanidade e Resistência Afro-Brasileira (Cenarab), Central de Movimentos Populares, Comando Geral dos Trabalhadores (CGT), Comunidades Negras Rurais, CUT, Força Sindical, Fórum Nacional de Entidades Negras, Fórum de Mulheres Negras, MNU, Movimento pelas Reparações, Seminário Nacional dos Universitários Negros (Senun), Unegro, Grupo de União e Consciência Negra (Grucon).

As representações da marcha estiveram com o presidente da República, Fernando Henrique Cardoso, a quem entregaram um documento elaborado coletivamente. Este apresentava diagnósticos e proposições para o "combate ao racismo e às desigualdades", em áreas tais como educação, trabalho, religião, terra, e também para a "violência racial".

A VIOLÊNCIA RACIAL

O crescente desaparecimento de postos de trabalho tem como contrapartida o agravamento da situação daqueles contingentes populacionais economicamente "desnecessários", passíveis de eliminação física pura e simples.

Assenta-se nesta premissa a impassividade dos governos diante do crescimento da população de rua, dos meninos e meninas que perambulam pelos grandes centros urbanos e da ação dos grupos de extermínio.

A violência racial é evidente: de 1970 a 1992, a Polícia Militar de São Paulo matou cerca de 8 mil pessoas; das 4.170 vítimas identificadas, 51% eram negras, numa cidade em que, segundo o IBGE, os negros somam 35% da população.

Segundo levantamento do Núcleo de Estudos da Violência da Universidade de São Paulo, das 2 mil pessoas mortas pela Polícia Militar paulista entre 1981 e 1989, duas em cada três eram negras.

A Pesquisa Nacional por Amostra de Domicílios sobre agressão policial demonstra a concretude do ditado popular "Negro parado é suspeito, correndo é ladrão": em 1988, 3,8% da população branca sofreram agressão policial e 10,7% dos negros passaram pela mesma experiência.

Levantamentos do Ibase são igualmente ilustrativos da violência racial: dados coletados entre 1984 e 1989, em 16 estados da Federação, mostram que foram registrados nos institutos médicos legais 1.397 assassinatos de menores de 18 anos. Destes, 87% eram do sexo masculino, 36% sem informação de cor, 52% eram negros e 12% brancos.

Deste modo, uma estratégia de repressão alterna agressões policiais, prisões arbitrárias, tortura e extermínio. Nesta estratégia, o principal alvo é o homem negro. De outro lado, a impunidade da esterilização massiva de mulheres tem como principal alvo a mulher negra. Em conjunto, tais ações desenham o genocídio perpetrado contra o povo negro no Brasil, cujos efeitos já se fazem sentir na redução do percentual da população negra nesta década, em comparação com a década anterior.

A lei nº 7.716/89, principal instrumento legal destinado à proibição da discriminação racial, não prevê grande número de situações em que se manifesta o fenômeno discriminatório.

Em decorrência deste fato, poucos são os procedimentos penais instaurados com base em seu artigos. Em 1993, a Delegacia Especializada em Crimes Raciais de São Paulo recebeu 48 queixas: destas, 41 foram caracterizadas como injúria e 7 como racismo; ademais, apenas 30% dos inquéritos abertos conseguiram alguma prova.

Por outro lado, a partir da promulgação daquela lei, os tribunais registram em São Paulo apenas dois casos de condenação.

A fragilidade da democracia brasileira evidencia-se também quando se constata a desigualdade nas decisões judiciais: dados coletados em processos criminais em São Paulo atestam que negros e brancos sofrem penas diferentes para os mesmos crimes: em processos referentes a roubo qualificado, por exemplo, 68,8% dos réus negros e 59,4% dos brancos foram condenados. Mesmo entre os réus que constituem advogado particular, a diferença persiste: a defensoria particular logrou obter absolvição para 60% dos réus brancos, mas apenas 27% dos negros foram absolvidos. Em 480 processos analisados, 27% dos brancos responderam em liberdade e somente 15% dos negros encontravam-se na mesma situação.[28]

28 "Marcha Zumbi contra o Racismo, pela Igualdade e a Vida", Brasília, 20 nov. 1995. Disponível em: http://memorialdademocracia.com.br/card/marcha-zumbi-reune-30-mil-em-brasilia/docset/910.

As propostas para esse eixo iam de generalismos em torno da criação de leis antirracistas, passando pela repetição da ideia de formação em direitos humanos para policiais até o endurecimento da punição de crimes contra crianças. No entanto, não falavam explicitamente de polícia, embora trouxessem esse elemento no diagnóstico. O texto prossegue:

> VI — Violência
>
> Ampliação da legislação antirracista de forma a contemplar todas as situações em que o racismo e a discriminação racial se manifestem.
>
> Tipificação da conduta discriminatória no Código Penal.
>
> Viabilização de bancos de dados referentes a processos criminais, de modo que se possa desagregar e assegurar tratamento estatístico ao quesito cor e melhorar os diferentes aspectos da desigualdade no acesso à Justiça.
>
> Adoção de disciplina de direitos humanos e de cidadania, com recorte de raça e gênero, nos cursos de formação de policiais civis e militares.
>
> Punição exemplar dos crimes de extermínio de crianças e adolescentes e de tortura de presos comuns.
>
> Controle e punição rígida das agências de turismo que exploram, direta ou indiretamente, a prostituição.

Certamente, 1995 foi um ano de vitória para o conjunto do movimento negro, mas, em 1996, os militantes e ativistas foram pegos de surpresa ao verem emergir um candidato negro a prefeito de São Paulo apadrinhado por um conhecido inimigo do protesto negro. Celso Pitta teve o apoio de Paulo Salim Maluf para as eleições municipais daquele ano, e o movimento precisou apresentar um debate público no qual fosse possível diferenciar entre um homem negro e uma agenda em defesa de igualdade racial. Um dos elementos importantes para essa diferenciação era a política de segurança pública defendida historicamente por Paulo Maluf, em prol de repressão, prisão e violência.

Assim, os eventos em torno da violência policial e racial seguiram acontecendo na campanha do MNU. Surgiram elementos que procuravam falar diretamente aos jovens, de modo a cobrar a conscientização e a responsabilidade, como no panfleto que diz "Não seja laranja! Reaja à violência racial", e, no final, "Não se deixe matar, não se deixe dominar", que posteriormente evoluiu para "Mano, não morra, não mate".

A Câmara dos Vereadores continuou a sediar eventos da campanha, o vereador Ítalo Cardoso seguiu como aliado do MNU, e o tema da violência policial entrou no programa da candidata à prefeita Luiza Erundina, que possuía identificação programática com a militância negra. A presença de grupos de rap se tornou cada vez mais constante, fosse em apresentações musicais, fosse assinando documentos ao lado de entidades do movimento negro.

Mario José Josino (Favela Naval) e veiculação das imagens

Em 1997, quando o movimento negro gozava de certa maturidade no debate sobre violência policial, ocorreu um fato que tomou os holofotes públicos e midiáticos por meses, ou anos: a morte de Mario José Josino, em Diadema, no estado de São Paulo. O caso, que ficou conhecido como o Caso da Favela Naval, chamou a atenção para o problema da violência policial contra pessoas negras e pobres das favelas do Brasil, e os impactos institucionais provocados por sua repercussão se deram num momento histórico de ascensão da pauta racial e de fortalecimento do ativismo negro, que dois anos antes havia tido uma importante demonstração de força e unidade — a Marcha Zumbi pela Igualdade, por Direitos e pela Vida.

A Marcha era um aceno às autoridades constituídas e pedia por políticas públicas. Foi em resposta ao ato que, pela primeira vez, um chefe de Estado do Brasil reconheceu a existência de racismo na sociedade brasileira, pondo em suspeição o mito de que brancos, negros e indígenas viviam em harmonia. Também nessa ocasião foi criado um Grupo de Trabalho Interministerial para discutir políticas para a população negra.

Ainda assim, essa ascensão da pauta da igualdade racial não impediu que o conferente Mario José Josino, homem negro de 29 anos, fosse morto com um tiro na cabeça disparado pelo líder da operação policial conhecida como Favela Naval, nome da comunidade de Diadema onde se deu. A vítima estava no banco de trás de um carro, junto com seus amigos, deixando o local onde tinham passado por agressões e torturas, quando foi atingido. O disparo foi filmado por um cinegrafista amador, que registrou essa e outras cenas bárbaras de abuso de autoridade. As imagens foram divulgadas em ampla reportagem do mais importante telejornal do Brasil em março de 1997. Vários policiais foram acusados, mas o principal deles — aquele que efetuou os disparos que mataram Josino —, Otávio Lourenço Gambra, mais conhecido como Rambo, foi condenado em 1999 a 65 anos de prisão no primeiro julgamento. Posteriormente, em segundo julgamento, o juiz sentenciou a pena em 45 anos; mas, numa apelação, ela foi reduzida a quinze anos e quatro meses, dos quais foram cumpridos apenas oito.

As condições que levaram ao assassinato de Josino correspondem às condições em que a força policial atua nas periferias e favelas das grandes cidades. A pretexto de combater o crime/tráfico de drogas, a frequência das operações policiais nesses lugares é muito mais alta, e a forma como ocorrem é geralmente por meio da brutalidade. Frequentemente há vítimas fatais, embora nem sempre elas venham a público. Porém, dessa vez, os acontecimentos foram registrados em vídeo, documentando as circunstâncias da morte de Josino.

A polêmica ganhou o mundo e o movimento negro denunciou a morte de Mario José Josino como um caso de violência racial. Como consequência, o governo do estado de São Paulo sancionou em lei a criação da Ouvidoria da Polícia — órgão que recebe da população reclamações e denúncias contra a polícia.[29] O assunto foi tratado na Assembleia Geral Extraordinária da Organização das Nações Unidas, e em nível nacional foi promulgada a Lei nº 9.455, de 7 de abril de 1997, que define o crime de tortura:

> Art. 1º — Constitui crime de tortura:
>
> I – constranger alguém com emprego de violência ou grave ameaça, causando-lhe sofrimento físico ou mental:
>
> a) com o fim de obter informação, declaração ou confissão da vítima ou de terceira pessoa;
>
> b) para provocar ação ou omissão de natureza criminosa;
>
> c) em razão de discriminação racial ou religiosa. (Brasil, 1997)

Certamente a campanha Reaja à Violência Racial foi a mais duradoura contra a violência policial empreendida pelo conjunto

29 A Lei Complementar nº 826, de 20 de junho de 1997, que criou, na Secretaria de Segurança Pública, a Ouvidoria da Polícia do estado de São Paulo, versa, em seu art. 2º: "A Ouvidoria da Polícia tem as seguintes atribuições: I — Receber: denúncias, reclamações e representações sobre atos considerados arbitrários, desonestos, indecorosos ou que violem os direitos humanos individuais ou coletivos praticados por servidores civis e militares da Secretaria da Segurança Pública" (São Paulo, 1997).

dos protestos negros no Brasil. Ela pôde agregar organizações negras, organizações não negras, sindicais etc. e foi exitosa em produzir eventos concatenados, seminários, formações, panfletos, relatórios, cartazes. Também produziu uma definição do que seria a violência racial: seria o padrão de relações entre negros e brancos no Brasil. Sob suas expressões e insígnias, muitas reações a casos de violência policial foram realizadas, assegurando-lhes conteúdo e significado (figura 24).

A violência policial e a articulação internacional do protesto negro na virada do século

Os anos finais da década de 1990 foram de ampliação do debate racial no Brasil, com muita atenção voltada para proposições de políticas de ações afirmativas nas universidades públicas e para as lutas pelo feriado do Dia da Consciência Negra. Nesse período, os movimentos sociais entraram numa dinâmica de forte articulação contra o neoliberalismo. No Brasil, houve muitas mobilizações contra o governo federal, que empreendia uma agenda de privatizações, contrapondo-se ao que os movimentos sociais, incluindo o movimento negro, defendiam. A articulação do Sul global culminou na realização do Fórum Social Mundial no Brasil, em Porto Alegre, entre 2001 e 2003, e da Conferência de Durban, em 2001. A chamada Conferência de Durban (Terceira Conferência Mundial contra o Racismo, a Discriminação Racial, a Xenofobia e Formas Correlatas de Intolerância) catapultou o tema das ações afirmativas para a cena pública com notícias da participação da delegação

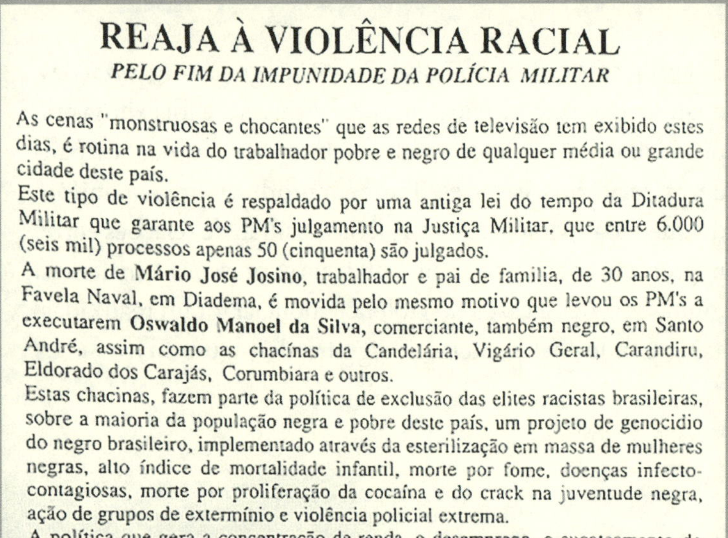

REAJA À VIOLÊNCIA RACIAL

PELO FIM DA IMPUNIDADE DA POLÍCIA MILITAR

As cenas "monstruosas e chocantes" que as redes de televisão tem exibido estes dias, é rotina na vida do trabalhador pobre e negro de qualquer média ou grande cidade deste país.

Este tipo de violência é respaldado por uma antiga lei do tempo da Ditadura Militar que garante aos PM's julgamento na Justiça Militar, que entre 6.000 (seis mil) processos apenas 50 (cinquenta) são julgados.

A morte de **Mário José Josino**, trabalhador e pai de familia, de 30 anos, na Favela Naval, em Diadema, é movida pelo mesmo motivo que levou os PM's a executarem **Oswaldo Manoel da Silva,** comerciante, também negro, em Santo André, assim como as chacínas da Candelária, Vigário Geral, Carandiru, Eldorado dos Carajás, Corumbiara e outros.

Estas chacinas, fazem parte da política de exclusão das elites racistas brasileiras, sobre a maioria da população negra e pobre deste país, um projeto de genocidio do negro brasileiro, implementado através da esterilização em massa de mulheres negras, alto índice de mortalidade infantil, morte por fome, doenças infecto-contagiosas, morte por proliferação da cocaína e do crack na juventude negra, ação de grupos de extermínio e violência policial extrema.

A política que gera a concentração de renda, o desemprego, o sucateamento do serviço público - hospitais, escolas, creches, e outros - tem como solução a violência da polícia sobre a população negra e pobre deste país.

É necessário reagirmos a esta violência e pelo fim da impunidade.

Justiça para os policiais que torturam e assassinam.

Eles devem ser julgados pela Justiça Comum.

O **Movimento Negro Unificado - MNU**, convoca a juventude negra e todos que lutam pelo fim da violência e do racismo, para participar do:

ATO PELO FIM DA IMPUNIDADE DA POLÍCIA MILITAR

DIA: 08 DE ABRIL - TERÇA FEIRA
HORARIO: 17:30 HORAS
LOCAL: PRAÇA RAMOS - EM FRENTE AO MAPPIN

MOVIMENTO NEGRO UNIFICADO - MNU-SP

COMISSÃO DE DIREITOS HUMANOS - CÂMARA MUNICIPAL - SP

Figura 24: Panfleto da Campanha Reaja à Violência Racial. Fonte: Acervo Milton Barbosa, 1997.

brasileira. O assunto, de alguma forma, eclipsou outras questões candentes, pois, como explica o ativista Douglas Belchior (2020), a pauta da violência policial muitas vezes surgia como reação e denúncia, e não com o propósito de conter os abusos.

Esses eventos, aliados ao fato de haver uma eleição presidencial em 1998, podem ter contribuído para o arrefecimento da campanha Reaja à Violência Racial e mesmo para o surgimento de uma nova campanha com a mesma finalidade, chamada Mano, Não Morra, Não Mate. Teria ocorrido, assim, o processo de obliteração da pauta racial no movimento negro em favor de ações, eventos, processos e debates que agregavam um conjunto maior de atores, aos quais as organizações do movimento negro continentemente se puseram a aderir.

Além disso, em 1998, retornou o debate em torno de outra efeméride, a assinatura da Lei Áurea, pensando-se sobre as possibilidades de inclusão social da população negra. Tal debate impunha sempre um discurso de denúncias ligadas ao mundo do trabalho, informações sobre diferenças de renda etc., sem o advento de novas pesquisas que trouxessem informações eloquentes sobre violência policial, como foi o caso das pesquisas realizadas pelo Núcleo de Estudos da Violência da USP em parceria com o Geledés no início da década.

A constante presença dos grupos de rap e a ascensão do gênero musical promoveram uma maior circulação da noção de periferia, aproximando a experiência negra das experiências ligadas à dimensão territorial. De certa forma precipitando uma inflexão liberal no protesto negro dos anos seguintes, a categoria "periferia" surgiu como uma possibilidade de aproximação das experiências cotidianas dos jovens negros, que emergiam como atores políticos, e viria a substituir a ideia de classe como categoria de mobilização política.

> O negro é empurrado para áreas pobres e miseráveis, onde não há empregos, moradias, hospitais, escolas, meios de transporte, enquanto o branco normalmente se localiza em locais bem ou razoavelmente situados em termos de infraestrutura.
>
> Raça e Classe para nós está esgotada, pois mostrou que não responde às nossas necessidades, e sim é bom apenas para os setores brancos.
>
> O negro através de Raça e Território, tem que construir ou reconstruir seu trajeto, a sua história neste país.
>
> Apesar da tentativa de esmagamento da cultura do negro, o negro resistiu e a cultura negra está presente no seu dia a dia, embora bastante manipulada e comercializada pelos brancos, mas há polos importantes de resistência cultural na religião, na capoeira, no mundo do samba.
>
> Importantes movimentos musicais jovens foram criados, como: som-afro, reggae, funk e o movimento hip-hop, nos quais podem e devem ser inseridos aspectos de embates ao racismo e de construção de uma nova sociedade.
>
> A população negra tem que demarcar seus espaços físicos onde produz e vivencia sua cultura. O negro sofre discriminação no mercado de trabalho, estando inserido nas mais baixas funções (normalmente de aspectos manuais), e de menor remuneração, sendo que a maioria vive em extrema miséria, marginalizados do processo produtivo (desempregados ou no subemprego). (Barbosa, 2001)

Mano, Não Morra, Não Mate foi a nova campanha que surgiu no protesto negro, também tocada pelo MNU, para debater a violência policial. Com uma duração mais curta e menor capacidade de articulação de alianças, usou uma linguagem que procurava dialogar diretamente com a juventude negra de periferia, abdicando da intenção racial explícita e borrando os contornos do conflito: seu título é um enunciado para que os jovens não entrem em conflito, para que não morram, mas também não matem (figura 25).[30]

> Campanhas para pacificar a sociedade brasileira têm sido feitas, colocando a população pobre e negra como agente da violência, quando na realidade esta população é vítima da violência que campeia em todo o país.
>
> A grande maioria das mortes violentas na cidade de São Paulo e em todas as grandes cidades do país são de jovens entre 14 e 25 anos. Na sua quase totalidade negros e pobres sem passagem policial.
>
> A punição dos assassinos é nula.
>
> Fazem onda na mídia, inventam-se campanhas, mas não se discute e nem apresentam propostas para combater as mazelas criadas pelo sistema capitalista, que concentra a renda em torno de algumas famílias abastadas que vivem nos Jardins e regiões assemelhadas, com total mordomia à custa da maioria dos trabalhadores, que vive na periferia e em péssimas condições de vida.
>
> Esta periferia é formada por bairros e favelas, que têm como característica comum a falta de infraestrutura, falta de lazer e cultura, com escolas precárias e de má qualidade de ensino, grandes contingentes de pais desempregados, mantendo na miséria cotidiana crianças e jovens que, se não lutarem, não terão futuro e não sobreviverão a esta violência.
>
> Participe da nossa campanha contra as drogas, a violência policial, fim da ação dos grupos de extermínio, a violência entre a própria juventude, através de debates, seminários, atos públicos, festas, feiras culturais, práticas esportivas (campeonatos de futebol de campo e salão, basquetebol, voleibol e outros), elaboração

30 Tão forte é a ligação entre essa campanha e o movimento hip-hop que um verso de "Negro Drama", a canção principal do álbum *Nada como um Dia após o Outro Dia*, lançado em 2003 pelo mais famoso grupo de rap do Brasil, Racionais MC's, diz: "Nessa história vejo dólar e vários quilates/ Falo pro mano que não morra e também não mate".

Figura 25: Boletim da campanha Mano, Não Morra, Não Mate. Fonte: Acervo Milton Barbosa, 2003.

de boletins e jornais, programas em rádios comunitárias, em TVs comunitárias, e elaboração de cartazes. (Editorial da campanha Mano, Não Morra, Não Mate, 2003)

Mesmo com as inovações institucionais pelas quais passou a Polícia Militar, com a Corregedoria e a Ouvidoria, a campanha contra a violência por parte do movimento negro continuava a fazer sentido.

Flávio Santana: respostas institucionais para a igualdade racial

A observação desse período permite observar o fortalecimento de setores identificados com organizações sindicais, Movimento dos Trabalhadores Rurais Sem Terra (MST) e demais movimentos sociais que reivindicavam inclusão social. A frequência de movimentos de rua, a Passeata dos Cem Mil a Brasília em 1998, o reconhecimento da capacidade de organizar o Fórum Social Mundial demonstram o nível de organização a que se chegou.

Em 2002, esse processo de ascensão foi graduado com a eleição da principal liderança do que se convencionou chamar de setor democrático popular, ou esquerda, no Brasil. A eleição de Luiz Inácio Lula da Silva alçou várias agendas que vinham sendo debatidas desde o fim da ditadura. Chegava o momento de levar ao Poder Executivo o que fora gestado durante décadas de organização popular.

Para a questão racial, a criação da Seppir, em 21 de março de 2003, e a assinatura da Lei nº 10.639, no mesmo ano, foram momentos especiais. A "promoção da igualdade racial" foi institucionalizada na gestão de políticas públicas, com uma secretaria e um conselho. O desenvolvimento de políticas para a titulação de terras quilombolas passou a compor a agenda de enfrentamento do governo federal com grandes proprietários de terras (Ribeiro, 2014). Discutiu-se a formulação de um Estatuto da Igualdade Racial, e as políticas de cotas raciais nas universidades públicas, ainda que não assumidas pelo governo, ganharam legitimidade nas instituições de ensino, que, pouco a pouco, foram criando seus próprios programas de ação afirmativa. Várias lideranças negras foram chamadas para compor os quadros dos governos, especialmente aquelas com articulação partidária, como os militantes da Unegro e da Conen.

É nesse contexto de fortalecimento das chamadas políticas de igualdade racial, isto é, de uma agenda propositiva, que Flávio Ferreira Santana foi assassinado pela Polícia Militar num bairro da zona norte da capital paulista. Aos 28 anos e filho de policial militar, ele era dentista e dirigia o próprio carro quando encontrou em seu caminho policiais que, ao procurar por um ladrão de carros, escolheram Flávio como culpado. Atiraram contra ele sete vezes, acertando duas; Flávio morreu na hora. Os policiais forjaram a cena do crime, arredondando a ocorrência (Schlittler, 2017), como se tivesse havido troca de tiros, e forçaram o homem que teve o carro roubado a reconhecer Flávio Santana como sendo o assaltante. No registro oficial do boletim de ocorrência, classificaram o fato como resistência seguida de morte. A família de Flávio ficou dois dias sem ter notícias do filho até que encontrou seu corpo no Instituto Médico Legal.

Quatro dias depois, quando a testemunha pediu para refazer seu testemunho e inocentou Flávio, o caso veio a público. O pai de Flávio, um policial aposentado, afirmou que seu filho morreu por ser negro, por causa de preconceito: "Ele era o único negro da sala de aula da universidade. Era alegre e tinha medo da violência. Se estivesse escrito 'eu sou dentista' em sua testa, hoje ele estaria vivo".[31] Os PMs envolvidos foram presos, assumiram ter inserido informações falsas no boletim de ocorrência, mas insistiram que Flávio resistira e trocara tiros. Um ano e oito meses após o ocorrido, a Justiça condenou os PMs Carlos Alberto de Souza e Luciano José Dias a dezessete anos e meio de prisão pela morte de Flávio, por homicídio duplamente qualificado, fraude processual e porte ilegal de armas. Um terceiro PM envolvido no crime, Ricardo Arce Rivera, foi absolvido do crime de homicídio, mas foi condenado a sete anos e meio de prisão por porte ilegal de arma e fraude processual.

A morte de Flávio é reveladora do padrão de relações raciais existente nas grandes cidades, onde o processo de marginalização territorial de famílias negras roga ao senso comum que censure a presença de pessoas negras nos circuitos de consumo de bens, como carros, ou de acesso a direitos, como o diploma universitário de cirurgião dentista. Construídos nesse *habitus* racial, os policiais que perseguiram Flávio o condenaram a pagar o preço de ter rompido o pacto racial que diz que o negro deve estar limitado ao lugar de negro (Gonzalez, 1982). Segundo tais normas do pacto racial, o veículo de que dispunha não poderia ser seu, e os policiais o fizeram pagar por isso.

Uma vez que houve a manifestação de alguém da Polícia Militar, o pai de Flávio, o caso repercutiu institucionalmente na corporação. O fato ecoou na Assembleia Legislativa de São Paulo, por meio do deputado estadual Tiãozinho (PT) e do deputado federal Vicentinho (PT), em pronunciamento

31 "PMs matam dentista apontado como ladrão", *Folha de S. Paulo*, 9 fev. 2004.

realizado em 11 de fevereiro de 2004, e também foi alvo da atenção do ministro da Justiça Márcio Thomaz Bastos, que chamou o crime de "caso deplorável". O comando da PM foi trocado, e o currículo de formação dos oficiais foi aprimorado com a criação de uma disciplina de direitos humanos e de igualdade racial. Apesar das semelhanças entre as mortes de Mario Josino e Flávio Santana, as mencionadas mudanças institucionais não guardam relação uma com as outras, não performam uma conexão, um encadeamento, um acúmulo de conquistas, pois elas não dialogam, não fortalecem uma à outra; portanto, não têm impacto estrutural.

Os eventos subsequentes à morte de Flávio e toda a mobilização feita para pressionar pela condenação dos policiais marcaram profundamente muitos militantes e ativistas (figura 26). Segundo Roberta Estrela d'Alva (2020), atriz, escritora, *slammer*, produtora e apresentadora, o caso fez com que sua trajetória profissional fosse profundamente marcada pela violência policial. Ela integra o grupo transdisciplinar de pesquisa e ação direta acerca do racismo na sociedade brasileira Frente 3 de Fevereiro, um grupo multirracial — no sentido de não haver apenas pessoas negras — que tem na produção artística e de pesquisa seu espaço de ação. A ideia surgiu de um grupo de amigos que ficaram sensibilizados com a morte de Flávio e decidiram colocar suas expertises em função do protesto contra o racismo. Maurinete Lima, uma das fundadoras do grupo, explicou:

> O grupo, do meu ponto de vista, surgiu de uma inquietação. Inquietação de que você estabeleceu que: existia uma pessoa, na figura do Flávio, que fez toda a escala daquilo que o modelo do começo da democracia racial estabelece para uma pessoa vencer na vida, uma pessoa negra, e mesmo assim esse pacto foi rompido. Então esse menino que tinha tudo, era um dentista,

Figura 26: Material de divulgação de protesto contra a morte de Flávio Ferreira Santana. Fonte: Acervo de Flávio Jorge, 2004.

> formado, ele era uma perfeição, modelo de pessoa, religioso. Ia levar a namorada, uma namorada estrangeira, para o aeroporto. Então ele era o exemplo, e mesmo esse menino foi confundido e foi morto, foi executado.
>
> A partir daí, eu comecei a me indignar. E é uma indignação muito simples, porque eu me senti atingida também. Diziam, uma coisa falta para mim, eu me senti enganada. Então foi começando, exatamente, os roteiros. O que acontecia colocava na geladeira, muito inconformado. Até que um dia eu disse para eles [seus filhos]: "A gente tem um grupo que tem cineasta, tem artista plástico, tem músico. Vamos fazer alguma coisa?". A partir daí que então dissemos: "Vamos fazer". E fizemos a primeira reunião, que foi aqui na Casa da Lapa. (Lima, 2017, p. 27)

Flávio Santana é mais um caso de um jovem negro que cumprira o roteiro da inclusão social, com curso superior, carro, namoro com uma mulher branca, distinções de classe social, mas a polícia não identificou isso. Como diz o texto da Frente 3 de Fevereiro:

> Neste Brasil decantado como o país de muitas cores, de cultura de muitas raças, o país da diversidade, um jovem negro acabava de embarcar sua noiva e caminhava por uma movimentada avenida de São Paulo, quando de repente teve sua vida totalmente revirada — havia sido confundido com um ladrão e foi executado de forma fulminante sem ter esboçado nenhuma reação.
>
> Este caso passaria despercebido como milhares de outros, se não houvesse um diferencial: era um jovem negro pertencente às camadas médias, dentista formado recentemente. Todavia, nem seu pertencimento de classe nem sua mobilidade educacional o livraram de ser catalogado como suspeito. Estava aí revelado: o jovem Flávio Santana morreu por ser negro.

> Fica claro que há um viés racista contido na atuação da polícia, evidenciado pela expressão utilizada pela polícia: elemento suspeito cor padrão. Ao investigarmos as raízes do racismo policial, a origem da polícia, em especial no Brasil, explicita que sua função é a repressão e o controle social das populações excluídas e a proteção da propriedade das elites, e não a proteção do cidadão. A polícia e os policiais acabam refletindo a organização geral da sociedade que, no caso brasileiro, tem uma forte herança escravocrata.

Assim, o protesto em defesa da punição dos assassinos de Flávio Santana ocorreu sem que se utilizasse o acúmulo coletivo do movimento contra a violência policial, que na década anterior girava em torno do debate sobre violência racial (que parece ter sido superado ou esquecido), ou do debate que se vinha fazendo em torno da campanha Mano, Não Morra, Não Mate, em cujo esquema interpretativo Flávio não se encaixava. Todavia, houve avanços institucionais, dado o contexto em que a sociedade brasileira se encontrava à época. O Brasil vivia um momento de franca ampliação de possibilidades de lutas por direitos, passava a discutir a implementação das chamadas políticas de igualdade racial, que, se fôssemos tratar de outros temas, teriam que ser incluídas como uma das pontes semânticas que passaram a operar a partir de 1995, pelo fato de ter sido a base das principais políticas voltadas à população negra. Trata-se de uma elaboração que remonta à Marcha Zumbi dos Palmares, por igualdade, por direitos e pela vida.

Em 2005, as organizações do movimento negro prepararam uma segunda edição da Marcha Zumbi em Brasília, processo que foi recheado de tensões e conflitos (figura 27). Como o dia 20 de novembro não caiu em dia útil naquele ano, não houve entendimento sobre qual seria a melhor data para ir a Brasília, se 16 ou 22 de novembro. O resultado foi o desmembramento em duas marchas, que dividiram dois grupos, cujas divergências se acumulavam desde a marcha de 1995.[32]

Evidentemente, o pomo da discórdia não era uma questão de datas, mas o que se deveria esperar de uma marcha, seus objetivos, a composição da comissão organizadora, o conteúdo do documento a ser escrito etc. Eu destacaria algumas críticas que fui capaz de coletar em minhas incursões entre militantes: havia incômodos, de um lado, sobre qual era o tom de críticas ao governo do então presidente Lula, e, de outro, sobre a relação de algumas organizações negras com sindicatos e partidos. Esse desentendimento frustrou uma geração de militantes mais jovens que foram formados ouvindo histórias sobre a marcha de 1995 e que tinham expectativas de ter uma experiência parecida. Tal frustração foi canalizada na organização da juventude negra, em 2007.

Entre a chegada da democracia formal e a concretização das políticas de igualdade racial, sobretudo com a criação da Secretaria de Políticas de Promoção da Igualdade Racial (Seppir) e com as ações afirmativas para estudantes negros nas universidades públicas, o protesto negro contra a violência policial testemunhou vítimas bem diferentes: desde o jovem negro e periférico com as marcas da cultura hip-hop, cumprindo o estigma do "bandido" (Schlittler, 2017), até um jovem negro dentista que dirigia o próprio carro, e que, por ser negro, cumpria o perfil de suspeito, sendo vítima de uma operação policial ordinária.

32 Em entrevista concedida em 22 de outubro de 2005 a Edson Cardoso, um dos organizadores da Marcha Zumbi + 10, Marcio Alexandre Martins Gualberto, editor da revista *Afirma* e ativista do Movimento Negro do Rio, "diz que não há como justificar duas marchas, chama o Governo Lula de 'burocrático e sem imaginação' e declara: 'a pauta do movimento negro é revolucionária'". Edson Cardoso, "Marcha Zumbi + 10", *AfroPress*, 22 out. 2005.

Figura 27: Cartaz da Marcha Zumbi + 10. Fonte: Acervo de Flávio Jorge, 2005.

Foi um período em que os setores civis e democráticos tiveram que aprender a lidar com a Polícia Militar, e as polícias tiveram de aprender a lidar com as liberdades democráticas. Contudo, o que se presenciou foi o recrudescimento da repressão e da brutalidade policial (Manso, 2012). O comportamento das instituições judiciárias foi o de tolerar os excessos e, mesmo quando esboçaram reação, foi com timidez e medidas inócuas, como no caso da criminalização da tortura e com os incrementos curriculares com matérias sobre direitos humanos e igualdade racial (Sinhoretto *et al.*, 2014; Simões Gomes, 2018). Algumas reações que exigiam mais das autoridades ficaram restritas ao âmbito do legislativo municipal da capital paulista. Mesmo quando os casos ecoavam em nível federal, não houve ações concretas para transformar a relação das polícias com a população negra.

—

Certamente, os anos 1990 foram anos de forte acúmulo de forças em torno das organizações negras, da agenda de combate ao racismo e do debate sobre a ação da polícia contra a população negra. As mudanças apresentadas pela gramática do protesto negro são indicativas de uma ampliação do horizonte moral, das articulações políticas com o ativismo negro e com o Estado.

A semântica das expressões passou por uma complexificação; saiu-se de um tom acusatório e de reação ("Reaja à violência racial") para uma noção de conflitualidade em que jovens negros também precisam ser chamados para não cometer violência ("Mano, não morra, não mate"). Além disso, a íntima relação com a sociedade de classes que vigorava nas interpretações sobre o racismo nos anos 1980 passou a incorporar a noção de território e de periferia para falar da experiência negra.

As várias atividades do movimento negro e dos setores que faziam oposição ao neoliberalismo ganharam força com eventos importantes como a Marcha Zumbi dos Palmares de 1995, o Fórum Social Mundial e a Conferência de Durban. Esses encontros se revelaram significativos por terem reunido importantes lideranças com entendimentos diversos.

Novamente, porém, as experiências de respostas institucionais para o problema da polícia não resultaram em transformação institucional, seguindo residuais no funcionamento da polícia, instituição em que viceja, reforçado, o império da cultura de rua, da discricionariedade, o que reproduz o *habitus* racial que tem como consequência o racismo institucional.

Ainda assim, trata-se de um período importante para o protesto negro, em que a persistência ou o recrudescimento do problema, assim como a revelação dos dados de homicídios por raça/cor, levaram o movimento negro a elevar novamente o tom na escala da denúncia e da caracterização do conflito, tratando-os como um problema racializado. Se antes se falava que o Estado praticava violência racial, esta violência passou a ser chamada de genocídio.

7

Genocídio negro (2007-2018)

> No jornal, revista e TV se vê
> Morte aqui é natural, é comum de se ver
> Caralho! Não quero ter que achar normal,
> Ver um mano meu coberto de jornal
> É mal, cotidiano suicida
> Quem entra tem passagem só pra ida!
> Me diga, me diga: que adianto isso faz?
> — Racionais MC's, "Rapaz Comum" (1997)

O objetivo deste capítulo é apresentar como, após 2007, a ponte semântica *genocídio negro* abrigou o conjunto das pautas presentes no protesto negro, assim como *discriminação racial* e *violência racial* nas décadas anteriores. Embora o termo pudesse estar presente em outras décadas com sentidos variados, nos anos 2010 ele serviu para agregar todos os conflitos éticos experienciados pelas pessoas negras.

Durante o período, o movimento negro experimentou ascensão institucional e conquistas políticas, até o ponto de conseguir a criação de um ministério focado na busca da igualdade racial. No entanto, algo escorreu por entre os dedos, de modo que, no mesmo período, a expressão "genocídio", que parecia muito polêmica quando começou a circular, foi ganhando mais e mais sentido até 2018. Por mais que tenha havido conquistas — como por exemplo em políticas educacionais —, houve um aumento no número de homicídios e um recrudescimento da violência policial e do encarceramento.

PC RAMOS: Por que você acha que não avançamos numa formulação propositiva para a segurança pública?

ÂNGELA GUIMARÃES: Sucintamente eu te diria: porque as vidas negras não importam [...]. A esquerda no geral negligenciou essa agenda da segurança pública no pós-ditadura. Até a ditadura, [...] os alvos da violência do Estado eram quem se contrapunha ao regime. Então você via congresso da UNE invadido, lideranças estudantis perseguidas, assassinadas, desparecidas ... Dirigentes de partidos e das organizações de esquerda ... eram muitas, né? Perseguidas, assassinadas, desaparecidas, lutadores e lutadoras sindicais, da mesma forma. Mas a violência que já acontecia na periferia na ditadura militar nunca foi alvo de denúncia ou de questionamento por essas nossas elites partidárias, elites do ambiente de esquerda, né? Basicamente, os desaparecidos e os perseguidos eram mais tratados como aquela turma que veio da universidade, do movimento estudantil, estavam nas organizações estudantis, e a violência que já acontecia nas periferias não era tematizada e foi tornada mais acintosa e mais aguda no período da ditadura militar. Então, como esses sujeitos nunca foram alvo de problematização, eu avalio que o conjunto da esquerda imaginou: "Agora que não tem mais uma polícia política, agora que não tem mais repressão aos movimentos estudantis e às organizações sindicais, nós resolvemos esta questão, agora que a tortura não é mais dirigida à criminalização da política". Mas a tortura continuou acontecendo e numa escala, inclusive, muito maior pós-ditadura do que durante a ditadura. As execuções continuaram acontecendo num ritmo muito mais intenso no pós-ditadura do que exatamente durante a ditadura. Então houve uma negligência da esquerda na tematização da questão da segurança pública. Porque só chegava aqui uma parcela, né? Enquanto estava nos atingindo, é um problema nosso, agora que está atingindo essas parcelas, não é mais um problema nosso... Não é mais o tema... Já foi superado. Aí vêm aquelas histórias: "O racismo foi superado com a abolição da escravidão". As pessoas ainda conseguem dizer isso pra gente: "Por que você continua falando de racismo? Em 1888 foi a abolição da escravidão! A partir daí, ó, virou o baba, ficou todo mundo na mesma condição, todo mundo tendo acesso às mesmas coisas, e quem vem por mérito vence, quem não vem pelo mérito não vence". Isso não virou uma questão de segurança pública pra esquerda, não foi problematizado. O acerto de contas com o passado ditatorial, e também mais adiante ainda com o passado, ainda não foi feito. A gente sempre preferiu varrer esses processos dolorosos e que ensejariam colocar todas as questões na mesa, a gente sempre preferiu varrer para debaixo do tapete, como se o tempo fosse dar conta de resolvê-los... E a gente sabe que os processos sociais dos processos políticos não são assim. Há uma disputa dos contrários sobre qualquer poder, sobre qualquer instituição. E, na medida em que a esquerda sai de cena, a direita se abraçou. A gente viu, aí mesmo na redemocratização, que militares da reserva, ex-militares, se abraçaram a essa agenda de segurança pública. Hoje a gente tem uma bancada da bala com essa expressividade. Isso não é um fenômeno que remete só à eleição de Bolsonaro; ou melhor, Bolsonaro ser presidente da República com essa agenda com esse discurso agressivo, com essa retórica de defesa da ditadura e da violência, é consequência de uma situação não resolvida do passado, de nenhum torturador ter sido preso, ter sido deportado, [de nenhum] dos bens que eles adquiriram durante a ditadura ter sido confiscado. Acho que não se tem conseguido fazer um processo com a Comissão da Verdade, de agente público tornar acessível ao público as desgraças daquele processo, assim como o processo da abolição. [...]

O acerto de contas não foi feito por uma negligência sistemática dessa esfera da segurança pública. E os militares se apoderaram dela, tanto é que a maioria deles, coronéis etc., viraram secretários de Segurança Pública. Em São Paulo tem vários exemplos. No Rio de Janeiro, Rio Grande do Sul, Bahia etc. Virou um campo que eles dominam agora. E há um certo consenso corporativista, a gente nunca furou esse bloqueio, nunca colocou esse tema na mesa, não é? Mas por quê? Porque estavam morrendo vidas pretas. E quem reivindica essas vidas? Não são as cúpulas brancas dos nossos partidos, não é a cúpula dos direitos humanos, não é a cúpula branca das universidades, não são os núcleos que pesquisam violência. [...] São núcleos basicamente dominados por intelectuais brancos e brancas de classe média, para os quais ainda há dificuldade de ver a cor de quem morre e de compreender o quanto o racismo é determinante nessas mortes. Enquanto a política de segurança pública não tiver o racismo como central, não vamos conseguir dar conta de resolver essas questões. Enquanto a gente não abandonar as teorias do racismo científico, antropometria, a frenologia e outros, não vamos conseguir avançar na formulação da segurança. Há um abandono, na esquerda, do debate da segurança pública, há uma ocupação da direita, o fortalecimento que resultou aí [na eleição de Bolsonaro], que é uma das dimensões, mas é óbvio que não é só isso. Poderia não ser Bolsonaro [eleito presidente da República], poderia ser outro, mas o fato é que Bolsonaro teve 28 anos de vida parlamentar defendendo essa agenda e agora chega à Presidência da República. [...] a gente teve governo federal por alguns anos, né? Mas não conseguimos formular e agora está um governo colocando em prática uma política genocida. (Guimarães, 2020)

Diante dessa situação, com um acúmulo histórico de entendimento, o protesto negro chegou à formulação do genocídio do negro brasileiro: genocídio da juventude negra, genocídio da juventude preta, pobre e periférica, genocídio do povo negro ou simplesmente genocídio negro.[33] As várias noções de genocídio negro estão presentes no protesto negro desde os anos 1980, com basicamente três associações mais frequentes: violência policial, apagamento cultural e violência de gênero/reprodutiva.

Contudo, a profusão de dados sobre violência policial e homicídios, acompanhada do acúmulo de discussão dos movimentos negros sobre a situação em geral da população negra, permitiu que a ideia de genocídio passasse a nomear esse estado de coisas, ao lado dos dados sobre desigualdade de renda, educacional etc., a partir de 2007. Em 2018, certamente a veiculação da expressão "genocídio do povo negro" ganhou mais ampla repercussão em virtude da morte da vereadora Marielle Franco; na reação a esse assassinato, essa gramática esteve marcada em várias reações públicas, a exemplo da Lei nº 8.054/18, que criou o Dia Marielle Franco — de luta contra o genocídio da mulher negra.[34] Ao longo desses onze anos, muitos atos de rua, coletivos, organizações, reuniões, documentos etc. passaram a ser encabeçados por essa ponte semântica, assumindo sempre alguma variação entre as especificidades do sujeito negro, jovem, pobre, periférico, mulher etc.

33 Para facilitar, trabalhamos aqui com a expressão "genocídio negro".
34 Gabriel Rosa, "Pezão sanciona lei que cria o Dia Marielle Franco contra o genocídio da mulher negra", *O Globo*, 18 jul. 2018.

Polissemia do termo "genocídio"

A ideia de genocídio tem origem no início do século XX e nasce juntamente com outras matérias de cunho legal das relações internacionais e do direito internacional, mas tem um lugar muito limitado no imaginário social. Geralmente, é um termo associado a um lugar e tempo específicos, usado para falar de atos e/ou eventos de curta circunscrição no tempo e no espaço. Mais especificamente, é associado à "solução final" nazista, às práticas dos campos de concentração e demais medidas racistas implementadas pelo Terceiro Reich alemão contra os judeus. O grande marco legal, sua prescrição mais importante no âmbito do direito internacional, é a Resolução nº 96 das Nações Unidas, de 11 de dezembro de 1946, e a Convenção para a Prevenção e Repressão do Crime de Genocídio, que define genocídio como:

> [...] os atos abaixo indicados, cometidos com a intenção de destruir, no todo ou em parte, um grupo nacional, étnico, racial ou religioso, tais como:
>
> - assassinato de membros do grupo;
> - dano grave à integridade física ou mental de membros do grupo;
> - submissão intencional do grupo a condições de existência que lhe ocasionem a destruição física total ou parcial;
> - medidas destinadas a impedir os nascimentos no seio do grupo;
> - transferência forçada de menores do grupo para outro. (ONU, 1948)

Para esse entendimento, dois elementos são importantes na definição de genocídio: a intenção expressa, realizada em determinado ato e voltada ao malefício de um povo; e a ideia de ato, ou seja, uma ação específica, um ato de ofício.

Localmente, o Brasil também possui uma legislação sobre o assunto, a Lei nº 2.889, de 1º de outubro de 1956, que define:

> Quem, com a intenção de destruir, no todo ou em parte, grupo nacional, étnico, racial ou religioso, como tal: (a) matar membros do grupo; (b) causar lesão grave à integridade física ou mental de membros do grupo; (c) submeter intencionalmente o grupo a condições de existência capazes de ocasionar-lhe a destruição física total ou parcial; (d) adotar medidas destinadas a impedir os nascimentos no seio do grupo; (e) efetuar a transferência forçada de crianças do grupo para outro grupo. (Brasil, 1956)

Há outra interpretação, fincada nas letras de Abdias do Nascimento (2016), que em 1977 acusou o Brasil de genocídio, mas acabou proibido de participar do Festival Mundial de Artes e Culturas Negras Africanas (Festac 77), que ocorreu em Lagos, Nigéria, onde apresentaria sua denúncia em forma de texto. Seu libelo contra o governo brasileiro foi publicado em 1978, sob o título *Genocídio do negro brasileiro: processo de um racismo mascarado*.

Abdias buscou lastrear sua interpretação em dados estatísticos, como os de recenseamento ou pesquisas acadêmicas, para descrever as diferenças entre negros e brancos em índices (tais como taxas de mortalidade, acesso à educação, condições de moradia e emprego). Sua motivação mais patente para a denúncia do genocídio foi a extinção do quesito raça/cor do Censo de 1970. De acordo com a série histórica presente no livro, desde 1872 a proporção de "negros e pardos"[35] vinha diminuindo ante a população branca, que, por sua vez, vinha aumentando. Em 1872, os brancos eram 38,14% da

35 No livro, os termos usados não são os mesmos empregados atualmente. O conceito político "negro" é o somatório de autodeclarados pretos e pardos.

população e, em 1950, chegaram a 61,66%. Os pretos passaram de 19,68% da população para 10,96% entre 1872 a 1950. No mesmo período, os pardos passaram de 42,18% a 26,54% (Nascimento, 2016, p. 90). Ou seja, na leitura do autor, estaria em curso uma diminuição da população negra, entendida como o somatório dos segmentos populacionais pretos e pardos. Embora no Censo de 1960 houvesse uma inflexão disso,[36] no ano de 1970 a ditadura militar extinguiu o quesito raça/cor do Censo, o que, para Nascimento, seria a ação derradeira para a eliminação da população negra do Brasil.

Além disso, Abdias localizou um esforço discursivo de outra natureza para o apagamento do elemento negro da população brasileira a fim de "embranquecer" o país. Trata-se de uma questão demográfica sobre como classificar, em termos de cor/raça, os filhos de uniões inter-raciais. Se os mestiços fossem aproximados dos pretos, o contingente branco seria minoria; porém, se os mestiços fossem associados à branquitude, ocorreria o movimento inverso, enfraquecendo o quantitativo negro, como vemos na reprodução de um texto de Giorgio Mortara:

> Aqueles nascidos de uniões entre pessoas de cor parda e negra são classificados como brancos; e através de reclassificações o grupo negro perde grande quantidade e ganha muito pouco, o grupo pardo ganha muito mais do que perde, e o grupo branco ganha muito e não perde nada. (Mortara *apud* Nascimento, 2016, p. 90)

Essa é a evidência última do "processo de racismo velado" que Abdias procura revelar, focalizando a dimensão cultural da sociedade e, em especial, a desconstrução do que chama

36 No Censo de 1960 houve uma diminuição pequena na proporção de brancos (de 61,66% para 61,0%, para brancos, e de 10,96% para 8,7%, para pretos) e um aumento da proporção de pardos (de 26,54% para 29,5%).

de mito da democracia racial. Para o autor, o mito seria uma ideia destinada a apagar a real presença negra na construção do Brasil e funcionaria ao lado de outros mitos, como o mito do senhor benevolente, o mito do africano livre, a proibição de se discutir as questões raciais, a falsa imagem de harmonia racial que o Brasil divulgava internacionalmente, o embranquecimento da cultura por meio das academias e universidades, o sincretismo (e a adulteração da ideia de persistência da cultura africana) (Nascimento, 2016).

Contudo, o documento escrito por Abdias em 1977 e publicado no Brasil no ano seguinte foi, em grande medida, uma estratégia do ator, pensador e ativista político para chamar a atenção do governo brasileiro em nível internacional. A gramática do genocídio atua como um elemento de relações internacionais, ao passo que, para os movimentos negros brasileiros daquele momento, vigorava a gramática da discriminação racial. Sob essa ponte semântica, as mais variadas experiências de desrespeito fizeram o movimento negro da Nova República solidificar uma forma de organização, de atuação, um conteúdo de denúncias, temas e proposições. Sob tal arco de significado, insere-se a morte do comerciante Robson da Luz, decorrente de torturas sofridas na delegacia de São Paulo, assim como o bloqueio do acesso de atletas negros ao clube onde treinavam. Nesse cenário é que a noção de raça surgiu como instrumento de reivindicação por direitos durante o último período de democratização vivido pelo Brasil.

A acusação de Abdias do Nascimento foi a de que o Estado brasileiro operava para apagar a contribuição negra à nação em todos os níveis, desde o material e demográfico (excluindo o registro de negros do Censo de 1970) até o simbólico e cultural (ao contar a história e a cultura do Brasil). Para essa forma de enfrentar o termo, Abdias reverte as duas noções centrais, de ato e intenção: o genocídio negro no Brasil é um *processo* e a *intenção* não é expressa, é "mascarada".

Depois disso, a pauta da violência também foi agregada ao termo "genocídio", e sua denúncia ganhou caráter peculiar, integrando o vocabulário de todas as organizações negras do Brasil. Desde a rearticulação nacional do movimento negro brasileiro, o termo aparecia pontualmente em alguns casos de violência policial oficial ou explícita já nos anos 1980 e 1990. Também foi utilizado no fim da década de 1980, fazendo referência a investidas de instituições de saúde para esterilizar mulheres negras, numa campanha do Centro de Articulações e Populações Marginalizadas do Rio de Janeiro.

Durante todo o processo de democratização da Nova República, foram frustradas as expectativas de quem esperava a redução da violência e da repressão como consequência automática da democracia e da redução da pobreza. No entanto, o período em que melhor se combinaram políticas de inclusão social, inclusão política e desenvolvimento foi justamente o período que acumulou mais encarceramento em massa e homicídios contra jovens negros, sobretudo nas capitais e regiões metropolitanas.

Para responder a essa realidade, jovens negros organizados por meio do hip-hop, de universidades, partidos e organizações e do movimento negro brasileiro organizaram a Campanha Contra o Genocídio da Juventude Negra. Mesmo com a associação contraditória entre um termo que associa povo ("*geno*") e um segmento etário, a campanha faz sentido político. Neste novo entendimento, a ideia é de que, mesmo sem intenção expressa e um ato determinado, havia um sistema que combinava suas instituições na prática de racismo institucional na educação, na saúde, na segurança etc., na produção de desigualdades em desfavor de negros, com especial atenção para a sobrerrepresentação de homens negros jovens.

Segundo a forma como as organizações negras vêm utilizando o conceito de genocídio, todas as instituições da sociedade brasileira, especialmente as de repressão — como o sistema de justiça, as polícias e o sistema carcerário —, atuam de modo a produzir retrocessos na vida da população negra. Mais do que isso: todo o sistema social que exclui e que produz desigualdades, quando atua em consonância, o faz em desfavor da população negra, como o governo Bolsonaro, que nunca atuou para promover a vida, combater os problemas e mudar esse estado de coisas.

A despeito de todas as contradições que o uso político do termo — ou mesmo da sua combinação com outros termos que subverteriam seu sentido original — poderia ter, a palavra "genocídio" acabou se mostrando profícua para retratar a realidade brasileira. Prova disso é que o termo está mantido até hoje nos documentos e manifestações dos movimentos negros em todo o Brasil, tendo aderência de outros atores — até mesmo de eminentes ministros do Supremo Tribunal Federal — e ressoando em arenas institucionais, como a agenda governamental produzida entre 2011 e 2014, que desencadeou o Plano Juventude Viva, na Secretaria Nacional de Juventude e na Secretaria de Políticas de Promoção da Igualdade Racial (Seppir), voltado a reduzir os homicídios de jovens negros no Brasil.

O programa funcionava por meio da adesão de governos municipais e era movido por uma concepção de transversalidade, isto é, procurava engajar recursos de vários ministérios como os da Saúde, do Trabalho, do Turismo etc. em programas que tivessem foco em territórios mais atingidos pela violência homicida. Outras duas características que sempre estiveram coladas ao programa eram a participação social, com a parceria de ativistas ligados à questão racial e juventude, e a produção constante de diagnósticos sobre violência. Como não possuía recursos próprios, não conseguiu produzir engajamento real das prefeituras que aderiram ao programa, por um lado; por outro, as duas secretarias enfrentaram muitas resistências na Esplanada dos Ministérios, em especial no Ministério da Justiça, que cuidava da política de segurança pública. Entre os gestores, havia um entendimento de que não era preciso dedicar atenção específica aos jovens negros no combate aos homicídios. Entre as várias medidas que o segundo governo Dilma Rousseff tomou na esteira do discurso de austeridade, como a redução de ministérios, estava eliminar o Plano Juventude Viva.

Também teve adesão institucional uma forma combinada de dois sentidos do termo "genocídio" na Comissão Parlamentar de Inquérito (CPI) da Violência contra Jovens Negros, presidida por Reginaldo Lopes (PT-MG), finalizada em 15 de julho de 2015. Combinando informações sobre exclusão social e homicídios, o documento chega a falar de genocídio simbólico:

> Dessa forma a CPI cumpre seu papel institucional de amplificar a voz da comunidade negra e pobre no sentido de reconhecer que existe sim um genocídio simbólico quando o Estado brasileiro, ao longo não de alguns meses ou anos, mas durante séculos, vem negando a essas pessoas os mais básicos serviços públicos. (Câmara dos Deputados, 2015, p. 26)

Atuando no ocaso das políticas sociais do governo Dilma Rousseff, a CPI trazia a inovadora proposta de criar um Fundo Nacional de Promoção da Igualdade Racial, Superação do Racismo e Reparação de Danos, a ser composto por parte da arrecadação do Imposto de Renda e do Imposto sobre Produtos Industrializados. Também seria destinado a esse fundo 3% do Programa de Formação do Patrimônio do Servidor Público.

Os dados que mobilizaram todo o processo que forjou o entendimento de genocídio associado a mortes de pessoas negras no Brasil são provenientes das edições do *Mapa da violência* publicadas entre 2006 e 2016. O mais recente levantamento de dados de homicídios que vem sendo publicado no *Atlas da violência* infelizmente não contraria as estatísticas anteriores. Se, em 2016, o "Kit mobilização" divulgado no Encontro Nacional da Juventude Negra (Enjune) dizia: "Os dados para o homicídio da juventude são alarmantes, a cada 100 mil jovens, 39,3 brancos(as) morrem por homicídio; entre os(as) jovens negros(as), o número é de 68,4 por 100 mil, diferença de 74% a mais" (Ipea, 2016). O *Atlas da violência 2020*, com dados de 2018, informa que a população negra corresponde a 75% das vítimas de homicídios e a população jovem corresponde a 53,3% dos mortos por homicídios. Vemos um dado igualmente alarmante: enquanto os homicídios do somatório de brancos, amarelos e indígenas diminuiu 12%, os homicídios de negros aumentaram 12%.

Contextualização do protesto

Após as duas fases anteriores, é possível afirmar que há uma curva ascendente no tom da crítica que o protesto negro faz à sociedade brasileira, exprimindo a compreensão de que não há pacto político nacional com a população negra. Enquanto a primeira fase tratou de denunciar a existência de problemas e a segunda qualificou a natureza dos problemas, a terceira pretendeu mostrar que o problema é tão profundo que exclui a possibilidade de consensos. Novos atores do movimento negro se consolidaram, como o hip-hop, e outros atores chegaram para se apropriar do protesto negro.

O último período do protesto negro contra a violência policial compreende o ápice do processo de democratização e seu posterior declínio. A chegada de um governo de matrizes populares, articulado com movimentos sindicais e sociais, trouxe a expectativa do enfrentamento das desigualdades, entre elas, a desigualdade racial. Se o governo Fernando Henrique Cardoso (1995-2002) reconhecera a existência do racismo como problema a ser combatido, cabia então ao presidente Luiz Inácio Lula da Silva o combate ao racismo e a promoção da igualdade racial.

Os movimentos negros ganharam interlocução nesse governo por meio da criação da Seppir e também em outros ministérios, como os da Saúde e da Educação, que foram ocupados por militantes negros com filiações partidárias, em especial ao Partido dos Trabalhadores (PT) e ao Partido Comunista do Brasil (PCdoB). Uma agenda de políticas públicas foi desenvolvida, vinculada sobretudo à educação e à população quilombola, e houve grande esforço para a elaboração de um marco legal de envergadura constitucional, o Estatuto da Igualdade Racial (aprovado em 2010).

Em 2005, no entanto, uma crise política trouxe incerteza quanto à continuidade do governo popular, com uma denúncia de compra de votos no Congresso Nacional para garantir a aprovação da agenda legislativa do Executivo, envolvendo supostos pagamentos periódicos. O caso ficou conhecido como Mensalão, de acordo com a denúncia de Roberto Jefferson. O escândalo pôs em xeque a liderança de José Dirceu, então ministro-chefe da Casa Civil e um dos principais fiadores da interlocução com movimentos sociais no governo.

A crise abalou setores da política de modo geral — muitos cobravam a punição dos envolvidos e até mesmo a destituição do governo. Considerada a diversidade política do movimento negro, isso era um péssimo sinal para as questões internas que exigissem amplo acordo, como foi o caso da realização da Marcha Zumbi dos Palmares + 10. Tal foi o conflito entre grupos em defesa do governo e grupos que eram críticos que não foi possível chegar a um consenso sobre a pauta de reivindicações. Isso levou à realização de duas marchas, em dias diferentes.[37]

Para os militantes que não acompanhavam o histórico de adesão e distância do movimento negro, essa discussão parecia menor, inócua, contraproducente para os rumos do povo negro. Militantes de uma nova geração, como Carlos Correia Honerê, do Movimento Negro Unificado (MNU), viram nisso a impossibilidade de organização dentro desses parâmetros. Anderson 4P Silva viu uma disputa por recursos em torno de uma agenda negra de classe média que só se importava com cotas, ou que não discutia o problema da periferia, da violência policial, do genocídio (Ramos, 2014). Esses e outros militantes, vindos das experiências organizativas do hip-hop e das edições do Fórum Social Mundial (2001-2005), decidiram criar sua própria rede de mobilização em torno da juventude negra e reuniram militantes descontentes com suas direções mais velhas, que bloqueavam as possibilidades de os jovens ocuparem mais espaços. O processo de mobilização trazia a ideia de genocídio negro como central desde o primeiro instrumento, o já citado "Kit mobilização", divulgado durante o Enjune realizado em julho de 2007 na cidade de Lauro de Freitas (BA), que trazia dados sobre homicídios de jovens.

Como resultado desse processo de mobilização, foram realizados dois eventos de porte nacional em 2007 e 2008 com representações oriundas das cinco regiões do país, com

37 "Marcha Zumbi + 10 pede ações mais efetivas do governo", *Carta Maior*, 17 nov. 2005.

o mote de uma campanha contra o chamado "genocídio da juventude negra". Essa ponte semântica passa a trazer para o primeiro plano a questão dos homicídios associados ao termo "genocídio", numa flagrante politização do que anteriormente era considerado uma questão penal do direito internacional.

O genocídio da juventude negra no Brasil: o surgimento de uma nova agenda

Domingues (2007) enxerga, no período sucedâneo a 1988, a emergência de características que configurariam o que podemos considerar a quarta fase do movimento negro, mas não vê nessa fase uma plataforma política clara. Outros autores (Guimarães, 2003; Lima, 2010; Silvério, 2002, 2003) caracterizam esse novo momento justamente como o mais propositivo até então, destacando que foi precisamente após os anos 2000 que o movimento não apenas viu suas principais demandas se transformarem em políticas, mas também começou a participar ativamente de sua formulação (Lima, 2010).

Os dois eventos frequentemente citados como decisivos nesse período "entre fases" são a Marcha Zumbi dos Palmares em 20 de novembro de 1995 — a partir da qual o movimento negro começou a reivindicar abertamente políticas de ação afirmativa — e a Conferência de Durban, realizada na África do Sul, em 2001, que desempenhou o importante papel de pressionar o então presidente Fernando Henrique Cardoso por políticas direcionadas exclusivamente aos negros (Lima, 2010; Guimarães, 2003). As políticas de ação afirmativa que começaram a ganhar reconhecimento na agenda do governo nos últimos quinze anos — principalmente focadas em educação, saúde e trabalho — são o resultado de mobilizações que ocorreram na terceira e na quarta (atual) fases do movimento. Rios (2012) descreve o atual período como o momento de institucionalização do movimento negro no Brasil, uma vez que o movimento aproveitou as oportunidades oferecidas pelo Estado durante a redemocratização para desenvolver novas estratégias de mobilização, incluindo a profissionalização gradual de militantes e a especialização do ativismo.

Apesar de a violência — particularmente a violência policial — já ter sido mencionada muito antes nos documentos do MNU, a questão só ganhou força na quarta fase do protesto negro. Sobre esse assunto, afirmamos não apenas que o movimento negro permanece ativo e muito mobilizado, mas também que existe um segmento específico de militância que ganhou destaque particular nos últimos quinze anos: a juventude negra.

A partir da reconstrução da atuação de jovens negros observada no Enjune em 2007, vê-se que o protesto negro se organizou desde o início dos anos 2000 em torno de uma agenda quase única e específica: o genocídio da juventude negra. Os jovens reunidos no encontro denunciaram as mortes prematuras de jovens negros principalmente devido à violência do Estado, sobretudo pela Polícia Militar. Além disso, as propostas do evento deram aos jovens o espaço para participar de outras instâncias, como o Conselho Nacional de Juventude e o Conselho Nacional de Segurança Pública.

Embora o tema já estivesse na agenda do movimento negro havia algum tempo, na forma de queixas e reações localizadas, o autor argumenta que as ações desde o Enjune demonstram uma mudança. O atual plano de ação seria implementar uma agenda estratégica, na qual os membros se organizariam para ocupar espaços de participação social, tornar públicas suas demandas e pressionar o governo por ações específicas — o que parece corroborar a tese de Rios (2014).

Em apoio ao movimento iniciado pelo Enjune para denunciar a violência do Estado contra jovens negros, surgiram outros grupos, como o Fórum Nacional de Juventude Negra (Fonajune), o Comitê contra o Genocídio da Juventude Negra e Periférica, o movimento Mães de Maio, a campanha Reaja ou Seja Morto, entre outras iniciativas. Várias marchas foram organizadas, e a questão da violência contra jovens negros parece estar ganhando espaço no campo da segurança pública, tanto do ponto de vista governamental quanto acadêmico.

O termo "genocídio" também tem sido usado com frequência na mídia, por agências governamentais e entidades da sociedade civil organizada nacional e internacionalmente. A ex-presidente Dilma, por exemplo, usou o termo em vários discursos presidenciais durante seu primeiro mandato (Ramos, 2014, p. 59-60). Outro exemplo é o uso frequente da expressão nos manifestos de várias organizações de direitos humanos, como as Mães de Maio (uma referência às mães que perderam seus filhos, principalmente afrodescendentes, em um massacre em maio de 2006). Embora isso possa indicar sucesso na estratégia adotada por esses jovens negros, isso não se reflete na redução de mortes nesse segmento da população.

A força do entendimento expressado pela ponte semântica do genocídio negro, além de alcançar esferas governamentais, colocou a pauta da violência policial em perspectiva transnacional, forjando conexões com os Estados Unidos de modo ímpar na história dos movimentos negros.

Pesquisas e denúncia

Diferentemente de outras iniciativas, a Campanha Contra o Genocídio da Juventude Negra não veio em resposta a um caso emblemático, mas contou fortemente com a divulgação de dados de homicídio em todo o território nacional publicados no *Mapa da violência*, série de levantamentos produzida por Julio Jacobo Waiselfisz de 2006 a 2016. Esses dados davam conta de que não era apenas a violência policial que produzia tantas mortes; também havia uma sobrerrepresentação de homens negros jovens entre as vítimas de homicídio. "Está morrendo muita gente", como diziam os militantes envolvidos no Enjune. Com certeza, essa realidade correspondia a um fenômeno concentrado nas grandes cidades, especificamente em alguns territórios mais negros.

Os levantamentos do *Mapa da violência* serviram de base para que os movimentos negros no Brasil produzissem sua elaboração coletiva, possibilitando levar para os espaços públicos uma argumentação que conectasse as experiências individuais ("está morrendo muita gente", "estão matando os nossos", "mano, não morra, não mate") a um problema político. Eis a função que a formulação do genocídio da juventude negra cumpriu.

A produção dos dados do *Mapa da violência* passou a contar com o suporte do governo federal, que, por sua vez, passou a discutir a possibilidade de incorporar as deliberações da 1ª Conferência da Juventude, que priorizava a bandeira do "genocídio da juventude negra" e promovia reuniões com militantes dos movimentos sociais ligados ao problema em várias sidades do Brasil. A circulação e a reunião de militantes promovidas pelo governo federal para sugerir agendas, debates e ações do governo passaram a aquecer o debate, incentivando uma dinâmica de retroalimentação. Entre 2011 e 2014, os investimentos no Plano Juventude Viva incluíram invariavelmente uma agenda participativa de debates, o que garantia a interlocução com movimentos sociais e significava também uma forma de introduzir o tema na pauta deles.

Entre os principais atores dessa fase estava a União de Núcleos de Educação Popular para Negras(os) e Classe Trabalhadora (Uneafro), organização dedicada a promover a educação popular e favorecer o acesso de jovens negros e pobres ao ensino superior. Foi criada em 2009 a partir de uma dissidência da Educafro; ambas têm o mesmo objetivo básico, mas cada uma pretende ter uma relação distinta com os movimentos negros. Segundo um de seus organizadores, a Uneafro busca uma relação de parceria e unidade com o movimento, de construção conjunta e cotidiana, com alianças e formação de frentes com outras organizações, uma relação mais próxima com os movimentos negros em geral, como a participação direta na construção de atos e na agenda consolidada[38] do movimento negro. Como nos explica Douglas Belchior, ainda que o cotidiano da organização seja a manutenção de salas de aula de cursos preparatórios para o Exame Nacional do Ensino Médio, as buscas virtuais pelo nome da entidade no Google mostram a relação da Uneafro com denúncias de violência policial.

> Essa agenda ocupou muito espaço, o acesso à universidade, o acesso à educação [...], mais espaço do que a agenda contra a violência da polícia, que a luta contra o encarceramento. Não que isso não tenha sido o tempo todo a agenda do movimento; sempre foi, o tempo todo você tem registros, e eu vivi isso,

38 A agenda consolidada do movimento negro é composta pelos dias 21 de março, 13 de maio, 25 de julho e 20 de novembro.

> a gente tá conciliando luta por cotas e luta contra violência da polícia, [...] mas você tem uma dedicação e também um resultado mais objetivo no campo dessa luta por direitos. [...] Nos últimos anos, embora isso não estivesse no enunciado prioritário do movimento negro, a luta contra a violência sempre foi alvo prioritário. Eu avalio isso, pois nenhuma outra iniciativa é mais eficaz contra a violência do que a ampliação do direito à educação e a oportunidades. [...] O nosso [movimento] sempre teve dificuldade de propor algo para a segurança pública, a gente sempre propôs como solução para o problema da violência coisas mais gerais. (Belchior, 2020)

Pensando nessa forma de associação das pautas reativas e propositivas é que a organização se uniu ao Tribunal Popular — o Estado no Banco dos Réus, dirigido por Milton Barbosa, a principal liderança do MNU em São Paulo. Realizado entre 4 e 6 de dezembro de 2008, o evento discutiu a seguinte pauta:

- Violência policial e as megaoperações no Rio de Janeiro: a chacina do Complexo do Alemão e outros casos;
- Violência e genocídio de jovens negros e pobres em São Paulo: os crimes de maio de 2006 e as execuções sumárias sistemáticas;
- Prisão e execuções sumárias na Bahia: o sistema carcerário e a morte de jovens negros;
- Criminalização e violência estatal contra movimentos sociais e sindicais.[39]

Segundo Douglas, a ausência de outros movimentos populares em São Paulo fez com que a agenda de mobilização de rua

39 "Tribunal popular: o Estado brasileiro no banco dos réus", *Agência de Notícias das Favelas*, 7 out. 2008.

se concentrasse, entre 2008 e 2012, em dois temas: cotas para negros nas universidades e violência policial.

Os anos decorridos no âmbito do Tribunal Popular favoreceram a formação do Comitê contra o Genocídio da Juventude Preta Pobre e Periférica, em 2011, na cidade de São Paulo.

Motoboys Alexandre Menezes e Eduardo Pinheiro

Nessa nova fase, mobilizações contra a violência policial se cruzam com campanhas contra o genocídio da juventude negra. Por ocasião de dois assassinatos de motoboys ocorridos na Região Metropolitana de São Paulo, entre abril e maio de 2010, começou a se capilarizar o protesto contra a violência policial sob a ponte semântica do *genocídio da juventude negra*.

Eduardo Luís Pinheiro dos Santos, então com trinta anos, iniciou uma discussão com outras três pessoas no dia 9 de abril. Depois que a polícia chegou, os quatro homens foram levados para um batalhão perto da Avenida Casa Verde. Ao chegar ao batalhão, Eduardo perguntou à Polícia Militar por que não havia sido levado a uma delegacia e, ao não receber uma resposta, se revoltou. Os outros três homens foram liberados, enquanto Eduardo foi arbitrariamente detido e torturado por ao menos dez policiais. Seu corpo foi encontrado ao amanhecer do dia seguinte, na esquina da Rua Voluntários da Pátria com a Avenida Brás Leme. Já o motoboy Alexandre Menezes dos Santos, de 25 anos, foi espancado até a morte por policiais na frente de sua mãe e do irmão mais novo, na porta de casa, no bairro Cidade Ademar, em São Paulo.

Como resultado dos protestos contra o assassinato dos dois motoboys, um comitê foi criado e batizado com a expressão "genocídio da juventude preta, pobre e periférica", unindo marcadores etários, de classe, raciais e territoriais a fim de ampliar a aliança em prol do fortalecimento da agenda. Institucionalmente, essa agenda se desenvolveu em âmbito estadual, ligada à Assembleia Legislativa de São Paulo (Alesp), com o suporte do deputado estadual Adriano Diogo (PT). Em 2011, um dossiê de mais de quinhentas páginas foi entregue à Comissão de Direitos Humanos da Alesp, juntamente com um pedido de criação de uma CPI para investigar violações de direitos humanos pela Polícia Militar de São Paulo. O documento foi assinado por mais de setenta entidades do movimento social, especialmente do movimento negro, dez delas organizadas em torno do Comitê Contra o Genocídio dos Jovens Negros, Pobres e Periféricos.

A partir de 2007, o termo "genocídio" passou a aparecer entre os principais temas do movimento negro de forma recorrente e sustentada. Há uma centralidade dessa questão em espaços de movimentos sociais, como no 1º Encontro Nacional da Juventude Negra e na Conferência Nacional da Juventude. Em 2011, dados os episódios de violência policial que estavam ocorrendo e ganhando visibilidade, a ideia de genocídio foi cada vez mais associada ao expediente policial e à alta letalidade atribuída às forças estatais, como demonstra um panfleto da 8ª Marcha da Consciência Negra, em 20 de novembro de 2011 (figura 28).

A reincidência de episódios como esse ao longo das quatro décadas de movimento negro nos leva a questionar o papel da violência policial em sua história. Vale lembrar que essas ocorrências são acompanhadas por variações na intensidade da mobilização e na forma como a violência policial é classificada, nomeada e expressa publicamente em protestos.

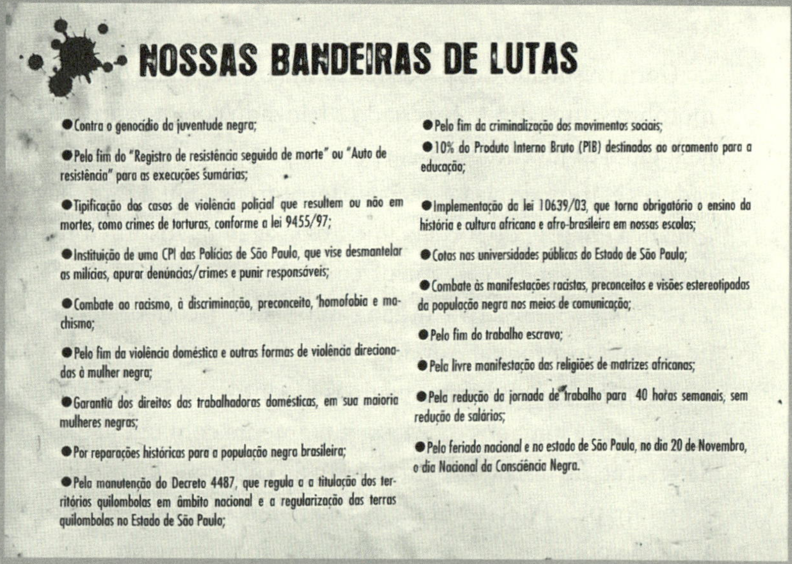

NOSSAS BANDEIRAS DE LUTAS

- Contra o genocídio da juventude negra;
- Pelo fim do "Registro de resistência seguida de morte" ou "Auto de resistência" para as execuções sumárias;
- Tipificação dos casos de violência policial que resultem ou não em mortes, como crimes de torturas, conforme a lei 9455/97;
- Instituição de uma CPI das Polícias de São Paulo, que vise desmantelar as milícias, apurar denúncias/crimes e punir responsáveis;
- Combate ao racismo, à discriminação, preconceito, homofobia e machismo;
- Pelo fim da violência doméstica e outras formas de violência direcionadas à mulher negra;
- Garantia dos direitos das trabalhadoras domésticas, em sua maioria mulheres negras;
- Por reparações históricas para a população negra brasileira;
- Pela manutenção do Decreto 4487, que regula a a titulação dos territórios quilombolas em âmbito nacional e a regularização das terras quilombolas no Estado de São Paulo;
- Pelo fim da criminalização dos movimentos sociais;
- 10% do Produto Interno Bruto (PIB) destinados ao orçamento para a educação;
- Implementação da lei 10639/03, que torna obrigatório o ensino da história e cultura africana e afro-brasileira em nossas escolas;
- Cotas nas universidades públicas do Estado de São Paulo;
- Combate às manifestações racistas, preconceitos e visões estereotipadas da população negra nos meios de comunicação;
- Pelo fim do trabalho escravo;
- Pela livre manifestação das religiões de matrizes africanas;
- Pela redução da jornada de trabalho para 40 horas semanais, sem redução de salários;
- Pelo feriado nacional e no estado de São Paulo, no dia 20 de Novembro, o dia Nacional da Consciência Negra.

Figura 28: Panfleto da 8ª Marcha da Consciência Negra. Fonte: Acervo de Milton Barbosa, 2011.

Parece haver baixo grau de continuidade entre essas recorrentes mobilizações desde os anos em que o Brasil passou por um processo de democratização, marcado pelas revoltas sociais de 1978 — como a greve dos metalúrgicos do ABC, a reorganização do movimento com a criação do MNU e as pressões por abertura política.

Essa associação de temas é abordada por Douglas Belchior ao descrever o processo de mobilização ocorrido entre 2009 e 2013, período em que a mobilização de rua em São Paulo foi polarizada por duas pautas: a luta por cotas e a luta contra a violência policial.

> **DOUGLAS BELCHIOR:** O comitê vai reinar absoluto até 2013, veja bem. Você não tem na cidade de São Paulo MTST [Movimento dos Trabalhadores Sem Teto], você tem o movimento sem-teto que mobiliza a rua, mas era recuado. Você tem a mobilização com o Kassab, mas depois acabou a mobilização de enfrentamento. Então, se você pesquisar, o que tinha de enfrentamento de rua acontecendo era o movimento negro por cotas e contra a violência policial. Ao mesmo tempo, tinha a frente pró-cotas da USP, que era uma mobilização de fora pra dentro até 2013, [...] e os comitês contra o genocídio fazendo a mobilização contra a violência da polícia; e eram os mesmos coletivos fazendo as duas lutas. Então tem uma intensa mobilização até o primeiro semestre de 2013, tem muita [mobilização de] rua nossa. Aí vem junho de 2013 e acaba com tudo. De novo, historicamente isso se repete, mas agora a gente não vai deixar, a conjuntura impõe uma necessidade de aliança e de luta geral, e aí a pauta desaparece! Junho...
>
> **PC RAMOS:** Isso que você tá falando é importante: a conjuntura impõe...
>
> **DOUGLAS BELCHIOR:** A conjuntura impõe uma necessidade de unificação do campo democrático popular para lutar contra a direita, contra o fascismo... E nesse momento a pauta racial vai

> pro ralo, desaparece. É tão drástico esse desaparecimento em 2013 que a violência policial toma a mesa, vira um assunto no nosso campo, e quem vai apanhar da polícia, quem são, na esquerda? São os brancos, os jornalistas brancos, e isso vira uma pauta do nosso campo, ou seja, a violência da polícia ocupa esse lugar. E qual vai ser a agenda que vai representar isso lá em Brasília? A agenda é a desmilitarização. A desmilitarização é um recuo na agenda, do nosso ponto de vista, porque o movimento negro denunciava o genocídio e a violência policial a partir de um recorte racial. A agenda que vai para Brasília é a desmilitarização da polícia.
> **PC RAMOS:** E a pauta racial?
> **DOUGLAS BELCHIOR:** Ralo. Entendeu? (Belchior, 2020)

Pode-se dizer que, durante o período da redemocratização, houve uma série de temas concorrentes na mobilização e articulação dos movimentos negros, como trabalho, educação, valorização da cultura negra e combate à discriminação racial. A maioria desses temas ganhou uma agenda positiva e um espaço na arena das políticas públicas durante o último período democrático, seja com as cotas no serviço público, a exigência de incluir cor nos registros administrativos, a obrigação de ensinar relações étnico-raciais ou a implementação de cotas sociorraciais em instituições de ensino superior. Por mais que a violência policial sempre tenha sido um problema para os negros, assim como simplesmente "permanecer vivo", a denúncia da violência policial e do protesto negro em geral teve de conviver com a natureza da dinâmica política do campo democrático popular e da vida política brasileira, contumazes em obliterar a dimensão racial dos problemas.

Mobilização do ativismo transnacional nas mobilizações negras

Os depoimentos dos membros da Frente Negra Brasileira relatam que várias das tensões pelas quais passou o movimento negro já nos anos 1930 eram causadas pelas afiliações ideológicas de seus membros. Seu fundador e primeiro presidente, Arlindo Veiga dos Santos, além de monarquista, era suspeito de ser simpático ao fascismo, dadas as suas relações com Plínio Salgado, líder do movimento integralista brasileiro, uma versão do fascismo italiano. Em decorrência disso, José Correia Leite, também fundador, rompeu com a organização e criou o Clube Negro de Cultura Social. Outra cisão no movimento da Frente Negra Brasileira levou à criação da Frente Negra Brasileira Socialista, em 1932 (Barbosa, 1998).

O Teatro Experimental do Negro (TEN) foi fundado em 1944 por Abdias do Nascimento, na cidade do Rio de Janeiro. Além das atividades próprias de um grupo teatral, o TEN oferecia cursos de alfabetização para pessoas negras e passou a editar, a partir de 1948, o jornal *Quilombo*. Já em seu primeiro número, a publicação noticiava o surgimento da revista *Présence africaine*, editada em Paris e Dakar. Para Barbosa (1998), é a primeira menção ao movimento da negritude francófona no Brasil. Para Munanga (2020), esse movimento agrega não só elementos do fenômeno francês mas também elementos do panafricanismo, cujo marco é a conferência organizada em Londres com a participação de negros dos Estados Unidos e das Antilhas Inglesas.

Nos difíceis anos da ditadura militar, na década de 1970, emergiram as festas e os bailes do chamado movimento Black Soul, inspirado no sucesso das músicas estadunidenses do gênero *soul music*. Em reuniões em bailes, debates e exibições de filmes estadunidenses cuja temática era a questão racial, frequentadores negros em São Paulo e no Rio de Janeiro adotavam estilos de penteados e indumentária que selavam uma identidade coletiva. Por tratar de assuntos conflituosos em torno de raça, o movimento ganhou oposição entre as elites culturais, que defendiam a tal "cultura nacional", e o governo militar, que defendia que o Brasil vivia a democracia racial (Hanchard, 2001, p. 139).

A relação entre cultura e política parece ter sido apagada gradualmente dos bailes black, a ponto de os próprios participantes reconhecerem que só sabiam da existência de problemas raciais em virtude de outro movimento cultural, o hip-hop. João Felix identificou que, entre frequentadores de bailes nos anos 1990, a referência do que era movimento negro estava associada diretamente aos grupos de hip-hop.

> Ao realizar nossa pesquisa, para além da descoberta do papel político desempenhado pelos bailes black, chamou-me a atenção o fato de que, ao serem indagados se conheciam o Movimento Negro (MN), 80% dos entrevistados afirmou que sim. Solicitou-se aos que responderam positivamente que citassem nomes de entidades negras. Quase todos os nomes mencionados foram os de grupos ligados ao hip-hop, como: Racionais MC's; Posse; Jabaquara Breakers; Sampa Crew, Câmbio Negro e Facção Central. (Felix, 2006, p. 21)

Desde o surgimento do movimento negro ou ao menos desde o TEN, a cultura e a política estiveram imbricadas nas organizações negras, e isso se repete na passagem dos anos 1980 para os anos 1990, a exemplo do movimento hip-hop. Com variações entre letras de protesto e outras sobre amenidades, o rap foi lentamente consolidando um formato de contestação, cujo marco é a música "Pânico na Zona Sul", lançada em 1988 pelos Racionais MC's (Felix, 2006, p. 80). Sua inspiração estava em grupos estadunidenses do *gangsta rap*, que tematizavam a violência policial e o racismo.

Nos anos 2000, jovens negros decidiram organizar um encontro nacional, com etapas prévias municipais, regionais e estaduais, em catorze unidades federativas. Uma das referências usadas como símbolo do Enjune foi a imagem da pensadora estadunidense Angela Davis. Além disso, muitos dos participantes adotavam nomes sociais de língua africana, de modo a ressignificar sua pessoa a partir das referências de outro continente. Naquele momento foi criado o Fórum Nacional de Juventude Negra, que funcionava como uma rede de organizações, ou uma "organização de organizações", não só permitindo que organizações, entidades e sindicatos fossem a ele ligados, mas também autorizando a filiação individual de seus membros, um modelo que seria descrito como próprio dos movimentos por justiça global (Della Porta, 2014).

Como veremos a seguir, essas mobilizações não se caracterizam por uma centralidade ou unicidade organizacional. Muitas delas ocorrem em frentes que reúnem organizações, muitas vezes "organizando as organizações", na forma de parcerias, comitês ou frentes, algo também característico dos fóruns por justiça global (Della Porta, 2014, p. 14). Não encontramos uma liderança, direção, presidência ou coordenação formalmente constituída. Muitas vezes a legitimidade ocorre pela tomada da iniciativa e por aqueles e aquelas que tomam a primeira decisão de fazer alguma atividade, chamar uma reunião, escrever um texto etc.

Estamos diante de uma negação da verticalidade e de uma busca por horizontalidade, embora persista o respeito a outras formas de autoridade, como, por exemplo, o respeito a quem toma a iniciativa e propõe encaminhamentos acatados por todos, ou mesmo o reconhecimento de que negros têm mais legitimidade para falar sobre racismo, mulheres têm mais legitimidade para falar sobre machismo etc. Da mesma forma, sobre a violência, quem teria mais legitimidade para falar são os jovens negros periféricos, porque a sofrem mais.

Vemos que os sinais de referências transnacionais são utilizados pelos protestos negros contra a violência policial como tentativa de ganhar visibilidade ou chamar a atenção. Quando as campanhas estadunidenses ecoaram nas mobilizações locais em São Paulo, em 2012, já havia um histórico antigo e uma rede de mobilizações contra a violência praticada contra jovens negros em todo o Brasil, alcançando esferas de governos nos três níveis federativos (Ramos, 2014). No nosso entender, essa tática joga com o imaginário local, tentando elevar um drama local a drama do mundo civilizado e, assim, sensibilizar as emoções locais. Essa estratégia se faz no jogo de palavras que buscam associação entre o local e o transnacional: "Eu pareço suspeito?", "Ferguson é aqui", "*Black lives matter, Brazilian lives matter*".

A frequente variação das palavras de ordem, a mudança do que seria o problema denunciado — violência policial, violência racial, genocídio, extermínio —, a multiplicidade do perfil das vítimas e a oscilação entre raça, classe, faixa etária, território... Tais características fazem o protesto negro tangenciar a ausência de elaboração profunda e indicam um nexo frágil entre os problemas dos Estados Unidos e do Brasil. Outro ponto de oscilação no conteúdo dos protestos são as leituras estruturais para determinar as causas da violência policial associada ao racismo. Os documentos sempre apontam o passado escravista e a ditadura militar como ascendentes da presente violação de direitos promovida pelas polícias militares contra jovens negros.

Em 2012, a campanha Eu Pareço Suspeito? começou a ser veiculada a partir de São Paulo. Idealizada pelo coletivo Wapi de hip-hop em parceira com a ONG Soweto Organização Negra, que lhe ofereceu estrutura formal, a campanha se propunha a agir contra o racismo institucional e a *violência racial* promovida pela polícia. "Pesquisas mostram que a violência racial se agrava em situações de abordagem policial", em que a vítima é vista como "suspeito em potencial" por ser negra e pobre.[40] Entre as ações promovidas estavam debates e atividades artísticas, produzindo conteúdos de mídias visuais que denunciavam tais violações de direitos. A campanha também organizou eventos sobre como combater as "diversas formas de racismo", utilizando elementos da cultura hip-hop e do funk, muito presentes no cotidiano da juventude.

A imagem utilizada pela campanha é de Trayvon Martin, garoto estadunidense assassinado por policiais. O jovem negro foi baleado em fevereiro de 2012 por um vigia branco que o considerou "suspeito" por caminhar encapuzado pelo bairro onde morava em uma noite chuvosa. No mesmo contexto, o brasileiro Ulisses Lucas de Araújo, 34 anos, foi morto por um policial em uma casa lotérica em Diadema, São Paulo, após ser confundido com um assaltante.

Outra forma de atuação da campanha era a divulgação de vídeos[41] e imagens em que a pergunta-tema era feita: "Eu pareço suspeito?". Havia um padrão de imagens, reproduzidas com rostos diferentes, mas sempre com a mesma pergunta, de modo a

40 "Eu pareço suspeito?", *Portal Geledés*, 26 jul. 2013.

41 Alguns vídeos estão disponíveis na página da campanha no Facebook: https://www.facebook.com/euparecosuspeito/videos/477776689004830/. Outros estão disponíveis no YouTube: https://www.youtube.com/watch?v=7kAd8xnVZQ8; https://www.youtube.com/watch?v=PBCItrg418A.

criar uma aproximação entre a vítima da violência policial que morreu por ser suspeita, estabelecendo a questão subentendida sobre quem poderia, na verdade, ser morto ou não pela polícia. A seguir, Zumbi dos Palmares, MC Daleste (funkeiro morto em 2013 — não se confirmou se o assassino foi um policial ou não) e Rafael Braga (único preso no contexto das manifestações de junho de 2013) estamparam *banners* da campanha.

FERGUSON É AQUI

Em 18 de dezembro de 2014, surgiu uma frente de organizações não só do movimento negro, mas liderada informalmente por organizações negras. Em seu nome, a mobilização fazia uma associação direta com as manifestações que aconteciam na cidade de Ferguson, no estado de Missouri, Estados Unidos, onde um policial assassinou o jovem negro Michael Brown. Nos dias em que, no Brasil, repercutiam os protestos na América do Norte, foi noticiado que a Polícia Militar matou um jovem negro em São Paulo. Assim, os organizadores decidiram usar a frase "Ferguson é aqui" para chamar a atenção para os problemas locais.

O subtítulo do ato que foi convocado racializa o problema, junto com outras chamadas pelo fim da violência policial, pela punição dos assassinos, além do apoio à família das vítimas, da aprovação do Projeto de Lei nº 4.471 (dos autos de resistência) e do mote "Fora Alckmin".

O texto de convocação para o ato de 18 de dezembro, publicado na página do evento no Facebook, diz:

> Não será possível terminar o ano de 2014 sem reagir ao genocídio imposto pelo Estado e seus governos, através da violência policial dirigida aos trabalhadores e principalmente à população negra. O número de homicídios no país é superior ao de guerras; os números de assassinatos promovidos por oficiais do Estado são incompatíveis com qualquer experiência democrática; corpos aos montes, prisões e torturas; denúncias permanentes por parte de movimentos sociais, órgãos de pesquisa oficiais e até por parte de organismos internacionais. Mas nada, absolutamente nada tem sido capaz de deter o caráter genocida do Estado e de seus órgãos de repressão.

A ordem e a quantidade das assinaturas dizem muito sobre a mensagem que o ato desejava passar: um ato amplo, legítimo, com força e com o protagonismo do movimento negro, envolvendo ONGs, sindicatos, outros comitês, outras frentes, campanhas, grupos culturais e coletivos, partidos etc.

As informações iniciais sobre as circunstâncias que levaram ao assassinato de Michael Brown eram contraditórias. Segundo a polícia, Brown teria tentado roubar diversos pacotes de cigarrilhas de uma loja e se comportado de forma "agressiva", antes de ser alvejado. Uma testemunha relatou a jornalistas uma sequência de fatos diferente, em que Brown estaria a caminho da casa da avó. Ao receber os tiros, teria as mãos levantadas. Como a grande maioria da população de Ferguson, o jovem era afro-estadunidense.

Em 25 de novembro, o policial que o matou foi absolvido. Em seguida, protestos violentos tomaram a cidade e repercutiram no mundo e no Brasil. Pouco depois, em 9 de dezembro, ocorreu um caso parecido, mas no Brasil, com a notícia "Jovem pede socorro antes de ser alvejado por PMs na zona sul da cidade de São Paulo":

> Suspeito de ser traficante, jovem foi alvejado no Jardim São Luís; SSP diz que ele reagiu; moradores desmentem pasta; policiais não seguiram método de contenção [...]. Thiago Vieira da Silva, de 22 anos, foi alvejado por dois policiais [...] Após pedir socorro três vezes, um dos PMs disparou quatro tiros, de maneira seguida. Depois, já inconsciente, o suspeito foi alvejado mais seis vezes pelo dois agentes.[42]

Em 10 de dezembro, outra morte:

> Tiroteio deixa dois jovens mortos na zona norte de SP. Família diz que policiais executaram vítimas; PM afirma não ter informações sobre confronto [...]. Dois jovens, de 18 e 19 anos, foram baleados durante um tiroteio, no início da manhã desta quarta-feira (10), na zona norte de São Paulo. Familiares acusam policiais militares de execução. A PM afirma não ter informações sobre confronto entre agentes e vítimas. [...] Os assassinatos aconteceram por volta das 5h desta quarta-feira, na Avenida Antenor Navarro, no Jardim Brasil, zona norte de São Paulo. Policiais militares foram acionados para uma ocorrência de disparos de arma de fogo em via pública e, quando chegaram ao local, encontraram dois jovens baleados.[43]

Na noite de 10 de dezembro, um militante disparou uma mensagem para uma lista de e-mails propondo a organização de um ato em virtude dessas ocorrências. Os contatos se valeram de redes preestabelecidas, como o Comitê Contra o Genocídio da Juventude Preta Pobre e Periférica. O ato foi organizado por e-mail e em três reuniões. A seguir, dois e-mails que

42 "Jovem pede socorro antes de ser alvejado por PMs na zona sul de SP", *Ponte*, 11 dez. 2014.
43 "Tiroteio deixa dois jovens mortos na zona norte de SP", *R7*, 10 dez. 2014.

circularam nesse contexto, o primeiro de 11 de dezembro de 2014 e o segundo de 16 de dezembro de 2014:

> Por mais que o corpo diga "Num guento", não dá prá terminar o ano sem fazer nada diante das desgraças promovidas pelo Estado e pelas policias, não é mesmo?
>
> Chacina todo dia, em todo país, e o peso de nos EUA a Polícia matar e o povo tomar as ruas em massa, enquanto aqui nada.
>
> Então, depois das duas chacinas de ontem pra hoje nas zonas norte e sul de SP (links) — estamos desde cedo conversando com os compas de diversos movimentos, chegamos à seguinte proposta:
>
> ATO de BASTA de mortes aqui e de solidariedade aos pretos americanos... podíamos pensar um mote do tipo "FERGUSON É AQUI", pra ver se chama a atenção, enfim — só proposta.
>
> PROPOSTA DE ATO:
>
> Próxima quinta-feira — 18/12
>
> Concentração às 16h na Praça da República
>
> Saída por volta das 17h e pouco... com destino à Secretaria de Seg. Pública e travar a saída, tentando ser recebido pelo secretário.
>
> O conteúdo não difere muito do que temos feito há tempos: Fim da PM/Desmilitarização/Fora Alckmin/PL 4471/ Apoio aos familiares das vítimas etc... Não nos falta acúmulo. É só reunir.
>
> Devemos, LÓGICO, apurar melhor os acordos e o conteúdo, mas pensamos que pra já é necessário convocar o ATO. Pelas redes ou até mesmo na semana poderíamos pensar uma reunião de trabalho.
>
> Por ora, já estamos mobilizados com as seguintes organizações/campanhas:
>
> Uneafro-Brasil, Círculo Palmarino, Levante da Juventude, MTST, Quilombação, Núcleo Consciência Negra USP, Campanha Por que o Sr. Atirou em Mim?, Campanha Racismo Mata, Campanha Eu Pareço Suspeito?, OLPN, MNU de Lutas, Instituto Nação,

Treme Terra, Afrobase, Kofilaba, JN13, Centro Acadêmico João Mendes Jr., AfroMack.

E já temos o compromisso das principais mídias alternativas em massificar a convocação: *Fórum, Brasil de Fato, Carta Capital, Ponte.*

É isso, gente.

E aí, tocamos o barco?

QUEM MAIS?

LINKS DA DESGRAÇA:

http://noticias.r7.com/sao-paulo/tiroteio-deixa-dois-jovens-mortos-na-zona-norte-de-sp-10122014

https://www.redetv.uol.com.br/jornalismo/cidades/jovem-pede-socorro-antes-de-ser-alvejado-por-pms-na-zona-sul-de-sp

Compas,

Em razão dos pedidos e necessidade real de uma prosa para acertar detalhes do ATO do próximo dia 18/12, convocamos todas as organizações a comparecerem na próxima terça feira, 16/12, às 18h, na Rua Abolição, 167 — Bela Vista, para realização de uma reunião de trabalho e organização da ação.

Caso alguma organização queira ajudar adiantando uma proposta de texto/manifesto ou coisa assim, mesmo que recuperando as cartas já formuladas anteriormente, bem como possibilidades de carro e som — se for o caso — e outras coisas que parecerem necessárias, podemos adiantar por essa lista, certo?

Igor, da revista *Fórum*, e Jorge, do *Brasil de Fato*, se colocaram à disposição para nos ajudar na massificação da informação nas redes e tentativa de repercutir em outros veículos.

Seria ótimo que fizéssemos o quanto mais agito nas redes social possível! Vídeos, fotos convocando o ato, postagens em grupos temáticos, enfim.

Temos um evento no Face que é importante massificar:

https://www.facebook.com/events/754241751337363/?pnr ef=story

Temos um texto que traz informações sobre o ocorrido essa semana com vídeos e matérias outras:

http://negrobelchior.cartacapital.com.br/2014/12/12/sp-policia-mata-governo-mente-e-movimento-negro-convoca-protesto/

Até agora, temos a adesão das seguintes organizações:

Uneafro-Brasil, Círculo Palmarino, Levante da Juventude, MTST, Mães de Maio, Quilombação, Núcleo Consciência Negra USP, Conen-SP, Articulação Popular e Sindical de Mulheres Negras, Campanha Por que o Sr. Atirou em Mim?, Campanha Racismo Mata, Campanha Eu Pareço Suspeito?, OLPN, MNU, Instituto Nação, Treme Terra, Afrobase, Kofilaba, JN13, Centro Acadêmico João Mendes Jr., AfroMack, Movimento Paraisópolis Exige Respeito, Associação Cultural Fábrica de Cinema, Associação Franciscana de Defesa de Direitos e Formação Popular, Quilombo Raça e Classe Zumaluma

Até terça!

O ato, conforme acertado por e-mail, ocorreu no dia 18 de dezembro e percorreu as ruas do centro de São Paulo, saindo da Praça da República e indo até o prédio-sede da Secretaria de Segurança Pública do estado de São Paulo. Participaram dezenas de organizações, com faixas associando os protestos em Ferguson ao genocídio da juventude negra (figura 29).

Figura 29: Manifestantes no ato "Ferguson é aqui!". Fonte: Acervo do autor.

Em 2016, ocorreu o penúltimo caso analisado, que envolveu o uso da *hashtag* #BrazilianLivesMatter em comunicações via internet e foi liderado pela organização Mães de Maio. A primeira ocorrência que captei foi em 19 de agosto de 2016, em uma notícia que relatava a participação de membros da campanha estadunidense em uma atividade das Mães de Maio no Rio de Janeiro. A notícia traçava um paralelo entre a realidade estadunidense e a brasileira quanto à violência policial, além de registrar a visita de militantes dos Estados Unidos ao Brasil, denotando a circulação de pessoas e o arranjo de ações comuns.

A foto foi publicada no site da National Public Radio (NPR), acompanhada da seguinte nota: "Ativistas do Black Lives Matter dos Estados Unidos e ativistas brasileiros antibrutalidade policial se encontraram no Rio para fazer conexões. A Latino USA falou com três pessoas diferentes, que oferecem um retrato desse dia".[44]

Outra notícia parecida foi publicada no site da Latino USA, nos Estados Unidos:

> Assassinatos de homens e mulheres negros cometidos pela polícia nos Estados Unidos têm dominado as manchetes, provocando um debate nacional sobre a brutalidade policial contra estadunidenses negros. Apesar de parecer uma epidemia própria dos Estados Unidos, o Brasil compartilha de uma situação semelhante.
>
> A brutalidade policial contra afro-brasileiros está fora de controle no Brasil. De acordo com a Anistia Internacional e o Instituto de Segurança Pública, assassinatos cometidos por policiais

44 "Brazilian Black Lives Matter", *NPR*, 19 ago. 2016.

no Brasil aumentaram 135% no ano passado. Os números mostram que 75% das pessoas mortas pela polícia eram homens negros.[45]

A *hashtag* voltou a ser usada em outro evento, promovido em 17 de novembro de 2016. Além de tratar-se de um protesto contra a morte de cinco jovens ocorrida semanas antes, houve no dia o lançamento do livro *Mães em luta*, organizado por André Caramante. No evento, viu-se a variação entre as frases "*Black brazilians* matter" e "*Brazilian lives* matter" (destaque nosso).

O evento fazia referência aos "Cinco da Leste", cinco jovens da Zona Leste de São Paulo: Jonathan Moreira Ferreira, 18 anos; César Augusto Gomes Silva, 20; Caique Henrique Machado Silva, 18; Jonas Ferreira Januário, 30; e Robson de Paula, 17. Eles desapareceram em 21 de outubro, depois de saírem de carro para uma festa em Ribeirão Pires, na Grande São Paulo. Os jovens foram encontrados no dia 6 de novembro, duas semanas depois, em estado avançado de decomposição e com marcas de tortura. Um dos meninos havia sido decapitado. O portal *Ponte* apurou que algumas das dez balas encontradas na cena do crime, de munição calibre .40, pertenciam à Polícia Militar de São Paulo. O rastreamento foi feito pela própria Corregedoria da PM, órgão fiscalizador da corporação.[46]

O evento do dia 17 contou com a presença de muitas e variadas organizações: MNU, representantes de estudantes secundaristas de escolas então ocupadas, representantes de mães de internos da Fundação Casa, militantes da defesa da memória de opositores da ditadura militar, representantes da Prefeitura de São Paulo, poetas que organizam saraus etc. Nos momentos finais da cerimônia, pessoas ligadas à organização do ato distribuíram velas aos

45 "Brazilian Black Lives Matter", Latino USA, 19 ago. 2016.

46 "GCM preso por chacina de 5 jovens integra grupo chamado 'Caveiras'", *Ponte*, 11 nov. 2016.

presentes. A ideia era fazer um cortejo desde o local do evento até a sede da Secretaria de Segurança Pública do estado de São Paulo: "O protesto, marcado por velas e retratos em homenagem às vítimas do Estado brasileiro, foi uma denúncia ao genocídio do povo negro e periférico e um momento de memória aos cinco jovens assassinados na Zona Leste da cidade".[47]

O perfil das Mães de Maio em uma rede social publicou uma fotografia do ato, acompanhada do seguinte texto:

> CAMPANHA INTERNACIONAL BLACK LIVES MATTER, BRAZILIAN LIVES MATTER
>
> No Brasil, 160 pessoas foram mortas por dia em 2015: um indivíduo a cada nove minutos (http://bit.ly/2eOOaZ7)! Um total de 58.383 vidas foram violentamente tiradas por homicídios ao longo do último ano. Essa situação foi revelada no mais recente anuário publicado pelo Fórum Brasileiro de Segurança Pública, com base em dados oficiais (http://glo.bo/2fdyU9p). Se considerarmos que esses números são em geral subestimados, como indica um estudo recente do Ipea intitulado "Mapa dos homicídios ocultos no Brasil", chegamos à conclusão de que, com certeza, MAIS DE 60.000 PESSOAS FORAM ASSASSINADAS NO BRASIL AO LONGO DE 2015.[48]

Essas ações promoveram uma troca muito importante: não apenas o conhecimento de realidades distintas mas também, para os militantes brasileiros, a associação dos problemas vividos aqui com aqueles que existem na América do Norte. Isso representou uma espécie de ascensão na escala de humanidade, uma vez que casos que acontecem fora do Brasil ganham a repercussão devida, ao passo que, aqui, isso raramente acontece.

47 "'É como se ressuscitasse um pouco dos nossos filhos'", *Alma Preta*, 17 jan. 2017.
48 Mães de Maio, Facebook, 16 nov. 2016.

Marielle Franco

O caso mais ilustrativo do problema persistente da violência policial e da maneira como ele está conectado com outras questões talvez seja o assassinato de Marielle Franco, em 14 de março de 2018, no Rio de Janeiro. Não adentraremos nos detalhes do caso, que, passados tantos anos, ainda aquece o debate na cena pública, mas cabe elencar os dados mais fundamentais. A vereadora nasceu e cresceu na Favela da Maré, no Rio de Janeiro, e estava no seu primeiro mandato pelo Partido Socialismo e Liberdade (PSOL); era negra, lésbica, socióloga, e sua plataforma política era a luta pela visibilidade das chamadas "minorias políticas" e a proteção dos direitos humanos.

Segundo a investigação da polícia, o policial aposentado Ronnie Lessa disparou contra a vereadora, enquanto o ex-policial militar Élcio Vieira de Queiroz dirigia o carro que a perseguia. Marielle e seu motorista, Anderson Pedro Mathias Gomes, morreram no local. Os mandantes do crime somente foram identificados em 2024 (ver nota 17, p. 182).

Houve mobilizações imediatas para exigir justiça, todas expressas em termos da linguagem do movimento negro da época, referindo-se ao genocídio negro e à violência policial. Meses após a morte, o dia 14 de março entrou no calendário oficial do estado do Rio de Janeiro como o Dia Marielle Franco — Dia de Combate ao Genocídio de Mulheres Negras (Lei Estadual nº 8.054/2018).

O caso da morte de Marielle Franco destoa do conjunto aqui explorado em vários aspectos. O primeiro deles é o fato de ela ser uma mulher; em geral, as mulheres não são as vítimas da letalidade policial. Em segundo lugar, Marielle ocupava um cargo no legislativo municipal, ao passo que todas as outras vítimas eram trabalhadores do setor privado. Sua posição no poder institucional e o uso que fez dele lhe custaram a vida, uma vez que ela estava em confronto com poderes escusos, como o crime organizado. Outro elemento que a distancia dos outros casos analisados aqui é a condição em que foi morta: não foi a polícia fardada que a assassinou, mas ex-policiais que atuavam nas milícias.

Tudo isso faz com que seu caso seja a exceção que confirma a regra, pois posições de poder são majoritariamente ocupadas por homens (na Câmara do Rio de Janeiro, na legislatura 2021-2024, havia 11 vereadoras entre os 51 parlamentares); outras mulheres cuja posição é masculinizada também sofreram com a violência policial, como foi o caso de Luana Barbosa dos Reis,[49] mulher negra e homossexual morta em decorrência das agressões sofridas em uma abordagem policial em 2016. Outra questão envolvida na morte de Marielle é o fato de que os homens que a mataram faziam parte de organizações criminosas cujas atividades são derivadas do ofício policial. Não raramente, policiais constituem grupos armados para matar fora de serviço, como já mostramos em capítulos anteriores.

Muitos dos sinais que cercam a morte da vereadora fluminense possibilitam promover a associação entre diversas gramáticas morais: houve uma violência praticada por uma variação de grupo de extermínio contra uma pessoa negra que ocupava um cargo de vereadora e estava engajada na agenda dos direitos humanos. Os setores que se organizam em torno de todas as questões que Marielle representava costuraram

49 Luana saiu de casa para levar o filho de moto a um curso e foi abordada na esquina de sua residência. A mulher pediu para ser revistada por uma policial feminina, mas sua solicitação não foi atendida, e ela não permitiu o procedimento. PMs alegam que Luana teria reagido ao ser abordada e que chegou a agredi-los. Familiares alegam que ela foi vítima de preconceito por ser negra e homossexual. Uma vizinha que prefere não se identificar conta que os policiais desferiram golpes de cassetete em Luana, que sofreu traumatismo craniano e outros ferimentos, os quais, segundo laudos, teriam sido ocasionados por espancamento.

o sentido do genocídio negro, que agora diz respeito a uma mulher também. O episódio agrega elementos de gênero e de posições de poder ao drama negro estandardizado nessa gramática; isto é, mesmo sendo mulher, mesmo estando em uma posição de poder institucional, a violência de Estado — ainda que cometida por ex-policiais — foi capaz de alcançar uma pessoa negra. É como se a força da violência cruzasse novos limites de proteção das pessoas negras: os limites do gênero e da posição institucional. Mais uma vez, uma ação poderosa destituiu as expectativas de concretização de vida e bem viver.

No momento em que o conservadorismo emergia com possibilidades de conquista eleitoral, a vereadora negra, lésbica, socialista e favelada era vista segundo dois regimes de assujeitamento: o político-ideológico, pois era de esquerda e defensora dos direitos humanos; e o criminal, pois era negra e favelada. Ela sintetizava o duplo caráter transgressor de uma visão política que convive com uma dupla lembrança de traumas nacionais: a ditadura e a escravidão.

—

O genocídio é uma questão cara ao estudo do ativismo negro no Brasil, pois os primeiros estudos sobre o assunto (Fernandes, 2008 [1965]; Hasenbalg, 2005 [1979]) já indicavam que, antes de lutar por seus direitos, a preocupação primeira dos negros no Brasil era permanecerem vivos. O que o genocídio vem comunicar à esfera pública é que existem dois conjuntos normativos que regem a vida: as instituições e os lugares. Tais conjuntos normativos, que chamo de pacto, permitem ou restringem a vida em cada local e instituição. Ao acusar a existência de um genocídio, a gramática negra se aparta de um conjunto normativo e denuncia a ação de um sistema contra vidas negras. Isso explica as várias estratégias de comunicação dos casos de violência policial.

O nosso esforço inicial revela que se deve perseguir alguns indicativos da articulação real entre militantes negros do Brasil e militantes negros que atuam em outros países. Por exemplo, a circulação de militantes entre as Mães de Maio ("*Brazilian Lives Matter*") e a Uneafro ("Ferguson é aqui") tende a ser fortalecida não apenas via internet, mas em ações concretas reais. O intercâmbio de experiências e o diálogo frequente poderão aprofundar a análise e a crítica às polícias, bem como a força de pressão de mobilização de tais movimentos.

Nota-se o quanto o protesto negro se apropria de símbolos externos a fim de chamar a atenção, e assim buscar meios de sensibilizar a sociedade local para dramas que, sem esse expediente, poderiam passar despercebidos. A própria Lei Afonso Arinos foi aprovada após um caso de discriminação racial que ocorreu no Rio do Janeiro com uma atriz estadunidense.

Todavia, essa apropriação não ocorre de modo automático ou sem conflitos e atualizações. A ampla variação de termos para nomear as vítimas — jovens, negros, pobres — demonstra também tensões entre visões de mundo e mesmo discordâncias sobre o problema: ou seja, se é um problema de "raça" ou um problema dos pobres. Daí a alternância entre "*Black brazilians matter*" e "*Brazilian lives matter*", por exemplo, e a junção de tantos classificadores em "genocídio da juventude preta, pobre e periférica". Desses conflitos, emerge uma luta não apenas contra a violência policial, contra a polícia, mas também contra o Estado, questionando a democracia e o sistema de produção de desigualdades.

Conclusão

Um aspecto importante das mobilizações contra a violência policial envolvendo vítimas negras é a forma como estas e a própria violência policial se dissolvem em agendas "estruturais" ou gerais. Foi o que percebi quanto ao caso de Benedito Ezequiel, em 1984, que foi dissolvido na agenda da campanha nacional pela Constituinte a partir de 1985. Também foi o que ocorreu com um caso anterior, o de Robson S. da Luz, em 1978, cuja morte chegou a gerar uma primeira campanha contra a violência policial, mas acabou encoberta pelas eleições estaduais de 1982 e pelo debate sobre a criação do Conselho Estadual de Participação e Desenvolvimento da Comunidade Negra de São Paulo, em 1984.

Existem casos a partir dos quais o movimento consegue produzir uma gramática coletiva e fazer com que o significado compartilhado daquele conflito esteja em conformidade com aquilo que há de acúmulo entre a produção e o debate internos ao movimento negro; isto é, consegue dar uma versão conforme o horizonte moral proposto pelo movimento negro. Em outras ocasiões, isso não é possível, como veremos adiante. O êxito em construir a gramática está diretamente ligado à produção de memórias ou à reversão de esquecimentos.

Houve também o caso de Marcelo Domingos de Jesus, de 19 anos, em 1989, sobre o qual indaguei o rapper Markão, do DMN. Na consulta ao acervo de Milton Barbosa, encontramos um recorte do jornal *Folha de S. Paulo*, de 28 de novembro de

1989, que remetia ao caso, e aos poucos foram aparecendo outras referências, como as sessões na Câmara dos Vereadores de São Paulo, com documentos de acervos. Isso ocorreu porque o acesso que me foi facultado a acervos de militantes do movimento negro trouxe a possibilidade de perseguir a tematização da violência policial como um todo. São centenas de documentos, entre relatórios, atas, panfletos, manifestos, programações etc., que abordam a questão da violência policial ao longo de quatro décadas de mobilizações, em diferentes contextos.

Como afirma Mattos (2017, p. 208), as imagens da violência policial trazem impacto único à denúncia. Imagens como a "do corpo de Cláudia Ferreira da Silva sendo arrastado e de Alan e Chauan conversando e brincando na rua antes de levarem tiros de policiais — ganha[m] a classe média e setores mais amplos da favela".

O trabalho de reconstrução da gramática negra contra a violência policial é também um trabalho sobre memória, em especial quando se trata de pesquisa arquivística e de entrevistas cujas questões remontam a experiências dos interlocutores que aconteceram dez, vinte, quarenta anos atrás. Os casos que a intuição mais elementar consideraria importantes, como os de Benedito Ezequiel e Marcelo Domingos de Jesus, são provocativos para a reconstrução não apenas da gramática, mas também da memória do protesto negro.

Para o estudioso do movimento negro brasileiro Michael Hanchard, o que chamamos de "memória negra" — um conjunto de temas compartilhados por uma coletividade — pode contar uma versão da realidade que seria diferente daquela contada por meio da memória oficial do Estado. "O esquecimento está inextricavelmente ligado à memória" (Hanchard, 2008, p. 50), muito mais amarrado a um processo sociológico e coletivo do que a um processo individual:

> Como sabemos da psicanálise, esquecer não é apenas a incapacidade de um indivíduo recordar uma data, um fato ou um incidente; também pode ser uma prática de recusa. A recusa ou incapacidade psicológica de relembrar eventos ocorridos na vida da pessoa muitas vezes permite que ela evite momentos de desagrado ou humilhação que, caso sejam lembrados recorrentemente, podem paralisar o indivíduo, dificultando sua capacidade de organizar uma narrativa de sua vida individual que lhe permita avançar: essa não lembrança é um reconhecimento da ocorrência de um evento e, em termos psicológicos, seu efeito sobre a memória individual e a consciência pode estar em outro lugar, no inconsciente, ou em comportamentos e atos não imediatamente atribuíveis a um evento, condições e circunstâncias presentes. (Hanchard, 2008, p. 50)

Para o protesto contra a violência policial, é de tal modo recorrente a ideia de esquecimento que este poderia ser um livro também sobre isso, pois, em minhas investidas para reconstituir os casos, na busca da memória, encontrei *esquecimento*. Esquecimento de reconhecimento é o que Axel Honneth (2018) desenvolve como releitura do conceito de reificação. Na ausência de uma postura engajada frente ao mundo; no esvaziamento de sentido na atuação de indivíduos e instituições sociais; quando se perdem os sentidos emancipatórios dos processos sociais e os meios passam a se justificar por si mesmos; e quando não é mais possível apontar valores morais e éticos nesses afazeres, tem-se o esquecimento de reconhecimento. Esse esquecimento permite que conhecimentos adquiridos com as pesquisas com células-tronco sejam aplicados em políticas de controle demográfico; é por meio desses processos de reificação/esquecimento de reconhecimento que instrumentos que são marcos da modernidade, como a instituição do direito, podem ser utilizados para o extermínio de populações inteiras ou para políticas anti-imigração.

Esquecimento também é o que poderíamos encontrar numa busca por reflexões sobre a questão racial em alguns estudos sobre o Brasil. Não que não houvesse menções ao tema no país, mas, até o início desta década, não havia uma produção cujos trabalhos estivessem concatenados e em diálogo (sobre a virada antirracista dos estudos sobre violência no Brasil, ver Sinhoretto [2019]). O que havia eram estudos esparsos, e a regra vinha sendo a menção *en passant* às cores dos sujeitos, sem que se tratasse o racismo como um problema estrutural.[50] Problemas como esses são enfrentados em outras esferas das ciências sociais, como o internacionalismo, em que Debra Thompson cunhou o conceito de "afasia racial" — afasia remete a certos bloqueios cognitivos — para demonstrar o esquecimento da dimensão racial nos estudos sobre relações internacionais, mesmo sendo um campo que surgiu para solucionar conflitos nomeadamente racializados (a exemplo da primeira revista que surgiu na área, *Foreign Affairs and Racial Management*).

É o que acontece, por exemplo, quando o antropólogo Luiz Eduardo Soares (2019) propõe uma agenda de estudos nas ciências sociais e direitos humanos sem prever a necessidade de refletir sobre a questão racial como um problema teórico. O autor elenca sete eixos que estruturariam uma agenda de estudos sobre temas que precisam ser mais bem estudados. Além de não tocar em nenhum problema econômico, passa ao largo das questões que estruturam as relações raciais no Brasil, como o racismo institucional e o acesso a direitos.

> O que ainda falta discutir, nas ciências sociais brasileiras, sobre direitos humanos, segundo indicações implícitas ou explícitas dos autores

50 Para alcançar alguns circuitos, a esfera pública negra cunhou a expressão "racismo estrutural". A combinação de palavras parece trazer a redundância necessária para expressar certa teimosia do problema e da denúncia que pede para ser reconhecida.

> ou das obras contempladas pelo presente esforço de mapeamento? Claro que alguns desses temas são inesgotáveis e que certos dilemas são insolúveis, na medida em que expressam aporias teóricas ou diferenças inconciliáveis que atravessam as disciplinas e lhes infundem a energia agonística necessária para a construção das identidades, o debate crítico e as disputas político-acadêmicas. (Soares, 2019, p. 244)

Também foi contra o esquecimento que lutou Abdias do Nascimento (2016) ao lembrar a contribuição do negro na construção econômica e cultural do Brasil, passando pelas esferas da religiosidade, das artes etc. Esse apagamento gradual da presença negra na forma como o Brasil projeta sua imagem para si e para o mundo recebeu o nome de genocídio, pelo fato de ser uma tentativa de apagar um povo.

Talvez, no extremo oposto do esquecer esteja o fazer lembrar, que aparece por vezes nas falas e ações dos militantes e ativistas do protesto negro com apelos por "chamar a atenção", ou "causar o impacto necessário". Negros morrem diariamente nas mãos da polícia no Brasil — e no mundo —, mas nem todas as mortes recebem tratamento das organizações negras. Para causar impacto, surpresa, chamar a atenção, o protesto negro usa alguns recursos retóricos, entre os quais podemos elencar o efeito da novidade e o efeito da surpresa. Para valer-se desses recursos, é preciso que o fato ao qual se deve dar relevo como emblema guarde características de ineditismo, exceção, excepcionalidade e novidade. Mas estamos a falar aqui da própria regra do modo como as polícias no Brasil operam. Implicitamente, talvez esse seja um mecanismo compartilhado pela coletividade de ativistas que pretendem causar impacto com as denúncias, que são muito comuns no Brasil, e o esquecimento surge aqui de outra maneira. Ele parece ser um recurso ao qual o protesto recorre para poder criar uma lembrança mais atual e que seja capaz de produzir uma surpresa que faça desabrochar nos atores da cena pública a energia da revolta, como se fosse a primeira vez, com todo o rompante enérgico que mostra que alguma coisa está fora da ordem, ainda que seja a própria ordem.

Por isso, muitas vezes, para causar o impacto necessário, existe a decisão de dar ou não dar publicidade a uma denúncia. É o que ocorreu nos Estados Unidos na história da luta pelo fim da segregação racial nos anos 1960. Rosa Parks, a protagonista do famoso episódio que alçou ao noticiário nacional daquele país o debate sobre a integração racial no transporte público, foi escolhida pelo movimento por direitos civis, entre outras mulheres possíveis. Em sua cidade, Montgomery, no Alabama, a sra. Parks não era a única mulher negra a se rebelar contra a obrigatoriedade de sentar-se nos últimos assentos dos ônibus — ou de ficar de pé, caso os únicos assentos disponíveis fossem na parte da frente. Conquanto não fosse a única, ela cumpria os quesitos necessários — miscigenada, culta, comportada, religiosa, diriam seus contemporâneos — para que os militantes pudessem ir à cena pública.

> Os militantes descobriram que são mais bem-sucedidos quando chamam a atenção para determinados tipos de pessoas (aquelas que são facilmente vistas pela sociedade branca como "boas" e "respeitáveis") [...]. Desde os dias em que os abolicionistas lutavam para erradicar a escravidão, os defensores da justiça fizeram grandes esforços para identificar negros que desafiavam os estereótipos raciais e exercitaram uma considerável disciplina de comunicação, contando apenas as histórias de injustiça racial que evocariam simpatia entre os brancos. [...]
>
> Entendeu-se que, em qualquer esforço para desafiar a discriminação racial, o litigante e mesmo sua família deveriam estar acima de qualquer reprovação e livres de qualquer traço negativo que pudesse ser usado como justificativa para tratamento desigual. (Alexander, 2017, p. 314)

Uma vez que é feita uma denúncia pública, o protagonista certamente passa pelo escrutínio moral de todos. Sobretudo nos casos de violência policial, quando os sujeitos vitimizados são negros, logo paira sobre eles a suspeição criminal ("alguma coisa de errado fez") ou então cavarão algum evento do passado do indivíduo que o relacione com alguma passagem pela polícia. Os meios de comunicação de massa podem desempenhar um papel importante na construção política dos casos emblemáticos. A dificuldade de reconstruir esses casos emblemáticos com registros de jornais impressos no estado de São Paulo é reflexo disso. Uma exceção foi o caso Marielle Franco, que contou com ampla divulgação e repercussão. Mas isso se deveu a alguns fatores, como o fato de ela ser do Rio de Janeiro e vereadora de um partido de expressão política local, porque, pouco a pouco, foi se revelando o quão próxima de figuras-chave da política nacional sua morte estava.

Nesse sentido, um caso de extrema importância é o de Rodney King, que ocorreu em Los Angeles, nos Estados Unidos, em abril de 1991. As imagens produzidas de modo amador e secreto, transmitidas diversas vezes por várias emissoras de televisão no país e no mundo, foram de relevância central para que o caso fosse noticiado e repercutido. Embora não tenhamos captado a repercussão expressa desse caso no protesto negro brasileiro, foi nos anos 1990 que a violência policial passou a ser chamada de violência racial e que o Movimento Negro Unificado (MNU) passou a englobar, na ponte semântica da violência, todos os outros problemas vividos pelos negros no país. Foi também quando veio a público uma primeira pesquisa que media a diferença entre o número de negros e brancos mortos pela polícia; e quando emergiu o rap, expressão musical em cujas letras a violência de Estado era central.

Em 1997, algo parecido com o caso Rodney King ocorreu no Brasil: o caso da Favela Naval, em que um cinegrafista amador filmou cenas de abuso policial no bairro homônimo na cidade de Diadema, São Paulo. O saldo foram vários feridos e o assassinato de Mario José Josino, de trinta anos.

Hoje, têm se multiplicado os variados suportes midiáticos que veiculam registros da violência policial contra negros (Bonilla & Rosa, 2015). No início dos anos 1980, a fotografia teve papel importante[51] e, nos anos 1990, se fazia o registro audiovisual em câmeras VHS, ao passo que atualmente a variedade de smartphones com câmeras integradas vem ajudando em casos como a morte de Alan de Souza Lima,[52] em 2015, no Rio de Janeiro, e de George Floyd, em 2020, em Minneapolis, nos Estados Unidos.

Com a elaboração de pontes semânticas, o movimento negro se organiza por meio de conflitos e consensos, com períodos de coalização, que comportam tentativas de formar entidades guarda-chuva — como MNU, Conen, Fórum de Juventude Negra, Marcha da Consciência Negra ou Coalização Negra —, e com a formação de palavras de ordem, palavras-chave que tentam unificar o conjunto das denúncias e das propostas que compõem a agenda. Talvez seja certo tipo de apego à unidade, impensado ou não, que pode ter sua eficácia questionada.

Tais consensos e conflitos interagem com os processos de suspensão e mudanças das regras democráticas, que atrapalham o movimento negro na produção de um trajeto contínuo e ascendente de mobilização, gerando um histórico de processos amplos de discussão interrompidos por uma eleição fora de hora, uma nova Constituinte ou mesmo um golpe de Estado. Assim, considerando a tese de Michael Hanchard (2001) de que o mito da democracia racial como ideologia hegemônica constitui um fator

51 Ver o caso em que um homem foi assassinado pela Brigada Militar do Rio Grande do Sul dentro de uma viatura; um fotógrafo registrou o momento em que o homem entrou vivo no carro e minutos depois o fotografou morto já no hospital, com perfurações de balas.

52 "Celular filma últimos momentos de jovem morto por PM no Rio", *G1*, 25 fev. 2015.

estruturante que obsta o movimento negro a alcançar um movimento de massas e construir uma hegemonia política, temos a interação entre as agendas gerais e as agendas do movimento negro como outro fator que dificulta a mobilização negra.

Como um dos elementos de continuidade, há a tematização reativa da violência policial, que mantém a característica de se colocar sempre ao lado de outros temas, sendo a ideia da morte promovida pelo Estado, por meio da polícia, um conflito ético associado a outros de caráter cultural ou econômico. Conectando a violência a outros problemas sociais, aponta-se para um sistema de exclusão que opera da mesma maneira em diversas esferas da vida social, promovendo, em todas elas, um processo de afastamento entre sujeitos negros e suas expectativas por reconhecimento, conformando uma sociedade caracterizada pela racialização e pelo encerramento de corpos.

Dentro dessa continuidade, de frequente reação à violência policial e de associação entre as temáticas, nota-se a progressiva institucionalização do ativismo negro, que primeiro aponta problemas que possuem gradações distintas quanto ao entendimento de uma situação prática — uma vez que o genocídio é um problema mais grave do que a violência racial, e a violência racial é mais grave do que a discriminação racial. A ideia de um autoritarismo socialmente instalado ganha seus contornos racializados de modo mais nítido e pronunciado quando existe uma agenda eleitoral vitoriosa e uma morte a ser relembrada, a de Marielle Franco. Enquanto a política do movimento negro se institucionalizou, a repressão estatal se ampliou, assim como a gramática negra contra a violência do Estado ganhou diferenciados patamares, indicando a real dimensão do problema da violência policial, que se intensificou em termos quantitativos e qualitativos.

Na noite de 14 de março de 2018, eu me encontrava num hotel de Salvador, onde passei alguns dias para participar do

Fórum Social Mundial. Entre algumas anotações e separatas de textos, eu cuidava das tarefas diárias que esta pesquisa me exigia onde quer que eu estivesse. Já se aproximava da meia-noite quando olhei o celular e vi uma movimentação intensa nos grupos, várias mensagens pessoais que me informavam da morte de Marielle Franco. Eu não a conhecia pessoalmente, mas já havia ouvido a respeito do mito sobre ela. Sua eleição fora festejada em 2016 e seu mandato era referência entre os movimentos negros. Foi difícil dormir naquela noite; as especulações e a lista de possíveis culpados se alongavam.

No dia seguinte, o assunto tomou a agenda do Fórum. Passeatas foram organizadas pelo partido da vereadora, o PSOL, na própria Universidade Federal da Bahia (UFBA), onde o evento acontecia; palestras foram canceladas, novos eventos surgiram. Rapidamente emergiram conflitos internos: quem deve falar pela memória da vereadora? Quem deve homenageá-la? Em nome de quem? Ela morreu porque era favelada ou porque era negra? Ou por ser mulher? Aos poucos, a morte de Marielle foi se aproximando da de outras tantas vítimas da violência policial que ela própria denunciava. Como os fatos relatados aqui mostram, sua morte foi sendo acolhida pela gramática negra contra a violência de Estado tal qual construída pelo protesto negro. Assim, sua morte ganhou sentido racial e foi vista como resultado do processo de racialização, um conflito ético de cunho racial.

À sua morte, sucederam outras vítimas da violência de Estado por meio da brutalidade policial. Seu nome batizou ruas e praças, virou bandeira; a placa de rua que fizeram com o seu nome aparece em muitos lugares, em camisetas etc. De tão importante, gerou reação. A incorporação do dia de sua morte ao calendário oficial do estado do Rio de Janeiro é fato que merece destaque. O processo de democratização que deu forma à Nova República guarda imagens muito parecidas no início e no final. Há Robson da Luz e Marielle Franco morrendo pelas mãos do

Estado; há Luiz Inácio Lula da Silva sendo carregado nos braços do povo em São Bernardo do Campo. Tragédia e farsa?

Entre *discriminação racial, violência racial* e *genocídio negro,* os três tropos que sintetizam o drama negro em relação à violência policial evidenciam que houve, nesta ordem, a busca por uma "autêntica democracia racial", o alerta para o conflito e o proclame do rompimento de um pacto, com a acusação ao Estado. Não houve anistia aos criminosos comuns, não houve democratização das polícias, a inclusão política não reduziu o encarceramento, as mortes em massa e a violência policial cresceram. A inclusão experimentada pelas gerações negras que foram se sucedendo abriu a oportunidade de educação formal, e os instrumentos intelectuais que ela forneceu, por sua vez, aumentaram a visibilidade das desigualdades raciais.

Não houve cursos de formação nem homenagens públicas que dessem conta de eliminar o racismo da sociedade, muito menos reduzir a brutalidade policial. Ao contrário, o poder de polícia, oficial e paralelo, por meio de grupos de extermínio e de milícias, tanto cresceu que ganhou a legitimidade fornecida por um processo eleitoral.

O desafio das organizações negras passou, então, a ser a elaboração de uma agenda de lutas capaz de atrair outros setores democráticos organizados coletivamente. Seja no Palácio do Planalto, seja na planície das ruas ocupadas pelos movimentos sociais, a vida política no Brasil exige a realização de coalizões. O significado maior de "genocídio" é que não existe pacto social válido para negros, mesmo com a progressista Constituição Cidadã; na prática, a cidadania negra é criminalizada: seja o indivíduo comerciante, dentista, jovem rapper, designer ou uma vereadora. Mesmo que os indivíduos negros superem as barreiras da baixa renda, da profissão, da escolaridade ou da posição de poder, a força policial autorizada pelo Estado cumpre seu mandato de encerrar vidas negras, negando direitos, prendendo e encarcerando sumariamente, permitindo que sejam mortos ou que o próprio Estado elimine intermediários e os mate, processo pelo qual se constrói o "lugar de negro".

É acertada a associação que o movimento negro elaborou entre a violência e os problemas ligados à educação, ao trabalho, à representatividade, entre outros. Contudo, cumpre fazer o mais difícil: dar centralidade à construção de um regime disciplinador e de repressão que possa conviver com princípios democráticos. Não que as forças policiais que existem hoje estejam aptas para a vida em igualdade e liberdade democráticas, mas uma perspectiva futura deverá ser aquela que não associe a sujeição racial à sujeição criminal.

Uma dinâmica de alianças entre atores democráticos para uma nova democracia brasileira deve ser obra de atores e atrizes negras, ladeados de não negros, indígenas, sem-teto, sem-terra, ribeirinhos, feministas e movimentos de mulheres; deve pôr sob escrutínio as grandes palavras que organizam a vida política e social. A discussão precisa ser do programa máximo: Estado, povo, nação; Estados, povos, nações; base econômica da sociedade, ordenamento jurídico. Corre nos dias de hoje uma mudança de época, não apenas uma época de mudanças.

A pauta racial não pode mais ser abduzida e ultrapassada por aquelas que são consideradas "grandes questões nacionais". Para que isso não volte a acontecer, contudo, o modelo de aliança não pode ser mais dos movimentos negros em coalização com organizações não negras. É importante, eu diria incontornável, que, em todos os outros movimentos, ativistas negros estejam na condição de dirigentes; que ativistas negros estejam nas direções de movimentos sindicais, estudantis, de mulheres, em associações de classe, corporativas etc.

Essa concertação necessita ser operada mediante o estudo e a reflexão sobre os cenários possíveis para auspícios de emancipação humana por parte dos movimentos negros. Nesse sentido, a mera bandeira do genocídio se configura como um obstáculo, por algumas razões. Uma delas é o fato de a expressão não carregar em si características afirmativas de valores positivos universais os quais se pretenderia afirmar. A não ser pela noção afirmativa da existência de um povo, a bandeira do genocídio, em si, não apresenta as saídas. Outra razão é o fato de que a expressão posiciona o sujeito que enuncia/denuncia o genocídio como ente externo ao Estado. Se atrizes e atores negros querem estar à frente de posições formais, isso pode se tornar uma fragilidade discursiva, pois como se poderia assumir integralmente uma posição na qual se pretende dirigir uma entidade criminosa?

Foi sob essa ponte semântica — a qual se espraiou por outras esferas sociais — que o problema da sobrevitimização da população negra se converteu numa política pública, o Juventude Viva. No entanto, o passo seguinte na direção de produzir uma experiência de emancipação do bem viver, como diria o movimento de mulheres negras, é dificultado porque não produz uma ampliação do horizonte de emancipação moral. Nos anos 1980, as afirmações em busca de uma verdadeira democracia racial davam esse sentido, bem como a ideia de igualdade racial o fez nos anos 1990 e 2000, mas elas dificilmente eram associadas à violência policial, que restava na posição de denúncia, sem a criação de uma agenda afirmativa.

Atualmente, a circulação transnacional das informações e articulações tem trazido para cá uma nova gramática associada ao protesto negro contra a violência policial, por meio do uso das redes sociais, com a afirmação de que "vidas negras importam". Além de ter um significado afirmativo, a outra novidade é que essa gramática não conta com a ação organizada e construída por organizações negras, sendo a adesão a ela de caráter mais intuitivo do que orgânico, refletido e organizado.

Referências

ADORNO, Sérgio & LIMA, Renato Sérgio de (org.). *Violência, polícia, justiça e punição: desafios à segurança cidadã*. São Paulo: Alameda, 2019.

ALBERTI, Verena & PEREIRA, Amilcar Araujo (org.). *Histórias do movimento negro no Brasil: depoimentos ao CPDOC*. Rio de Janeiro: Pallas/CPDOC-FGV, 2007.

ALEXANDER, Michelle. *A nova segregação: racismo e encarceramento em massa*. São Paulo: Boitempo, 2017.

ALMEIDA, Lady Christina de. *"Trilhando seu próprio caminho": trajetórias e protagonismo de intelectuais/ativistas negras, a experiência das organizações Geledés/SP e Criola/RJ* (dissertação de mestrado). Rio de Janeiro: Pontifícia Universidade Católica do Rio de Janeiro, 2010.

ALONSO, Angela. "As teorias dos movimentos sociais: um balanço do debate", *Lua Nova: Revista de Cultura e Política*, n. 76, p. 49-86, 2009.

AMPARO-ALVES, Jaime. "Necropolítica racial: a produção espacial da morte na cidade de São Paulo", *Revista da Associação Brasileira de Pesquisadores Negros*, v. 1, n. 3, p. 89-114, 2011.

ANDREWS, George Raid. *Blacks and Whites in São Paulo, Brazil: 1888-1988*. Madison: University of Wisconsin Press, 1991.

BAIRROS, Luiza. "Orfeu e poder: uma perspectiva afro-americana sobre a política racial no Brasil", *Afro-Ásia*, n. 17, p. 173-86, 1996.

BARBOSA, Márcio. "Prefácio". *In*: BARBOSA, Márcio. *Frente Negra Brasileira: depoimentos*. São Paulo: Quilombhoje, 1998.

BARBOSA, Milton. "Raça e território: raça e classe já era" (manuscrito), 2001.

BARDIN, Laurence. *Análise de conteúdo*. Lisboa: Edições 70, 1979.

BARRETO, Paula *et al.* "Entre o isolamento e a dispersão: a temática racial nos estudos sociológicos no Brasil", *Revista da Sociedade Brasileira de Sociologia*, v. 5, n. 11, p. 113-41, 2017.

BARROS, Geová da Silva. "Filtragem racial: a cor na seleção do suspeito", *Revista Brasileira de Segurança Pública*, v. 1, p. 134-55, 2008.

BASTIDE, Roger. "A criminalidade negra no Estado de São Paulo". *In*: NASCIMENTO, Abdias do (org.). *O negro revoltado*. Rio de Janeiro: Nova Fronteira, 1982, p. 247-69.

BASTIDE, Roger & FERNANDES, Florestan. *Brancos e negros em São Paulo: ensaios sociológicos sobre a formação, manifestações atuais e efeitos do preconceito de cor na sociedade paulistana*. 4. ed. rev. São Paulo: Global, 2006.

BELCHIOR, Douglas. Entrevista concedida a Paulo César Ramos. São Paulo, 21 jan. 2020.

BENEDITO, Deise. Entrevista concedida a Paulo César Ramos. São Paulo, 26 mar. 2020.

BISPO, Reginaldo. Entrevista concedida a Paulo César Ramos. Campinas, 31 jan. 2020.

BONILLA, Yarimar & ROSA, Jonathan. "#Ferguson: Digital Protest, Hashtag Ethnography, and the Racial Politics of Social Media in the United States", *American Ethnologist*, v. 42, n. 1, p. 4-17, 2015.

BOURDIEU, Pierre. "Condição de classe e posição de classe". *In*: BOURDIEU, Pierre. *A economia das trocas simbólicas*. São Paulo: Perspectiva, 2015a.

BOURDIEU, Pierre. *Sociologie Générale*, v. 1, *Au Collège de France, 1981-1983*. Paris: Raisons d'Agir/Seuil, 2015b.

BOURDIEU, Pierre & WACQUANT, Loïc. "On the Cunning of Imperialist Reason", *Theory, Culture & Society*, v. 16, n. 1, p. 41-58, 1999.

BRASIL. *Lei nº 2.889, de 1º de outubro de 1956*. Define e pune o crime de genocídio. Rio de Janeiro: Diário Oficial da União, 1956.

BRASIL. *Lei nº 9.455, de 7 de abril de 1997*. Define os crimes de tortura e dá outras providências. Brasília: Diário Oficial da União, 1997.

BRASIL. *Índice de vulnerabilidade juvenil à violência e desigualdade racial 2014*. Brasília: Secretaria-Geral da Presidência da República, 2015a.

BRASIL. *Mapa do encarceramento: os jovens do Brasil.* Brasília: Secretaria-Geral da Presidência da República, 2015b.

CÂMARA DOS DEPUTADOS. *Relatório final da Comissão Parlamentar de Inquérito Homicídios de Jovens Negros e Pobres.* Brasília: Câmara dos Deputados, 2015.

CAMPOS, Marcelo da Silveira & ALVAREZ, Marcos César. "Políticas públicas de segurança, violência e punição". *In*: MICELI, Sérgio & MARTINS, Carlos Benedito (org.). *Sociologia brasileira hoje.* Cotia: Ateliê Editorial, 2017.

CARNEIRO, Aparecida Sueli. *A construção do outro como não-ser como fundamento do ser* (tese de doutorado). São Paulo: Universidade de São Paulo, 2005.

CELLARD, André. "A análise documental". *In*: POUPART, Jean *et al.* (org.). *A pesquisa qualitativa: enfoques epistemológicos e metodológicos.* Petrópolis: Vozes, 2017.

CERQUEIRA, Daniel & MOURA, Rodrigo Leandro. "Vidas perdidas e racismo no Brasil", *Publicatio UEPG: Ciências Sociais Aplicadas,* v. 22, n. 1, p. 73-90, jan./jun. 2014.

CROSSLEY, Nick. *Making Sense of Social Movements.* Buckingham: McGraw-Hill Education, 2002.

D'ALVA, Roberta Estrela. Entrevista concedida a Paulo César Ramos. São Paulo, mar. 2020.

DAY, Richard J. F. "From Hegemony to Affinity", *Cultural Studies,* v. 18, n. 5, p. 716-48, 2006.

DELLA PORTA, Donatella Alice Mattoni. *Spreading Protest: Social Movements in Times of Crisis.* Londres: ECPR Press, 2014.

DELLA PORTA, Donatella Alice Mattoni. *Social Movements in Times of Austerity: Bringing Capitalism Back into Protest Analysis.* Hoboken: John Wiley & Sons, 2015.

DELLA PORTA, Donatella Alice Mattoni & DIANI, Mario. *Social Movements: An Introduction.* Oxford: Blackwell Publishers, 1999.

DOMINGUES, Petrônio. "Movimento negro brasileiro: alguns apontamentos históricos", *Tempo,* v. 12, n. 23, p. 100-22, 2007.

FANON, Frantz. *Os condenados da terra.* Juiz de Fora: Editora UFJF, 2005 [1961].

FANON, Frantz. *Pele negra, máscaras brancas.* Salvador: Edufba, 2008.

FELIX, João Batista de Jesus. *Chic Show e Zimbabwe: a construção da identidade nos bailes black paulistanos* (dissertação de mestrado). São Paulo: Universidade de São Paulo, 2000.

FELIX, João Batista de Jesus. *Hip hop: cultura e política no contexto paulistano* (tese de doutorado). São Paulo: Universidade de São Paulo, 2006.

FERNANDES, Florestan. *A integração do negro na sociedade de classes: o legado da "raça branca"*, v. 1. São Paulo: Globo, 2008 [1965].

FERNANDES, Florestan. *Significado do protesto negro*. São Paulo: Fundação Perseu Abramo, 2017.

FERREIRA, Luisa M. A.; MACHADO, Marta R. de A. & MACHADO, Maíra Rocha. "Massacre do Carandiru: vinte anos sem responsabilização", *Novos Estudos Cebrap*, n. 94, p. 5-29, nov. 2012.

FLAUZINA, Ana L. P. *Corpo negro caído no chão: o sistema penal e o projeto genocida do Estado brasileiro* (dissertação de mestrado). Brasília: Universidade de Brasília, 2006.

FLAUZINA, Ana L. P. *et al. Discursos negros: legislação penal, política criminal e racismo*. Brasília: Brado Negro, 2015.

FÓRUM BRASILEIRO DE SEGURANÇA PÚBLICA. *Anuário Brasileiro de Segurança Pública 2019*, ano 13, 2019.

FOUCAULT, Michel. *Em defesa da sociedade*. São Paulo: Martins Fontes, 2016.

FRANÇA, Edson. Entrevista concedida a Paulo César Ramos. São Paulo, 16 jun. 2020.

FRASER, Nancy. "Da redistribuição ao reconhecimento? Dilemas de justiça numa era 'pós-socialista'", *Cadernos de Campo*, n. 14/15, p. 231-9, 2006.

FREITAS, Felipe. *Polícia e racismo: uma discussão sobre mandato policial* (tese de doutorado). Brasília: Universidade de Brasília, 2020.

FREYRE, Gilberto. *Casa grande & senzala: formação da família brasileira sob o regime da economia patriarcal*. 51. ed. São Paulo: Global, 2006 [1933].

FRY, Peter. "O que a Cinderela negra tem a dizer sobre a 'política racial' no Brasil", *Revista USP*, n. 28, p. 122-35, 1996.

GADEA, Carlos & SCHERER-WARREN, Ilse. "A contribuição de Alain Touraine para o debate sobre sujeito e democracia latino-americanos", *Revista de Sociologia e Política*, n. 25, p. 165-75, jun. 2006.

GESTOSO, Jose Ignacio C. "Viés racial no uso da força letal pela polícia no Brasil", *MPMG Jurídico*, v. 1, p. 17-25, 2014.

GONZALEZ, Lélia. "O movimento negro na última década". *In*: GONZALEZ, Lélia & HASENBALG, Carlos. *Lugar de negro*. Rio de Janeiro: Marco Zero, 1982.

GONZALEZ, Lélia. "Cultura, etnicidade e trabalho: efeitos linguísticos e políticos da exploração da mulher". *In*: RIOS, Flávia & LIMA, Márcia (org.). *Por um feminismo afro-latino-americano*. Rio de Janeiro: Zahar, 2020.

GUERRA, Maria Pia & MACHADO FILHO, Roberto Dalledone. "O regime constitucional da segurança pública: dos silêncios da Constituinte às deliberações do Supremo Tribunal Federal", *Revista de Informação Legislativa*, v. 55, n. 219, p. 155-81, jul./set. 2018.

GUIMARÃES, Ângela. Entrevista concedida a Paulo César Ramos. São Paulo, 19 fev. 2020.

GUIMARÃES, Antônio Sérgio Alfredo. "Acesso de negros às universidades públicas", *Cadernos de Pesquisa*, n. 118, p. 247-68, 2003.

GUIMARÃES, Antônio Sérgio Alfredo. *Classes, raças e democracia*. 2. ed. São Paulo: Editora 34, 2012.

GUSFIELD, Joseph R. *The Culture of Public Problems: Drinking-Driving and the Symbolic Order*. Chicago: University of Chicago Press, 1984.

HABERMAS, Jürgen. *Teoria do agir comunicativo*, v. 1, *Racionalidade da ação e racionalização social*. São Paulo: WMF Martins Fontes, 2012.

HANCHARD, Michael. "'Cinderela Negra?': raça e esfera pública no Brasil", *Estudos Afro-Asiáticos*, n. 30, p. 41-60, 1996a.

HANCHARD, Michael. "Resposta a Luiza Bairros", *Afro-Ásia*, n. 18, p. 227-34, 1996b.

HANCHARD, Michael. *Orfeu e o poder: movimento negro no Rio de Janeiro e São Paulo (1945-1988)*. Rio de Janeiro: Eduerj, 2001.

HANCHARD, Michael. "Black Memory versus State Memory: Notes toward a Method", *Small Axe*, v. 12, n. 2, p. 45-62, jun. 2008.

HASENBALG, Carlos. *Discriminação e desigualdades raciais no Brasil*. Belo Horizonte: Editora UFMG, 2005 [1979].

HOLMES, Pablo. "Reconhecimento e normatividade: a transformação hermenêutica da teoria crítica", *Revista Brasileira de Ciências Sociais*, v. 24, n. 69, p. 129-45, fev. 2009.

HONNETH, Axel. 'Teoria crítica'. *In*: GIDDENS, Antony & TURNER, Jonathan (org.). *Teoria social hoje*. São Paulo: Editora Unesp, 1999.

HONNETH, Axel. *Luta por reconhecimento: a gramática moral dos conflitos sociais*. São Paulo: Editora 34, 2003.

HONNETH, Axel. "El reconocimiento como ideología", *Isegoría*, n. 35, p. 129-50, 2006.

HONNETH, Axel. *Crítica del poder: fases en la reflexión de una teoria crítica de la sociedad*. Madrid: Machado Libros, 2009.

HONNETH, Axel. "Barbarizações do conflito social: lutas por reconhecimento ao início do século 21", *Civitas*, v. 15, n. 4, p. 575-94, 2014a.

HONNETH, Axel. *El derecho de la libertad: esbozo de una eticidad democrática*. Buenos Aires: Katz, 2014b.

HONNETH, Axel. *Reificação: um estudo da teoria do reconhecimento*. São Paulo: Editora Unesp, 2018.

IPEA — INSTITUTO DE PESQUISA ECONÔMICA APLICADA. *Atlas da violência 2018*. Rio de Janeiro: Ipea/Fórum Brasileiro de Segurança Pública, 2018.

JURIS, Jeffrey. "Reflections on #Occupy Everywhere: Social Media, Public Space, and Emerging Logics of Aggregation", *American Ethnologist*, v. 39, n. 2, p. 259-79, 2012.

KILOMBA, Grada. *Memórias da plantação: episódios de racismo cotidiano*. Rio de Janeiro: Cobogó, 2019.

LIMA, Márcia. "Desigualdades raciais e políticas públicas: ações afirmativas no governo Lula", *Novos Estudos Cebrap*, n. 87, jul. 2010.

LIMA, Maurinete. *Sinhá Rosa*. Org. Élida Lima. São Paulo: Invisíveis Produções, 2017.

LIMA, Renato S. de & RATTON, José Luiz (org.). *As ciências sociais e os pioneiros nos estudos sobre crime, violência e direitos humanos no Brasil*. São Paulo: Urbania Editorial, 2011.

LIMA VAZ, Henrique C. de "O senhor e o escravo: uma parábola da filosofia ocidental", *Síntese*, v. 8, n. 21, p. 7-29, 1981.

MANSO, Bruno Paes. *Crescimento e queda dos homicídios em SP entre 1960 e 2010: uma análise dos mecanismos da escolha homicida e das carreiras no crime* (tese de doutorado). São Paulo: Universidade de São Paulo, 2012.

MARKÃO. Entrevista concedida a Paulo César Ramos. São Paulo, 3 set. 2019.

MARKELL, Patchen. *Bound by Recognition*. Princeton: Princeton University Press, 2003.

MATTOS, Geisa. "Flagrantes de racismo: imagens da violência policial e as conexões entre o ativismo no Brasil e nos Estados Unidos", *Revista de Ciências Sociais*, v. 48, n. 2, p. 185-217, jul./dez. 2017.

MBEMBE, Achille. *Necropolítica*. Madri: Editorial Melusina, 2011.

MCADAM, Doug; TARROW, Sidney & TILLY, Charles. "Para mapear o confronto político", *Lua Nova: Revista de Cultura e Política*, n. 76, p. 11-48, 2009.

MCCARTHY, John D. & ZALD, Mayer N. "Resource Mobilization and Social Movements: A Partial Theory", *American Journal of Sociology*, v. 82, n. 6, p. 1.212-41, 1977.

MELO, Rurion. "Teoria crítica e os sentidos da emancipação", *Caderno CRH*, v. 24, n. 62, p. 249-62, maio/ago. 2011.

MELO, Rurion. "Da teoria à práxis? Axel Honneth e as lutas por reconhecimento na teoria política contemporânea", *Revista Brasileira de Ciência Política*, v. 2, p. 17-36, 2014.

MELO, Rurion. "Prefácio". *In*: HONNETH, Axel. *Reificação: um estudo da teoria do reconhecimento*. São Paulo: Editora Unesp, 2018.

MELUCCI, Alberto. *A invenção do presente: movimentos sociais nas sociedades complexas*. Petrópolis: Vozes, 2001.

MENDES, José Dínio Vaz. "Redução dos homicídios no Estado de São Paulo", *Bepa: Boletim Epidemiológico Paulista*, v. 7, n. 78, p. 1-10, jun. 2010.

MISSE, Michel. *Malandros, marginais e vagabundos: a acumulação social da violência no Rio de Janeiro* (tese de doutorado). Rio de Janeiro: Instituto Universitário de Pesquisas do Rio de Janeiro, 1999.

MISSE, Michel. "O inquérito policial no Brasil: resultados gerais de uma pesquisa", *Revista de Estudos de Conflito e Controle Social*, v. 3, n. 7, p. 35-50, 2010a.

MISSE, Michel. "Crime, sujeito e sujeição criminal: aspectos de uma contribuição analítica sobre a categoria 'bandido'", *Lua Nova: Revista de Cultura e Política*, n. 79, p. 15-38, 2010b.

MONSMA, Karl. *A reprodução do racismo: fazendeiros, negros e imigrantes no oeste paulista (1880-1914)*. São Carlos: Edufscar, 2016.

MONTAÑO, Carlos & DURIGUETTO, Maria Lúcia. *Estado, classe e movimento social*. 3. ed. São Paulo: Cortez, 2011.

MORAIS, Danilo de Souza. *Diferenças étnico-raciais e políticas de reconhecimento: perspectivas a partir do Conselho Nacional de Saúde e do Conselho Nacional de Educação* (tese de doutorado). São Carlos: Universidade Federal de São Carlos, 2016.

MOURA, Clóvis. *O negro, de bom escravo a mau cidadão?* Rio de Janeiro: Conquista, 1977.

MOURA, Clóvis. *Brasil: raízes do protesto negro*. São Paulo: Global, 1983.

MUNANGA, Kabenguele. *Negritude: usos e sentidos*. 4. ed. Belo Horizonte: Autêntica, 2020.

NASCIMENTO, Abdias do (org.) *O negro revoltado*. Rio de Janeiro: GDR, 1968.

NASCIMENTO, Abdias do. *Genocídio do negro brasileiro: o processo de um racismo mascarado*. São Paulo: Perspectiva, 2016 [1978].

NERIS, Natália. *A voz e a palavra do Movimento Negro na Assembleia Nacional Constituinte (1987/1988): um estudo das demandas por direitos* (dissertação de mestrado). São Paulo: Fundação Getulio Vargas, 2015.

NEVES, Paulo S. C. "Luta anti-racista: entre reconhecimento e redistribuição", *Revista Brasileira de Ciências Sociais*, v. 20, n. 59, p. 81-95, 2005.

NEVES, Paulo S. C. "Cotas universitárias e percepções de justiça: a percepção de estudantes universitários", *Anais do XXXV Encontro Anual da Anpocs*, Caxambu, 2011.

NOBRE, Marcos. "Prefácio". *In*: HONNETH, Axel. *Luta por reconhecimento: a gramática moral dos conflitos sociais*. São Paulo: Editora 34, 2003.

NOGUEIRA, Oracy. "Preconceito racial de marca e preconceito racial de origem — sugestão de um quadro de referência para a interpretação do material sobre relações raciais no Brasil". *In*: NOGUEIRA, Oracy (org.). *Tanto preto quanto branco: estudos de relações raciais*. São Paulo: T.A. Queiroz, 1985 [1954].

NUNES, Samira Bueno. *Trabalho sujo ou missão de vida? Persistência, reprodução e legitimidade da letalidade na ação da PMESP* (tese de doutorado). São Paulo: Fundação Getulio Vargas, 2018.

OMI, Michael & WINANT, Howard. *Racial Formation in the United States: From the 1960s to the 1990s*. 2. ed. Nova York: Routledge, 1994.

ONU — ORGANIZAÇÃO DAS NAÇÕES UNIDAS. "Convenção para a prevenção e repressão do crime de genocídio", Nova York, 9 dez. 1948.

PEREIRA, Amauri Mendes. *Trajetória e perspectivas do movimento negro brasileiro*. Belo Horizonte: Nandyala, 2008.

PIERSON, Donald. *Teoria e pesquisa em sociologia*. São Paulo: Melhoramentos, 1962.

PINHEIRO, Paulo Sérgio. "Autoritarismo e transição", *Revista USP*, n. 9, p. 45-56, 1991.

PINTO, Rafael. Entrevista concedida a Paulo César Ramos. São Paulo, 19 fev. 2020a.

PINTO, Rafael. Entrevista concedida a Paulo César Ramos. São Paulo, 28 mar. 2020b.

PINTO, Regina Paim. *O movimento negro em São Paulo: luta e identidade* (tese de doutorado). São Paulo: Universidade de São Paulo, 1993.

RAMOS, Paulo César. *"Contrariando a estatística": a tematização dos homicídios pelos jovens negros no Brasil* (dissertação de mestrado). São Carlos: Universidade Federal de São Carlos, 2014.

RAMOS, Silvia. "Violência e polícia: três décadas de política de segurança no Rio de Janeiro", *Boletim Segurança e Cidadania*, n. 21, mar. 2016.

RAMOS, Silvia & MUSUMECI, Leonarda. "'Elemento suspeito': abordagem policial e discriminação na cidade do Rio de Janeiro", *Boletim Segurança e Cidadania*, v. 3, n. 8, p. 1-16, dez. 2004.

REIS, Vilma. *Atucaiados pelo Estado: as políticas de segurança pública implementadas nos bairros populares de Salvador e suas representações, 1991-2001* (dissertação de mestrado). Salvador: Universidade Federal da Bahia, 2005.

RIBEIRO, Airton Edno. *A relação da Polícia Militar paulista com a comunidade negra e o respeito à dignidade humana: a questão da abordagem policial* (dissertação de mestrado). São Carlos: Universidade Federal de São Carlos, 2009.

RIBEIRO, Matilde. *Políticas de promoção da igualdade racial no Brasil (1986-2010)*. São Paulo: Garamond, 2014.

RIOS, Flávia. "O protesto negro no Brasil contemporâneo (1978-2010)", *Lua Nova: Revista de Cultura e Política*, n. 85, p. 41-79, 2012.

RIOS, Flávia. *Elite política negra no Brasil: relação entre movimento social, partidos políticos e Estado* (tese de doutorado). São Paulo: Universidade de São Paulo, 2014.

RODRIGUES, Cristiano dos Santos. *Movimentos negros, Estado e participação institucional no Brasil e na Colômbia em perspectiva comparada* (tese de doutorado). Rio de Janeiro: Universidade do Estado do Rio de Janeiro, 2014.

SANSONE, Livio. "Fugindo para a força: cultura corporativista e 'cor' na Polícia Militar do Estado do Rio de Janeiro", *Estudos Afro-Asiáticos*, v. 24, n. 3, p. 513-32, 2002.

SANTOS, Gevanilda. *Partidos políticos e etnia negra* (dissertação de mestrado). São Paulo: Pontifícia Universidade Católica, 1992.

SANTOS, Ivair dos. Entrevista concedida a Paulo César Ramos. São Paulo, 19 fev. 2020.

SANTOS, Tiago Vinícius A. dos. *Racismo institucional e violação de direitos humanos no sistema da segurança pública: um estudo a partir do Estatuto da Igualdade Racial* (dissertação de mestrado). São Paulo: Universidade de São Paulo, 2012.

SÃO PAULO. *Lei Complementar nº 826, de 20 de junho de 1997*. Cria, na Secretaria da Segurança Pública, a Ouvidoria da Polícia do Estado de São Paulo e dá providências correlatas. São Paulo: Alesp, 1997.

SCHLITTLER, Maria Carolina. *"Matar muito, prender mal": A produção da desigualdade racial como efeito do policiamento ostensivo militarizado em SP* (tese de doutorado). São Carlos: Universidade Federal de São Carlos, 2017.

SILVA, Joana Maria Ferreira da. *Centro de Cultura e Artes Negras — CECAN*. São Paulo: Selo Negro, 2012.

SILVA, Jorge da. *Violência e racismo no Rio de Janeiro*. 2. ed. Rio de Janeiro: Eduff, 2003.

SILVA, Mario Augusto Medeiros. "'Make History, Make Sense'. Associação Cultural do Negro (1954-1964)", *Lua Nova: Revista de Cultura e Política*, n. 23, p. 227-73, 2012.

SILVA, Rodnei J. da & CARNEIRO, Suelaine. *Violência racial: uma leitura sobre os dados de homicídios no Brasil*. São Paulo: Geledés/Global Rights Partners for Justice, 2009.

SILVA, Uvanderson Vitor da. *Cidadania em negro e branco: racialização e (luta contra a) violência de Estado no Brasil* (tese de doutorado). Rio de Janeiro: Universidade do Estado do Rio de Janeiro, 2017.

SILVÉRIO, Valter Roberto. "Ação afirmativa e o combate ao racismo institucional no Brasil", *Cadernos de Pesquisa*, n. 117, p. 219-46, nov. 2002.

SILVÉRIO, Valter Roberto. "O papel das ações afirmativas em contextos racializados: algumas anotações sobre o debate brasileiro". *In*: SILVA, Petronilha Beatriz Gonçalves & SILVÉRIO, Valter Roberto (org.). *Educação e ações afirmativas: entre a injustiça simbólica e a injustiça econômica*. Brasília: Inep, 2003, p. 57-77.

SIMÕES GOMES, Letícia Pereira. *A (in)visibilidade da questão racial na formação dos soldados da Polícia Militar* (dissertação de mestrado). São Paulo: Universidade de São Paulo, 2018.

SINHORETTO, Jacqueline. "Policiamento ostensivo e questões raciais no Brasil: técnica, política e desigualdades no discurso policial". *In*: Latin American Studies Association (LASA) 2019, "Desafios de reforma de segurança pública e prevenção de violência no Brasil", Boston, 24-27 maio 2019.

SINHORETTO, Jacqueline *et al*. "A filtragem racial na seleção policial de suspeitos: segurança pública e relações raciais no Brasil". *In*: MINISTÉRIO DA JUSTIÇA & SENASP. *Pensando a segurança pública*, v. 5, *Segurança pública e direitos humanos: temas transversais*. Brasília, 2014.

SINHORETTO, Jacqueline & MORAIS, Danilo. "Violência e racismo: novas faces de uma afinidade reiterada", *Revista Estudos e Sociedade*, n. 64, p. 15-26, abr.-jun. 2018.

SOARES, Gláucio Ary Dillon & BORGES, Doriam. "A cor da morte", *Revista Ciência Hoje*, p. 26-31, out. 2004.

SOARES, Luiz Eduardo. *Desmilitarizar: segurança pública e direitos humanos*. São Paulo: Boitempo, 2019.

SOTERO, Edilza. *Representação política negra no Brasil pós-Estado Novo* (tese de doutorado). São Paulo: Universidade de São Paulo, 2015.

SOUZA, Vera Cristina. *Mulher negra e miomas: uma incursão na área de saúde, raça/etnia* (dissertação de mestrado). São Paulo: Pontifícia Universidade Católica, 1995.

SOUZA, Vera Cristina. *Sob o peso dos temores: mulheres negras, miomas uterinos e histerectomia* (tese de doutorado). São Paulo: Pontifícia Universidade Católica, 2002.

TARROW, Sidney. *Power in Movement: Social Movements and Contentious Politics*. Cambridge: Cambridge University Press, 1998.

TAYLOR, Charles. *Argumentos filosóficos*. São Paulo: Loyola, 2000.

TILLY, Charles. *From mobilization to Revolution*. Nova York: Random House, 1978.

TOURAINE, Alain. "Na fronteira dos movimentos sociais", *Sociedade e Estado*, v. 21, n. 1, p. 17-28, abr. 2006.

TOURAINE, Alain. *¿Podremos vivir juntos? Iguales y diferentes*. Cidade do México: Fondo de Cultura Económica, 1997.

TULLY, James. "Struggles over Recognition and Distribution, *Constellations*, v. 7, n. 4, p. 469-82, 2000.

VARGAS, João Costa. "A diáspora negra como genocídio: Brasil, Estados Unidos ou uma geografia supranacional da morte e suas alternativas", *Revista da ABPN*, v. 1, n. 2, p. 31-65, 2010.

WAISELFISZ, Julio J. *Mapa da violência*. Brasília: Flacso, 2013.

ZALUAR, A. *A máquina e a revolta: as organizações populares e o significado da pobreza*. São Paulo: Brasiliense, 1985.

Foto: Felipe Panfili/Filmart

PAULO CÉSAR RAMOS é doutor em sociologia pela Universidade de São Paulo (USP), mestre e bacharel em sociologia pela Universidade Federal de São Carlos (UFSCar), com pós-doutorado na Universidade da Pensilvânia, Estados Unidos. Também é coordenador de pesquisa do Núcleo Afro do Centro Brasileiro de Análise e Planejamento (Cebrap), coordenador do Projeto Reconexão Periferias da Fundação Perseu Abramo e pesquisador do Núcleo de Justiça Racial e Direito da Fundação Getulio Vargas. Tem se dedicado ao estudo das relações raciais, violência, memória, movimentos sociais e políticas públicas. É autor do livro *"Contrariando a estatística": genocídio, juventude negra e participação política* (Alameda, 2021).

Primeira edição, outubro de 2024
São Paulo, Brasil

Dados Internacionais de Catalogação na Publicação (CIP)
Angélica Ilacqua CRB-8/7057

Ramos, Paulo César
Gramática negra contra a violência de Estado: da discriminação racial ao genocídio negro (1978-2018) / Paulo César Ramos. São Paulo: Elefante, 2024.
392 p.

Bibliografia
ISBN 978-65-6008-033-1

1. Racismo 2. Negros – Brasil I. Título

24-0411 CDD 320.56

Índice para catálogo sistemático:
1. Racismo

---

elefante

editoraelefante.com.br
contato@editoraelefante.com.br
fb.com/editoraelefante
@editoraelefante

Aline Tieme [comercial]
Samanta Marinho [financeiro]
Yana Parente [design]
Beatriz Macruz [redes]

TIPOGRAFIA Arno Pro & Alright Sans

PAPEL Cartão Supremo 250 g/m² & Pólen Natural 70 g/m²

IMPRESSÃO PifferPrint